Edgar K. Geffroy

Das Einzige, was stört, ist der Kunde

REDLINE WIRTSCHAFT

Edgar K. Geffroy

Das Einzige, was stört, ist der Kunde

Clienting ersetzt Marketing

REDLINE WIRTSCHAFT

Edgar K. Geffroy
Das Einzige, was stört, ist der Kunde
Frankfurt: Redline Wirtschaft, 2005
ISBN 3-636-03030-2

16., völlig überarbeitete Auflage

Unsere Web-Adresse:

http://www.redline-wirtschaft.de

Umschlaggestaltung: Vierthaler & Braun, München
Satz: Redline GmbH, M. Zech
Druck: Himmer, Augsburg
Bindung: Thomas, Augsburg
Printed in Germany: 03030/030501
ISBN3-636-03030-2

Ich widme dieses Buch meiner Frau Barbara,
die mir erst mit ihrem Verständnis für
wirkliches Leben und ihrer Definition einer
wirklichen Beziehung den Weg zu diesem Buch zeigte.
Und das hat sich bis heute nicht geändert.

Inhaltsverzeichnis

Danksagung

Gibt es Themen mit Aktualität, die stets die Menschen bewegt? Ja – und eines dieser Dauerbrenner ist das Thema: „Kunde“. Wir sind selbst alle Kunden, wir haben Kunden und Firmen können gerade in der heutigen Zeit ohne Kunden nicht mehr überleben. Amerikaner reden ja so gerne vom Jahrzehnt der „Costumer Economy“. Damit ist dieses Buch für den Unternehmenserfolg entscheidend, wenn nicht überlebenswichtig. Umso mehr ist es von hoher Bedeutun, welche entscheidende Impulse dieses Buch setzen wird..

Die Neugestaltung dieses Buches verlangt genauso viel Teamarbeit wie die eigentliche Erstellung. Als wir das Buch das erste Mal vorstellten, waren viele Menschen beteiligt, die meinen Weg begleitet haben. Bei diesen Menschen möchte ich mich nochmals für ihr Engagement bei der Veröffentlichung der Erstausgabe bedanken.

Die Zeit bleibt nicht stehen. Neue Geschäftsmodelle wie Amazon, EBay, Apple’s iTune haben gezeigt, dass das Internet eine zentrale Rolle im Wettbewerb um zukünftige Kunden spielt. Glücklicherweise habe ich einen Experten, der sich jeden Tag mit den Entwicklungen auf diesem Gebiet beschäftigt. Es ist Dirk Lambach. Für die Neugestaltung dieses Buches bedanke ich mich recht herzlich bei ihm: Seine Ideen, sein Engagement und sein Input in Bezug auf neue Erkenntnisse und Möglichkeiten in der Kundenbeziehung haben dieses Buch wesentlich bereichert. Er und wir sind überzeugt, dass es wieder neue Akzente zu unserem Clienting-Ansatz liefern wird.

Ich möchte nicht vergessen zu betonen, dass an diesem Werk Tausende von Menschen beteiligt waren, die den Gedanken des Clientings von der Erstellung bis zur Überarbeitung geprägt haben. Menschen und Firmen haben diese Ideen umgesetzt und sind zu Marktführern geworden.

Besonders durch sie alle lebt die Clienting-Lehre in den Köpfen der Menschen weiter und verbreitet sich immer mehr auf diesem Kontinent. Vielen Dank!

Ihr
Edgar K. Geffroy

Vorwort

Wie kann man ein so erfolgreiches Buch noch erfolgreicher machen? Antwort: Durch konsequente Weiterentwicklung!

Im Jahr 1993 veröffentlichte ich dieses Buch. Durch meine provokanten Thesen, vor allem „Clienting ersetzt Marketing", habe ich manchen Leser verblüfft. Die Zeichen der Zeit haben viele erkannt; viele Unternehmen, deren Mitarbeiter und Unternehmenslenker zögern jedoch noch mit der Umsetzung. Kundenorientierung ist in den Köpfen, sie wird nur nicht konsequent umgesetzt.

Dieses Buch soll ein Mahnmal setzen, die Chancen der Revolution, insbesondere die der neuen Informationstechnologien, nicht zu unterschätzen und zu nutzen. Es soll aufrufen, durch neues Denken und Handeln seine Spielregeln zu setzen und damit erfolgreich zu werden.

Das Einzige, was stört, ist der Kunde ist ein lebendiges Werk, welches auf der Grundlage meiner Clienting-Thesen weiterentwickelt wurde. Themen wie z. B. das Internet und die Neuen Medien sind eingeflossen und unterstreichen die Aktualität.

Wenn Sie das Buch gelesen haben, werden Sie feststellen, dass es nicht um den Kunden alleine geht, sondern um den Menschen. Die Unternehmen müssen lernen, den Menschen als ihr Kerngeschäft zu sehen. Human Power wird Money Power schlagen.

Springen Sie auf den Schnellzug der Entwicklung auf; es wird keine Lokomotive geben, die Sie mitnehmen wird.

Edgar K. Geffroy
Geschäftsführender Gesellschafter
Geffroy Business Akademie GmbH

Hinweise zur Nutzung

Dieses Buch liegt nun in einer umfassend überarbeiteten Form vor. Es ist mittlerweile die 16. Auflage dieses Buches, und wir haben inhaltlich einige Änderungen vorgenommen. Sehen Sie das Buch als ein lebendiges Werk: Machen Sie sich Notizen im Buch, ergänzen Sie Aspekte, schreiben Sie uns unter team@geffroy.de Ihre Anregungen und Erfahrungen.

Dieses Buch basiert auf der Impuls-Methode, einem Schreibstil, der innerhalb weniger Worte dem Leser immer neue Impulse geben soll und der sich bereits bewährt hat. Sie brauchen also nicht lange zu lesen, um auf interessante Informationen zu stoßen. Ganz im Gegenteil, der Sinn der Impuls-Methode ist, auf spannende Art und Weise Impulse bzw. Wissen zu vermitteln. Dieses Buch versucht, Roman und Fachbuch in einer neuen Verbindung zusammenzuführen.

Darüber hinaus ist das Buch in einzelne, in sich abgeschlossene Kapitel aufgeteilt. Dadurch können Sie das Buch entweder wie einen Roman von vorne bis hinten lesen, oder Sie können sich einzelne Themen herausgreifen. Deshalb kann es Wiederholungen geben. Sie dienen jedoch dazu, jeweils die relevanten Informationen auf Abruf zu haben.

Die fünf Themen Zukunft, Strategie, Führung, Marketing und Verkauf sind uns noch alle bekannt, allerdings haben sie heute neue Inhalte. Die fünf Bereiche Trendbrüche, Zeitwettbewerb, Heterarchie, Information und Mind-Ware sind neue Themen und werden auf lange Sicht die ersten fünf mehr und mehr von ihrer Bedeutung her ablösen. Bedeutungsvoll sind die „alten“ Themen trotzdem. Sie werden erst ganz langsam ihren Wert verlieren und bis dahin noch ihren Einfluss geltend machen. Zwingend notwendig und zugleich erfolgversprechend ist es, Fachwissen und Erfahrung mit den Informationstechnologien zu verbinden und so dem Kunden mehr Möglichkeiten der Information, der Kontaktaufnahme, des Dialogs und letztendlich auch der Bestellung von Produkten zu bieten.

Das Prinzip des Clienting ist heute so aktuell wie zu dem Zeitpunkt, als dieses Buch 1993 in der ersten Auflage erschien. Die Rahmenbedingungen haben sich allerdings geändert, denn durch das Internet bestehen ganz neue Möglichkeiten des Beziehungsmanagements.

Geschäfte über das Internet werden in wenigen Jahren ein Volumen von über einer halben Billion Euro erreichen. Diese Form des Handelns wird die Menschen, welche die Kontakte zu den Kunden pflegen, jedoch nicht ersetzen. Es wird eine Koexistenz von persönlichem Kontakt zwischen Verkäufer als Beziehungsmanager mit dem Kunden einerseits und dem virtuellen Kontakt zwischen Verkäufer und Käufer andererseits geben.

1.

Kunde

1.1 Der Kunde von heute

Tatsächlich war Kundenorientierung Anfang der 90er Jahre noch ein Fremdwort in Deutschland. Nur spärlich entwickelte sich über die Jahrzehnte hinweg eine gesteigerte Sensibilität gegenüber den Bedürfnissen und Wünschen des Kunden. Heute hat der Kunde Priorität - immerhin sehen es 72 % der weltweit tätigen Unternehmen als die wichtigste Aufgabe an. Kundenorientierte Dienstleistung wird immer häufiger als zentrales Unternehmensziel genannt. Unabhängige Studien zum Thema Kundenorientierung konnten nachweisen, dass kundenorientierte Unternehmen höhere Preise und weitaus größere Marktanteile erzielen können als ihre Mitbewerber. Ich bin mir sicher, in diesem Jahrzehnt wird Kundenorientierung der entscheidende Faktor für das Überleben der Unternehmen sein. Neben den rasanten und zugleich beängstigenden ökonomischen Entwicklungen beeinflusst jedoch ein deutlich geändertes Kundenverhalten die unternehmerischen Aktivitäten. Im Vergleich zum relativ durchschaubaren und stabilen Verhalten der Kunden von gestern prägen Unberechenbarkeit, Spontaneität und Individualität das Bild des „multioptionalen“ Kunden von heute. Viele Unternehmen reagieren darauf mit der Brecheisentaktik. Daher tobt in Deutschland zurzeit ein Preiskrieg der Superlative. „Geiz ist Geil“, „Ich bin doch nicht blöd“ etc. sind die Lockrufe der heutigen Unternehmen. Billig, billig lautet die Verkaufsstrategie, die jedoch nur so lange funktioniert, bis ein Mitbewerber noch billiger und noch provokanter auftrumpft. Ein Teufelskreislauf. Mittlerweile haben die Verbraucher die Lust an dem Konsum verloren. Ein Grund dafür ist das Überangebot an Produkten. Eine Studie belegt, dass der Konsumfrust dadurch entsteht, dass die Auswahl zu groß ist. Der Kunde kann heute zwischen 30 verschiedenen Waschmitteln, 100 verschiedenen Tapetensorten und zig Digitalkameras wählen und damit ist der Großteil einfach überfordert. Selbst das Verkaufspersonal kann die Unterschiede zwischen den einzelnen Produkten nicht mehr erklären. Doch genau hier liegt der Erfolg oder Misserfolg eines Verkaufsabschlusses. Sind Sie beispielsweise auf der Suche nach einer Digitalkamera und der

Verkäufer liest die technischen Daten einfach vom Preisschild ab und schließt seine Ausführungen mit den Worten „Ich glaube, mit der Kamera können Sie nichts falsch machen“, dann kann von einer fachgerechten Beratung keine Rede sein. Ich sehe hier eine große Chance bei Unternehmen, die statt „geilen Preisen“ Kundenfreundlichkeit und Kundenservice auf ihre Fahnen schreiben. Sie haben die Möglichkeit, wesentlich individueller und zielgerichteter auf den einzelnen Kunden einzugehen. Doch leider sind die Deutschen auch hier noch ein absolutes Entwicklungsland. Wenn die Verkäuferin in einem Modegeschäft minutenlang mit ihrer Freundin telefoniert um Kochrezepte durchzugehen und mich dabei warten lässt oder ich am Telefon mit dem Anrufbeantworter kommunizieren muss, weil alle Ansprechpartner gerade in der Mittagspause sind, dann bleibt die Kundenfreundlichkeit auf der Strecke. Wenn man mir als Kunden keine Beratung, Hilfe oder Unterstützung anbietet, kaufe ich doch lieber direkt in einem Billigshop.

Die Kunden wollen nicht nur einfach Produkte, sie suchen nach Lösungen für ihre Wünsche, sie wollen mehr Service, mehr Sinn. Heute nutzen Kunden ihre Macht und strafen die Unternehmen mit Kaufverweigerung. Customer Economy nennen dies die Amerikaner und prophezeien damit die totale Macht des Kunden. Durch die explosionsartige Verbreitung des Internets in den deutschen Haushalten verstärkt sich die Entscheidungsgewalt. Das Internet hat seine eigenen Gesetze: Der Kunde stellt seine Ansprüche und Handel und Dienstleister müssen sich darauf einstellen, wenn sie erfolgreich sein wollen. Durch das Internet hat der Kunde sekundenschnell die Möglichkeit, sich für oder gegen ein Unternehmen zu entscheiden. Gefällt ihm das Angebot, wird die Seite weiterempfohlen, bei Missfallen wird sie auf EWIGKEIT BOYKOTIERT. Unternehmen sind gut beraten, wenn sie den Kunden bei der Produktentwicklung mit einbinden. Was will der Kunde, welche Wünsche und Bedürfnisse hat er? Ziehen Unternehmen den Kunden nicht in ihre Entwicklungen mit ein, dann werden sie in den nächsten Jahren verschwinden. „Der Kunde hat die Idee zu einem Produkt, der Hersteller liefert.“ Das Geheimnis ist die richtige Information auf Abruf. Der moderne Kunde hat nicht nur bereits eine Idee vom Nutzen, wenn er beginnt, seine Kaufwünsche zu realisieren. Er weiß genau, wie seine zukünftige Anschaffung aussehen muss, was sie leisten muss und was sie kosten darf. Jetzt ist es an der Zeit, an der richtigen Stelle zu sein und die gewünschten Informationen schnell und einfach dem Kunden zur Verfügung zu stellen. Killer-Faktoren für jeden Kaufwunsch sind schwer zugängliche und unzureichende Informationen über Leistungen, Konditionen und Preise des Produktes, schlechte Vergleichsmöglichkeiten und ein umständlicher Kaufabschluss. Dies gilt genauso für jeden Einzelhändler, für jeden E-Commerce-Betreiber wie für jeden anderen Anbieter.

Es ist heute entscheidend, sich beim Kunden in Erinnerung zu rufen, ohne ihn zu nerven und zu belästigen. Ein durchschnittlicher Bürger in Europa wird laut einer Schweizer Studie täglich (!) mit mehr als 8000 Werbebotschaften beschossen. Wenn Sie einen Radiowecker haben, werden Sie schon drei Werbungen gehört haben, bevor Sie richtig wach sind. Jeder von uns hat deshalb einen Abwehrmechanismus entwickelt, der auch sinnvoll ist, da wir sonst bis zum Mittag pleite wären. Wen verwundert es, dass 98,4 % der klassischen Werbung völlig ignoriert wird. Der potenzielle Kunde nimmt sie nicht einmal wahr. Die Kunden wollen sich aus diesen Gründen auch nicht binden lassen. Viele Clubs und Kundensysteme werden abgelehnt, weil man sich nicht noch mehr kostbare Zeit wegnehmen lassen will. Beobachten Sie sich selbst. Wie oft sagen Sie Nein, ohne überhaupt zu wissen, worum es geht. Geben Sie Ihren Kunden also nicht die Chance, Nein zu sagen. Im seltensten Fall wird der Kunde Ihnen direkt sagen, was er sich wünscht. Seine Anfragen an Sie werden sich immer im Rahmen dessen bewegen, was der Kunde bereits von Ihnen kennt. Gehen Sie also neue Wege. In den letzten Jahren kommt man dem Kunden einige Schritte entgegen, frei nach dem Motto: „Es muss einfach sein, mit uns Geschäfte zu machen." So schießen Customer Care Center (CCC) und deren große Brüder, die Customer Interaction Center (CIC) aus dem Boden und lassen die klassischen Call-Center alt aussehen. Und zu Recht, denn die Aufgabe eines Care Centers geht weiter. Es gilt, jeden Kundenkontakt mit bestmöglichem Service- und Qualitätsbewusstsein innerhalb kürzester Zeit zur vollsten Zufriedenheit des Kunden wirtschaftlich abzuwickeln. Trotzdem ist die Idee nicht neu, intensive und kompetente Kundenpflege ist keine Innovation.

Sinn und Schnelligkeit ist die Herausforderung. Der Kunde von heute möchte nach wie vor umsorgt werden. Er will nach wie vor seinen Nutzen aus den Produkten ziehen, und er ist nach wie vor interessiert an Neuem. Wenn Sie es also schaffen, den Sinn Ihres Produktes schnell dem Kunden zu verdeutlichen, und zwar genau dann, wenn er mit dem Kaufgedanken spielt, dann werden Sie einen Abschluss erzielen. Präsent sein, ohne aufdringlich zu sein. Für den Kunden da sein, ohne ihn zu bemuttern. Das sind die schwierigen Gratwanderungen, die eine Kaufentscheidung heute maßgeblich beeinflussen.

Durch die veränderten Ansprüche der Kunden müssen sich Unternehmen wandeln. Doch derzeit erleben wir genau das Gegenteil. Statt Fortbewegung herrscht absoluter Stillstand. Die größte Blockade, die den Veränderungsprozessen im Weg steht, ist die Angst. 84 % der Menschen haben Angst vor Veränderungen. Obwohl viele Chefs erkennen, dass sich ihre Firma rückwärts entwickelt, handeln sie nicht.

Unternehmen von heute müssen sich jedoch mehr und mehr von statischen Geschäftsmodellen lösen und sich zu offenen, dynamischen Netzwerken entwickeln, zu virtuellen Firmen. Es baut sich eine Symbiose zwischen Partnerunternehmen, Mitarbeitern und dem Kunden auf. Dabei werden alle Geschäftsprozesse und Unternehmensstrategien neu überdacht und nach den Wünschen und Bedürfnissen des Kunden ausgerichtet. Die erfolgreiche Umsetzung der modernen Kundenstrategie ist abhängig von der Wandlungsfähigkeit und dem Wachstumspotenzial der Mitarbeiter in einem Unternehmen. Die Bereitschaft Partner-Netzwerke aufzubauen ist die Grundlage einer erfolgreichen Unternehmensstrategie. Die virtuelle Integration von Partnerunternehmen in das eigene Netzwerk bedarf eines ausgefeilten Konzeptes, um maximale Wandlungsfähigkeit sicherzustellen. Ich nenne dieses System Changement. Es ist eine Aufforderung an die Führungsetagen, sich zu wandeln. Die Wandlungsbereitschaft der Manager wird zur größten Herausforderung der heutigen Zeit, und daher ist Changement kein Prozess, sondern eine Fähigkeit. Überall wird von notwendigen Veränderungen gesprochen, von Umbau, doch keiner setzt es um. Es wird nicht der notwendige Wandel vollzogen. Über 60 % der Change-Management-Projekte scheitern, weil keine neuen Impulse gesetzt werden. Die meisten Menschen ändern sich nur unter erheblichem Widerstand, langsam und träge. Im Geschäftsleben ist dies meistens ein Todesurteil. Wissen ist ein Schlüsselfaktor für das Unternehmen der Zukunft. Daher gewinnen auch die Mitarbeiter eines Unternehmens an Bedeutung und stellen mit ihren Erfahrungen und Fähigkeiten das größte Kapital eines Unternehmens dar. Im Grunde genommen haben wir keine Mitarbeiter mehr, sondern Mit-Unternehmer, Wissensbanken, Talente und Innovatoren in unseren Firmen – wenn wir es richtig verstehen. Auch diese Erkenntnis hat weitreichende, ja revolutionierende Konsequenzen!

Zum ersten Mal seit Beginn der industriellen Revolution ist das Kerngeschäft der Mensch. Seine Ideen, seine Intuition und sein Engagement entscheiden über den Erfolg in der Zukunft. Allerdings wird es nicht so viele talentierte Leute geben, wie die neue Wirtschaft sie braucht. Die meisten Unternehmen sind auf diesen Krieg der Talente überhaupt nicht vorbereitet. Zu sehr zählen immer noch Produktstrategien oder Globalisierungskonzepte. Durch die Unternehmen neuen Typs, die Denkfabriken, entsteht ein neuer Typ von Mitarbeiter, der Mind-Worker. Durch die Ideen dieser Mitarbeiter entstehen Patente, Lizenzen, Rechte, Trademarks und Copyrights, die vermietet, geleast oder für eine bestimmte Laufzeit genutzt werden können. Die Gewinnchancen sind dramatisch. In Zukunft wird der Mensch wieder zum Erfolgsfaktor zukunftsorientierter Unternehmen. Damit werden auch die menschlichen Fähigkeiten wie Zuverlässigkeit, Vertrauen und Authentizität wiederentdeckt. Wesentlich effektiver ist es heutzutage, den Mitarbeiter als zentrale Einheit eines Unternehmens zu verstehen. Denn begeisterte Mitarbeiter schaffen automatisch begeisterte Kunden. Man erreicht viel mehr Enthusiasmus bei den Mitarbeitern, wenn man versucht, nach und nach Arbeitszeit und Freizeit miteinander zu verschmelzen, sodass die Mitarbeiter sich praktisch in der Firma genauso wohl fühlen wie außerhalb. Weckt man dann noch den Ehrgeiz seiner Angestellten, schafft man eine völlig neue Form der Motivation. Maximal motivierte Mitarbeiter sind in der Lage, ihr Potenzial maximal auszuschöpfen.

Der Erfolg eines Unternehmens liegt also in der Beziehungsqualität zu seinen Kunden, Mitarbeitern und Partnerunternehmen. In einer immer stärker werdender Konkurrenzsituation und bei stetig steigenden Erwartungen der Kunden ist das persönliche Verhältnis zum Kunden einer der wichtigsten Erfolgsfaktoren für eine vertrauensvolle Beziehung. Als professioneller Beziehungsmanager werden Unternehmen in der Lage sein, die Welt des Kunden zu erobern, Gemeinsamkeiten zu entdecken und zu pflegen – ein Beziehungssystem zwischen Kunden und Unternehmen entsteht. Das persönliche, partnerschaftliche Verhältnis zum Kunden führt zu einer dauerhaften Bindung an das Unternehmen. Der Kunde muss die Gleichberechtigung spüren, dann fühlt er sich ernst genommen und entwickelt Sympathien für das Unternehmen. Erfolgreiche Unternehmen zeichnen sich durch Kommunikationsfähigkeit und Wandlungsfähigkeit aus.

Denn eins dürfen wir nicht vergessen: Unseren Lebensunterhalt bezahlt immer noch der Kunde.

1.2 Servicewüste Deutschland

Eigentlich hätte ich ein neues Buch schreiben müssen. Nach *Das Einzige, was stört, ist der Kunde*, *Das Einzige, was immer noch stört, ist der Kunde* hätte der neue Titel lauten müssen: *Das Einzige, was wieder stört, ist der Kunde.* Vor zwölf Jahren, als die erste Auflage von *Das Einzige, was stört, ist der Kunde* erschien, hatten danach immer mehr Unternehmen den Faktor „Kunde" als wichtigste Profilierungschance erkannt. Heute, durch viele neue Studien belegt, hat wieder ein deutlicher Rückschritt, vom Kunden weg, stattgefunden. Der Kundenservice in Deutschland lässt zu wünschen übrig. Eine Studie, die von der *Welt am Sonntag* in Auftrag gegeben wurde, bringt es auf den Punkt. Hier wurde bereits vor einem halben Jahr den Serviceleistungen in Deutschland desaströse Noten erteilt, jetzt fällt das Urteil nochmals miserabler aus: 54 %

der Befragten finden, die Dienstleistungen seien erneut schlechter geworden. Für 33 % hat sich nichts geändert, und nur 13 % glauben, der Service sei besser geworden. (Quelle: *Welt am Sonntag*, Artikel vom 18.04.2004 Titel: Die sparen sich tot).

Das sollte uns allen eine Warnung sein. Aus meiner Sicht ist Deutschland mittlerweile keine Servicewüste mehr, sondern ein Servicewunderland. Denn außer Schlagen lassen sich die Kunden hierzulande leider alles gefallen. Viele Unternehmen haben nach wie vor nicht erkannt, dass Service als Wettbewerbsfaktor oder als wichtiger Unterscheidungsfaktor die Grundlage für eine erfolgreiche Geschäftsstrategie darstellt. Auf der anderen Seite haben wir den Kunden, der immer noch nicht anspruchsvoll genug ist. Wenn sich beispielsweise in Amerika ein Kunde in einem Restaurant nicht gut genug behandelt fühlt, beschwert er sich direkt beim Geschäftsführer. Als Wiedergutmachung bekommt er das Essen gratis oder einen Gutschein für ein kostenloses Essen mit der ganzen Familie. Sie können davon ausgehen, dass der Kunde das Restaurant erneut aufsuchen wird und seine positiven Erlebnisse sicherlich in seinem Bekanntenkreis weitererzählt. Was passiert dagegen in Deutschland, wenn sich der Kunde schlecht behandelt fühlt? Er gibt schlimmstenfalls kein Trinkgeld, nimmt es aber in der Regel hin. Hier haben wir nach wie vor die Situation, dass wir auf der einen Seite einen Kunden haben, der es gewohnt ist, schlecht behandelt zu werden, auf der anderen Seite Unternehmen, die Kundenservice als Chance noch nicht erkannt haben. Ein Teufelskreislauf.

Letztens habe ich sogar gehört, dass eine amerikanische Fluggesellschaft, die Northwest Airlines, ihre amerikanischen Fluggäste, die Deutschland besuchen wollen, sicherheitshalber auf den schlechten Kundeservice vorbereitet. „Besuchern aus den USA kommen Verkäufer/Verkäuferinnen sowie Bedienungspersonal in Restaurants und Gaststätten unterkühlt und abweisend vor. Dieses Verhalten ist für das Dienstleistungsgewerbe in Deutschland normal und nicht unhöflich gemeint." Einfach unglaublich, aber leider kein Ausnahmefall.

Ein wichtiger Bestandteil des Kundenservice ist die emotionale Ebene, die Beziehungsebene. Nur wenn ich als Kunde das Gefühl entwickle, dass der Servicegedanke eines Unternehmens von seinen

Mitarbeitern auch gelebt wird, kann ich es akzeptieren und mich dafür begeistern.

1.3 Das Einzige, was stört, ist der Kunde

Mietwagenerlebnis
Ich hatte den Mietwagen rechtzeitig reserviert. Doch der Angestellte der Mietwagenfirma auf dem Flughafen Basel war ebenso schlecht informiert wie unhöflich. Jedenfalls hatte er meine Reservierung nicht berücksichtigt. Weder das von mir gewünschte Automodell stand zur Verfügung, noch gab es ein Fahrzeug mit Navigationssystem, wie ich bei meiner Reservierung ausdrücklich erbeten hatte. Ich war offensichtlich ein Kunde, der störte. Also wandte ich mich an ein Konkurrenzunternehmen. Dort war man freundlicher und auch bereit, meine Wünsche zu erfüllen. Aber ich hatte mich zu früh gefreut, denn nun erhielt ich ein Fahrzeug des gewünschten Typs, doch mit defekter Kupplung. Niemand machte mich bei der Übergabe des Wagens darauf aufmerksam, obwohl Mietwagenfirmen für den verkehrssicheren Zustand ihrer Fahrzeuge verantwortlich sind. Der Angestellte, den ich bei der Rückgabe des Wagens auf den Mangel aufmerksam machte, zuckte nur die Schultern. Offenbar war man auch bei dieser Mietwagenfirma nicht besonders an zufriedenen Kunden interessiert. Ich war eindeutig ein Kunde, der störte.

Softwareerlebnis
So hilfreich und nützlich Computerprogramme auch sind, so schwierig ist es manchmal, sie zu installieren. Nichts geht von allein. Erst kürzlich hatte ich mir ein von der Fachpresse hoch gelobtes Antivirenprogramm gekauft, um meinen PC vor lästigen Viren zu schützen. Bei der Installation traten jedoch ständig Fehlermeldungen auf, und ich suchte Abhilfe beim Hersteller-Support. Es ist erstaunlich wie kreativ man sein kann, um das Warten in einer Warteschleife zu überbrücken. Nach exakt 20 Minuten wurde ich von einer Dame mit den Worten begrüßt: „Ihre Kundennummer bitte.“ Die hatte ich jedoch noch nicht und musste

daher erst sämtliche Daten durchgeben. Auf die Frage hin, welches mein Problem sei, erklärte ich die Situation. „Vielen Dank, ich verbinde Sie mit einem Techniker“, lautete das Ergebnis. Daraufhin landete ich wieder in einer Warteschleife, bis schließlich ein Besetztzeichen das Gespräch abrupt beendete. Bei den nächsten drei Versuchen konnte ich nicht einmal mehr die Zentrale erreichen. Zu guter Letzt landete ich dann auf einer automatischen Bandansage, dass ich außerhalb der Geschäftszeiten anrufe. Resigniert packte ich die Software wieder ein und tauschte sie um. Ich war eben nur ein störender Kunde.

1.4 Beziehungen statt Verkaufen

Jede Zeit hat ihre eigenen Chancen und die dafür besten Ideen. Oder anders: Die beste Firmenidee zum falschen Zeitpunkt ist genauso fatal, wie überhaupt keine zu haben. Viele Produkte haben eine Brutzeit: die Zeit von der Idee bis zur Akzeptanz im Markt. Manchmal geht es schnell, manchmal dauert es Jahrzehnte.

Ist die Idee reif für den Markt, koppelt sie sich auch von anderen Einflüssen, so z.B. von der Konjunktur, ab. Rockefeller soll einmal gefragt worden sein, warum er den Grundstein für seinen Erfolg und sein Vermögen in die damals fürchterlichste Rezession gelegt hat. Seine einfache Antwort war, dass er damals einfach keine Zeit hatte, die Zeitung zu lesen, sonst wäre der Grundstein nie gelegt worden.

Nicht nur Ideen haben eine Brutzeit, sondern auch Erfolgskonzepte. Was in den 50er Jahren funktionierte, ist heute keine Garantie mehr für Erfolg. So erging es dem Marketing.

Marketing ist laut Definition die Ausrichtung der Teilbereiche eines Unternehmens auf das absatzpolitische Ziel und auf die Verbesserung der Absatzmöglichkeiten.

Das hört sich gut an und hat fairerweise auch jahrzehntelang funktioniert. Man hat auch immer wieder bekräftigt, dass der Kunde im Mittelpunkt steht, aber wer hat das vorgelebt? Es war ja auch nicht nötig, denn der Wettbewerb war immer noch kundenunfreundlicher als man selbst.

Brutzeit der Produkte

Innovation	Konzept / Realisierung		Brutzeit
Antibiotika	1919	1940	21 Jahre
Automatikgetriebe	1930	1946	16 Jahre
Kugelschreiber	1938	1945	7 Jahre
Herzschrittmacher	1928	1960	32 Jahre
Sofortbildkamera	1944	1947	3 Jahre
Radar	1904	1939	35 Jahre
Video/Tonband	1950	1956	6 Jahre
Automatikuhren	1923	1939	16 Jahre
Xerox Kopierer	1935	1950	15 Jahre

2004, Geffroy Business Akademy GmbH, Düsseldorf

Wenn Sie es nicht glauben, rufen Sie irgendeinen großen deutschen Konzern an und versuchen einmal, eine Information über ein neues Produkt zu bekommen. So ist es einmal durch meine Firma geschehen. Das führte dazu, dass meine Assistentin nach einem Tag endloser Telefonate entnervt aufgegeben hat und seitdem Behörden und Beamte als superflexibel empfindet.

Höhepunkt der Denkstruktur „Kunde im Mittelpunkt" dieses Konzerns war die Originalaussage eines Entwicklungsingenieurs, er habe zum Zurückverbinden zur Zentrale keine Zeit: „Schließlich bin ich nicht Ihre Telefonzentrale." Was soll's, es ging schließlich auch nur um eine Anfrage über Hardware-Produkte für mehrere Millionen Euro.

Zugegeben, es ist wieder einmal eines meiner plastischen Beispiele. Aber wann haben Sie das letzte Mal jemanden in Ihrer Firma anrufen lassen, um die Kundenorientierung Ihrer eigenen Firma und Mitarbeiter zu testen?

Damit wird deutlich, dass zwar seit der Erfindung des Marketing darüber geredet wurde, den Kunden in den Mittelpunkt zu stellen, aber jetzt die Zeit für das Umsetzen und Verwirklichen gekommen ist. *Von simplen Dingen im Umgang mit Ihren Kunden bis zu komplizierten Netzwerken wird die Zukunft an diesem seidenen Faden „Kunden" hängen.*

Simple Dinge sind z. B.: Kennen Sie alle Ihre Kunden? Kennen Sie alle potenziellen Kunden? Was wissen Sie über Ihre Kunden?

Kompliziert heißt: Haben Sie digitale Netzwerke zu Ihren Kunden, mit denen 24 Stunden und 365 Tage, ohne Rücksicht auf Feiertage und Wochenenden, Ihr Wissen, Ihr Service und Ihre Informationen abgerufen werden können? Wir nennen das digitales Clienting. Haben Sie Beziehungsnetzwerke zu Ihren Kunden, verstehen Sie Ihre Kunden, und betreuen Sie Ihre Kunden lebenslang, auch wenn Sie vielleicht nur einmal im Leben z. B. eine Eigentumswohnung bei Ihnen kaufen?

Sie erkennen jetzt sicherlich die Chancen, aber auch die Risiken. Kundenbindung – sagt der Einsteiger, Clienting oder Netzwerke mit Kunden – sagt der Profi.

Diese Entwicklung ist im Trend der Zeit. Während die 60er und 70er Jahre den Hippie hatten, kamen in den späten 80er Jahren die Yuppies (Konsum war „geil" und „Was kostet die Welt?" – eine Sache der Platin- oder Goldcard), bis alles wie eine Seifenblase platzte: Yuppies out oder arbeitslos, Konjunktur runter, Arbeitslose rauf und Politikerprofis unglaubwürdig. Was nun?

Die 90er Jahre starteten mit den Yiffies. Y steht für young, i, unser wichtigster Buchstabe, steht für individuell, f steht für freedom minded, f als zweitwichtigster Buchstabe für few. Yiffies sind Menschen im Alter zwischen 18 und 28 Jahren und meistens Großstädter. Diese Gruppe brachte das Denken der 90er Jahre auf den Punkt.

Ich als Verbraucher in diesem neuen Jahrhundert bin individuell und keine Masse, und ich bin etwas ganz Besonderes und habe besondere Vorstellungen, die nur mich interessieren. Ich bin eine absolut individuelle Persönlichkeit, die nicht in eine Schablone gepresst werden will.

In den USA hat ein Landmaschinenhersteller seine Kunden in 5000 Unterzielgruppen aufgeteilt. Wie viele haben Sie? Die Massenproduktion verliert an Bedeutung, der persönliche Service ist kaufentscheidend.

Doch damit nicht genug. Der Kunde der Zukunft will nicht irgendwo anonym essen, einkaufen oder beliefert werden. Er will Beziehungen. Er will jemand sein, namentlich bekannt, nett behandelt, betreut und als Mensch akzeptiert. Er will identifiziert, also als Kunde der Firma erkannt werden, und er will mitgestalten.

Ja, der Kunde der Zukunft will Produkte mitgestalten, er will seine Erfahrungen einbringen, er will Dialoge. Kurz: Er will einfach nicht mehr konsumieren, er will prosumieren. Er will Geben und Nehmen praktizieren. Wenn Sie das alles nicht glauben, was ich verstehen könnte, dann lesen Sie in diesem Buch die Beispiele der Firmen, die diese Dinge mit Erfolg umgesetzt haben.

Ich darf noch einmal betonen, dass ich keine Branche ausnehme; vom Anlagenbau bis zum Kiosk kann jeder Clienting-Pionier seine Chancen jetzt nutzen. Denn der Verbraucher wird immer mehr rebellieren und sich nichts mehr gefallen lassen. Verbraucherschützer freuen sich schon jetzt über großen Zulauf, und auch die Medien machen tagtäglich Verbraucherbetrügereien und falsche Werbeaussagen öffentlich. Als Beispiel seien hier die Sendungen WiSo, Markt und ARD Ratgeber genannt.

Wer beobachtet hat, wie es mancher Firma ergangen ist, die angeblich Gift in Lebensmitteln hatte, weiß, was auf uns zukommt. Manches davon war ein Irrtum. Doch wer interessiert sich hinterher noch für die Wahrheit?

Prosumenten, Individualisten, Hyperzweifler: Wie können wir an sie noch erfolgreich verkaufen? Eigentlich gar nicht! Jedenfalls nicht besonders erfolgreich mit den klassischen Mitteln des Verkaufens und des Marketing.

Doch es gibt eine Antwort: durch Beziehungen. Sie sind der Schlüssel zum Erfolg der Zukunft. Beziehungsmanagement heißt die Lösung für die aktive Umsetzung dieser Konzeption. Und dabei stehen Ihnen sehr viele interessante Wege zur Verfügung. Können Sie sich vorstellen, wie man mit einer einzigen Idee innerhalb weniger Tage 7000 Kunden gewinnen kann? Es geht tatsächlich. Gründen Sie eine Community oder einen Kundenclub.

Gerade das Medium Internet bietet hier vielfältige Chancen und Möglichkeiten, um Kunden längerfristig an Ihr Unternehmen zu binden. Wichtig ist jedoch, dass Sie dem Kunden einen Mehrwert dabei bieten, einen Nutzen.

Ein Verkaufsleiter fragte einmal seine Verkäufer, was ihnen an Kunden nicht gefällt. Hier auszugsweise die Ergebnisse: Kleinlichkeit, Arroganz, Unehrlichkeit, überzogene Vorstellungen, überzogenes Anspruchsdenken, falsche Vorstellungen vom Kaufpreis, keine Zeit.

Dann fragte er, was seine Verkäufer tun müssten, um Beziehungen und Erfolg zu verbessern. Ergebnis: locker und humorvoll zum Kunden sein (auch wenn dieser unsympathisch ist), besser zuhören, Kaufmotive selektieren, den Kunden länger reden und sich darstellen lassen, den Kunden genau beobachten und sich auf ihn einstellen, Optimismus behalten, mehr Toleranz zeigen, Körpersprache in Einklang mit den Worten bringen, intensiver auf den Kunden eingehen.

Sie sehen, dass viele Beziehungsthemen einfach umzusetzen sind. Der Schlüssel ist nur die Sensibilisierung und der Wille, sich mit Beziehungsmanagement auseinander zu setzen. Entscheidend ist allerdings darüber hinaus, dass Clienting als ganzheitliches Denken im gesamten Unternehmen umgesetzt wird und nicht nur von Verkäufern. Jeder Mitarbeiter der Firma muss es leben und mittragen. Darum ist auch ein großer Teil in diesem Buch dem Schaffen von Voraussetzungen gewidmet, die Clienting erst möglich machen.

Das Buch *The Customer comes second* bringt es auf den Punkt. Frei übersetzt heißt das: „Der Kunde kommt erst an zweiter Stelle." Die Parallele zu diesem Buch ist offensichtlich, obwohl die Kernidee des Autors lautet: Der Mitarbeiter kommt an erster Stelle. Dem kann ich mich nur anschließen. Der Mensch im Zentrum des Denkens und Handelns ist in unserer eigenen Firma und auf der Kundenseite der *Schlüssel zum Megaerfolg.*

Die folgenden Kapitel werden aus diesem Grund den ganzheitlichen Weg zu Beziehungsnetzwerken mit Kunden aufzeigen.

Und falls einer Ihrer Freunde sagt, dass alles „kalter Kaffee" sei, weil Beziehungen, Vitamin B oder Seilschaften, schon solange es Menschen gibt, der Schlüssel zur Macht sind, dann lächeln Sie ganz einfach. Denn wer sich jetzt nicht intensiv mit den Möglichkeiten der digitalen Beziehungsnetzwerke beschäftigt, wird in Zukunft nur schwer überleben.

2.

Zukunft

2.1 Die 100-%-Firma der Zukunft

Wie sieht eine Firma aus, in der alles richtig gemacht wird? Eine Firma, in der alle Mitarbeiter zufrieden sind und Kunden sich wohl fühlen? Die 100-%-Firma der Zukunft, sie gibt es natürlich nicht. Aber warum sollte man sie nicht zumindest einmal versuchsweise skizzieren?

Sie erhalten mehr als 100 Ideenimpulse für zukünftige Unternehmenserfolge. Einige dieser Ideen werden in den anderen Beiträgen ausführlicher erläutert.

Eines ist sicher: Radikales Umdenken ist in Zukunft erforderlich, damit alle Marktchancen eines Unternehmens genutzt werden können und die Existenz gesichert ist und bleibt.

Neues Denken

Anderes Denken führt zu anderem Handeln und anderes Handeln zu anderen Ergebnissen. Nach meinen Erfahrungen liegt die Entscheidung über Erfolg oder Misserfolg einer Firma fast ausschließlich in den Denkstrukturen der Mitarbeiter. *Wer an Erfolg glaubt, wird auch Erfolg haben.*

Aus meiner Sicht wird es zukünftig absolut erfolgsentscheidend sein, dass alle Mitarbeiter die gleiche Art zu denken und zu handeln besitzen. Der gemeinsame Geist, die gemeinsame Sicht der Dinge, das gleichgeschaltete Selbstverständnis bei bestimmten Handlungen bekommen enorme Bedeutung.

Dies muss mit der Herausforderung, das Denken komplett neu zu beginnen, gemeinsam erfolgen. Denn uns allen wurde ein falsches Denksystem in den Kopf gepflanzt. Wir sind in der Denkwelt des kausalen Denkens Ursache – Wirkung erzogen worden. Es steht heute fest, dass diese Annahme falsch ist. Die Welt, und damit die Wirtschaft, ist kein kausales System, sondern ein System der chaotischen Strukturen. Wer sich für die wissenschaftlichen Details interessiert, dem empfehle ich das Buch *Die Entdeckung des Chaos.*

Für uns sind nur die Ableitungen interessant. Zuerst einmal ist Chaos nicht das, was wir eigentlich damit verbinden, also etwas Negatives. Chaos ist ein System höherer Ordnung, für uns bisher nur noch nicht verständlich. Aus unserer kausalen Lehre heraus haben wir Planung, Kalkulation, Zeitmanagement und organisiertes Managen gelernt; alles nach dem Motto: Sieger glauben nicht an den Zufall; alles ist planbar, machbar und steuerbar. Dies ist jedoch eine große Fehlannahme.

Haben Sie damit gerechnet, dass die Berliner Mauer fällt, dass Bush den Irak angreift? Haben Sie damit gerechnet, dass sich führende Konzerne bei ihrer Zukunftseinschätzung gründlich und gefährlich verspekuliert haben? Wer hat mit dem 11. September 2001 gerechnet?

Wir müssen umschalten. Mit unseren alten Denkstrukturen des großen Steuermannes können wir die Zukunft nicht mehr managen. *Glück, Zufall und Risiko sind die Erfolgsfaktoren der Zukunft.*

Viele werden jetzt innerlich rebellieren, da sie Ruhe, Sicherheit und Wiederkehrbarkeit haben möchten.

Aber vergessen Sie das. Dieses Jahrhundert wird denen gehören, die flexibel sind, die experimentieren können und bereit sind, Fehler zu machen. Das ist übrigens das Grundübel der Konzerne, die Nichtbereitschaft, über solche Themen auch nur nachzudenken. Wir müssen unsere inneren Denkmuster umschalten auf Unplanbarkeit, Risiko und Unvorhersehbarkeit. Das beinhaltet die Fähigkeit, sich selbst immer schneller infrage zu stellen. Was Sie gestern noch sagten, ist heute bereits 86400 Sekunden alt und im Zweifelsfall überholt.

Sie müssen lernen, in einem immer schnelleren Tempo dazuzulernen und ebenfalls wieder zu „entlernen".

Vergessen Sie aber auf keinen Fall die Planung, weil es ganz ohne Planung auch nicht funktioniert. Versuchen Sie einen Mittelweg aus „Sieger glauben nicht an den Zufall" und „Heute bin ich zufällig Sieger" zu finden.

Wir brauchen nicht nur Glaubensführer, Schnelldenker und Denker, die mit hoher Komplexität klarkommen, sondern wir brauchen auch Denker in vernetzten oder ganzheitlichen Ansätzen. Der Erfolg ist leider keine Einzellösung, sondern besteht aus vielen Zusammenhängen, die auch erst zusammengesetzt das richtige Bild ergeben. Vernetztes Denken sind wir ebenfalls nicht gewöhnt. Doch das Internet demonstriert uns täglich, wie vernetztes Denken funktioniert. Das Internet ist ein vernetztes System. Es funktioniert nicht mehr kausal wie die bisher vorherrschende Denkweise. Vielmehr zeigt es, dass nichts mehr planbar ist, kein Ergebnis sicher feststeht. Auf dieses neue Denken müssen wir uns einstellen.

Verstehen Sie Ihr Unternehmen als ein vernetztes System ähnlich Ihrem Körper. Alles ist miteinander verknüpft und funktioniert, ohne dass es auffällt oder einzeln gesteuert werden muss.

Ein vernetztes System lässt sich analysieren. Darauf sollten Sie Ihr Augenmerk richten.

Fazit: Ein anderer Denktypus von Mitarbeitern oder Entscheidungsträgern ist gefordert. Die jüngere Generation hat hier eindeutig Vorteile. Sie ist bereits in einer anderen Denkwelt groß geworden.

Zukunft

Heute und in Zukunft stehen wir vor ganz neuen Herausforderungen. Die Menschen sehen sich einem Wandel gegenüber, der in immer kürzeren Abständen spürbar wird. Stichworte wie Globalisierung oder Wissensgesellschaft sind dafür Beispiele. Unzählige Probleme müssen gelöst werden, etwa die Bewahrung der Umwelt.

Es ist nur natürlich, dass die Menschen darauf mit Unbehagen reagieren. Eine der Reaktionen ist *Cocooning*. Der Mensch hüllt sich in einen Kokon, sein Zuhause wird zu seiner Festung, die eigene Wohnung wird zur Lebens-, Einkaufs- und Arbeitswelt.

Diese Neigung zum Rückzug in die eigenen vier Wände ist beispielsweise erkennbar an der zunehmenden Vorliebe für archetypische Dinge. Darunter versteht man Formen und Erscheinungen, die fest im Gedächtnis aller Menschen verankert sind. Das Ei-Oval oder die Kugel als Abbild der Erde sind Archetypen. Die Vorliebe für Archtypen wird schon seit einiger Zeit im Automobilbau erkennbar. Gemütlich rund und gefällig sind dort vorherrschende Formen.

Der zukünftige Kunde will seine Produkte in den eigenen und vor allem sicheren vier Wänden aussuchen. Der Verkauf beim Hersteller, in der Bank, im Geschäft etc. wird abnehmen.

Beobachten Sie alle Trends sehr sorgfältig, und prüfen Sie die Auswirkungen auf Ihre Firma. Werden Sie selbst zum Trendsetter. Komplette Trendwechsel vollziehen sich heute viel schneller als früher.

Sie finden am Ende einige Buchempfehlungen zu diesem und weiteren Themen. Da alle Autoren mit Trendzusammenfassungen arbeiten, erhalten Sie ein sehr interessantes Zukunftsszenario.

Fazit: Die Zukunft birgt mehr Chancen, aber auch Gefahren. Daher ist die regelmäßige Beobachtung zukünftig überlebenswichtig.

Unternehmen

Unternehmen werden ihr Selbstverständnis stark verändern müssen. Bisher wurde in den meisten Branchen alles selbst produziert, mit eigenen Mitarbeitern und einem eigenen Vertrieb. Diese Form gehört der Vergangenheit an. Unternehmen und Unternehmer haben erkannt, dass durch Kündigungsschutzgesetze, Gewerkschaften, schnellere Märkte und unzureichende Produktionsanpassung nicht mehr genügend Gewinn zu erzielen ist. Im Gegenteil, die Risiken werden immer größer. Bisher war es für viele Unternehmen das ausnahmslose Ziel, alles unter einem Dach zusammenzufügen. Das ist heute jedoch ein falsches Ideal. Willkommen im Zeitalter der Netzwirtschaft! Die virtuelle Firma, die sich auf das Wesentliche beschränkt, was sie konkurrenzlos am besten kann und alles andere über Outsourcing organisiert, wird zu den Gewinnern zählen und sich am Markt behaupten können. Netzwerkbasierte Geschäfte bedeutet, alle Vorteile der neuen Wirtschaft zu nutzen. Schnell, anpassungsfähig und global wird agiert, ohne eigene Ressourcen aufzuzehren. „Kopf drin, Hände draußen", muss die Devise sein, denn wir werden in Zukunft von unserem Know-how und unserer Vermarktungsfähigkeit leben. Kooperationen lassen sich auch schneller anpassen und lösen, falls die Kundensituation das erfordert. Aufgrund der dynamischen und vernetzten Wirtschaftssituation muss das Unternehmen Sicherheit in festen Netzwerkbeziehungen suchen. Die erforderliche Kundennähe stellt die Unternehmen vor neue Herausforderungen und lässt sich nur mit der kooperativen Zusammenarbeit mit Abnehmern und Lieferanten bewältigen. Der Erfolg eines Unternehmens wird somit von der Leistungsfähigkeit eines Netzwerkes abhängen. Innerhalb des Netzwerkes können virtuelle Unternehmen bedarfsgerecht eingeschaltet werden, um die unterschiedlichen Teilaufgaben lösen zu können. Daher ist es heutzutage wichtig, ein neues Vertrauensverhältnis zu den Partnerunternehmen aufzubauen. Die Bildung von Vertrauen muss durch eine kooperative Grundeinstellung erreicht werden, wobei gleichberechtigte Partnerschaften entstehen. Wichtige Elemente, welche die partnerschaftlichen Beziehungen fördern, sind die Überseinstimmung der Strategien, Ziele und Kooperationen, die Pflege der persönlichen Kontakte und die Bereitschaft der Mitarbeiter, in partnerschaftlichen Netzwerken zu leben und zu arbeiten.

Die vernetzte Wirtschaft wird über das Internet und seine Nachfolger einen gewaltigen Schub bekommen. Im Vordergrund steht, Informationen dorthin zu bekommen, wo der Kunde sich gerade befindet. Kunden sind Teil des wesentlichen Beziehungsnetzwerkes, das darf man nie vergessen. Für die zukünftige Elite wird die Kunst der Vernetzung eine entscheidende Rolle spielen, die elektronische ebenso wie die partnerschaftliche. Auch hier lernen wir einmal wieder von der Natur. Auch sie besteht aus vernetzten Systemen, und sie kann dadurch widerstandsfähiger und schneller auf neue Situationen reagieren. Effektiv funktionierende Netzwerke sind der Überlebensfaktor eines Unternehmens, um je nach Wandel mit den geeigneten Geschäftspartnern neue Lösungskonzepte für die veränderte Situation schaffen zu können.

Corporate Identity

Corporate Identity war ein Zauberwort in den 80er Jahren und wurde als entscheidender Erfolgsfaktor gehandelt.

Mehr und mehr Firmen erteilten Aufträge an Consultants zur Erarbeitung einer Corporate Identity. Heraus kamen schöne, in Hochglanz eingepackte Firmenphilosophien. Sie wurden an alle Mitarbeiter verteilt und ... abgelegt, vergessen, ignoriert und vom Tagesgeschäft überrollt.

Mittlerweile ist es um die Corporate Identity ruhiger geworden. Kritiker bemerken, dass es nichts anderes ist als die hochgepuschte Form eines Betriebsklimas. Ich bin anderer Meinung.

Corporate Identity ist nach wie vor eine wesentliche Säule des Firmenerfolges, wenn sie gelebt wird. Viele Firmen machten in den 80er Jahren den Fehler und ließen sie von externen Beratern entwickeln, ohne sich selbst damit intensiv beschäftigt zu haben. Das Ergebnis interessierte keinen mehr, wurde nicht gelebt, nicht kommuniziert und erst recht nicht diskutiert.

Corporate Identity ist jedoch deshalb so wichtig, weil sie die Basis für eine gleiche Sprache ist. Unternehmen und Mitarbeiter müssen am gleichen Strang ziehen, um die unterschiedlichen Situationen erfolgreich zu meistern. Das gemeinsame Denken und Handeln, die gemeinsame Sicht der Dinge, auch gemeinsames Geistiges genannt, werden mehr und mehr erfolgsentscheidend. Sie werden in Zukunft nicht mehr mit Anordnungen, Stellenbeschreibungen, Anweisungen, Stellenplänen oder ähnlichen bürokratischen Auswüchsen arbeiten können. Sie können nur noch mit einem Team Gleichgesinnter erfolgreich sein, die Hand in Hand arbeiten, ohne dass viele Worte nötig sind – praktisch wie eine lange funktionierende Partnerschaft in der Ehe. Deshalb ist es wichtig, oft über die gleiche Sicht der Dinge zu reden. Neue Mitarbeiter müssen sich an diese gelebten Firmenwerte anpassen oder das Unternehmen wieder verlassen.

Hierarchien verlieren an Bedeutung. Führungskräfte werden zu Teamleitern. Mitarbeiter sind in Zukunft Kollegen, die selbstständig Verantwortung tragen und Ideen verwirklichen. Das Internet ist dafür ein Symbol. Dort gibt es auch keine Führung. Jeder redet mit jedem auf gleicher Ebene. Niemand kann dem anderen befehlen. Aber gerade aus dieser individuellen Eigenverantwortung erwächst die Bedeutung dieses Netzes. Dieses Prinzip auf das eigene Unternehmen zu übertragen ist eine der größten Herausforderungen.

Ich sehe heute die Corporate Identity als wesentlich an, weil nur die gleiche „Sehbrille" die von mir favorisierte Selbststeuerung eines Unternehmens ermöglicht. Das erfordert viele gemeinsame Diskussionen und ein Akzeptieren, dass Mitarbeiter nicht alle gleich sein können. Sie dürfen Spielräume haben, allerdings innerhalb bestimmter Bandbreiten. Werden diese Bandbreiten überschritten, ist ein Reagieren erforderlich. Bereits ein Gegenspieler im Unternehmen, der die Situation für sich ausnutzt, kann ein engagiertes Team paralysieren. Damit ist die Corporate Identity in Form *gelebter Firmenwerte* dem Familiengedanken näher gerückt, der in einem weiteren Beitrag dieses Buchs eingehender beschrieben wird. Entwickeln Sie Familienstatuten, die Spielräume lassen, aber die Selbststeuerung eines Unternehmens ermöglichen. Achten Sie jedoch auf Ihre Mitarbeiter. Nicht jeder ist für diese Art der Herausforderung geeignet. Manche Menschen kommen mit ständig wechselnden Situationen des heutigen freien Wettbewerbs nicht zurecht.

Fazit: Corporate Identity ist auch in Zukunft ein wichtiger Erfolgsfaktor. Allerdings dürfen die Firmenwerte nicht nur in Form von Hochglanzprospekten vorhanden sein, sondern sie müssen täglich gelebt und vorgelebt werden. Aber denken Sie daran: Nicht jeder ist dafür geeignet.

Mitarbeiter

Wir wissen, dass die richtigen Mitarbeiter erfolgsentscheidend waren und erst recht zukünftig sein werden. Nur, wo finden Sie diese Mitarbeiter, und was müssen diese Mitarbeiter können? Der Trend ist unmissverständlich: „Mit 50 zu alt – Jugendkult in deutschen Unternehmen".

Muss der erfolgreiche Mitarbeiter sehr jung sein, um alles richtig machen zu können? Ich möchte mich an dieser Diskussion nicht beteiligen; fest steht jedoch, dass die Märkte, die Situationen und die Chancen und Risiken sich in einem schnelleren Wechsel befinden. Das erfordert *eine neue Art zu denken* und bedeutet, dass mit schnell wechselnden Situationen, unkalkulierbaren Märkten und sich rapide verändernden gesamtwirtschaftlichen Rahmenbedingungen klarzukommen ist.

Das begünstigt tendenziell durchaus den jüngeren Menschen, der heute oft in verschiedenen Welten gleichzeitig leben kann. Schularbeiten zu machen und zugleich Musik zu hören bereitet ihm schon seit langem keinerlei Schwierigkeiten mehr. *Allerdings ist geistige Flexibilität nicht ausschließlich ein Privileg der Jugend.* Wir brauchen Mitarbeiter, die mit chaotischen Entwicklungen Schritt halten und klarkommen können. Das erfordert einen schnellen Geist, den „Wegwerfgeist". Was heute noch richtig war, ist morgen steinalt. Der Mitarbeiter muss ein Dauerlerner sein, ein neugieriger Mensch, der an allen neuen Dingen Spaß hat. Er muss experimentierfreudig sein. Er darf Fehler machen und muss selbst in der Lage sein, die Grenzen seiner Fähigkeiten zu testen. Auf den Punkt gebracht heißt das: Wir benötigen in Zukunft einen völlig anderen Mitarbeitertyp. Wo finden Sie diese Mitarbeiter, die sicher rar gesät sind? Fangen Sie frühzeitig an, um sie zu werben. Scheuen Sie nicht vor ungewöhnlichen Wegen zurück. Falls Sie im Bekanntenkreis Potenzial erkennen, sprechen Sie die Person an. Nehmen Sie Kontakt zu Universitäten oder Schulen auf, um bereits vor der Phase der Entscheidungsfindung bekannt zu sein.

Fazit: Mitarbeiter, die wichtigste Ressource der Zukunft, müssen Sie genauso aktiv suchen und umwerben wie Ihre neuen Kunden.

Vision

Visionen machen Unmögliches möglich. Visionen sind der Motor für überragende Leistungen. Visionen setzen ungeahnte Kräfte frei und sind die Energiequelle eines Unternehmens.

Damit ist die Bedeutung der Vision auch schon zum Ausdruck gebracht. Kein Unternehmen kann heute noch ohne eine Vision bestehen. Es gibt viele Beispiele von Visionären, die durch ihre Vorstellungskraft oft Hunderte oder Tausende von Menschen begeistern konnten.

Ein gutes Beispiel dafür ist John F. Kennedy, der Folgendes sagte: „Wir Amerikaner werden noch in diesem Jahrzehnt als Erste den Fuß auf den Mond setzen." Als Kennedy diese Vision verkündete, setzte er eine hitzige Diskussion in Gang. Zuerst hielt ein Teil der Wissenschaftler es für völlig unmöglich, in dieser kurzen Zeit, wenn überhaupt, zum Mond zu gelangen. Ein anderer Teil der Wissenschaftler nahm die Vision an und vertrat den Standpunkt, dass, falls einige Details noch geklärt werden, ein

Mondflug nicht unmöglich sei. Eine heftige öffentliche Pro-und-Kontra-Diskussion begann.

Nun, das Ergebnis kennen wir. Es hat funktioniert. Ein Amerikaner hat als Erster seinen Fuß auf den Mond gesetzt. Wir wissen heute, dass viele Innovationen und neue Produkte nur entwickelt wurden, um das Unmögliche möglich zu machen. Wir profitieren heute von diesen Produkten, da sie wie das Telefon mit zum täglichen Alltag gehören.

Visionäre haben eine ganz klare Vorstellungskraft davon, wie etwas sein sollte, das noch nicht existiert. Das heißt, sie stellen sich bereits die eigentliche Lösung so vor, als würde sie existieren. Dabei ignorieren sie zuerst einmal, dass es Unmengen von Details gibt, die noch nicht geklärt oder erfunden worden sind. Nur haben sie jetzt die Chance, mit einem anderen Interesse nach geeigneten Lösungen zu suchen. Das Interesse steuert die Wahrnehmung.

Es ist deutlich erkennbar, dass eine Vision nur den Umriss eines oft fast nebulösen, nicht klar erfassbaren Ziels liefert. Es ist keinesfalls eines der für Manager sonst üblichen Fakten- und Zahlenthemen. Die spielen hierbei überhaupt keine Rolle.

Visionen müssen interpretiert werden und lassen Spielraum zur Diskussion zu. Sie leben von der Diskussion und werden, nach meiner Meinung, erst durch diese Diskussion möglich. Als Beispiel sei hier die Erfindung des Telefons genannt. Johann Philipp Reis erfand 1861 einen Apparat zur Übertragung von Tönen mithilfe elektromagnetischer Wellen. Er beschäftigte sich jedoch nicht mit den Möglichkeiten aus dieser Entwicklung. Alexander Graham Bell dagegen war es, der eine Vision hatte, die Vision ein Gerät zu entwickeln, das Kommunikation über große Entfernungen ermögliche sollte. Kaum eine Erfindung hat die Welt so nachhaltig verändert. Davon brauchen wir mehr, wir brauchen mehr Visionäre.

Weitere Beispiele für Visionen, auch deutscher Unternehmer, finden Sie in dem Beitrag zum Thema Strategie.

Lassen Sie mich jedoch noch eine Vision hier festhalten, die in die Zukunft gerichtet ist und deren Umsetzung Sie selbst verfolgen können.

Bill Gates, Gründer von Microsoft und Visionär, hat seine Zukunftsvision veröffentlicht. „Umfassende Vernetzung, die Verknüpfung aller Informationskanäle" ist seine Vision. Der Zugang zu einer Datenbank ist nicht schwieriger als die elektronische Programmierung der Zentralheizung oder die computergesteuerte Einschaltautomatik der Kaffeemaschine. Alle Informationskanäle werden kombiniert. Jede Information ist jederzeit abrufbar. Kein Durchwühlen von Zeitschriften, Büchern oder Aufzeichnungen mehr. Ein Knopfdruck genügt, und ein freundlicher „Agent" liefert Ihnen mit einem Lächeln die gewünschte Information; wohlgemerkt, indem er es Ihnen aus dem Computer heraus sagt und nicht nur zeigt. Bill Gates sagte schon 1991: „Inhaltsbezogene Anwendungen werden in zehn Jahren wahrscheinlich ein größeres Geschäft darstellen als die bisherigen Werkzeuganwendungen." Unter Werkzeuganwendungen versteht er Text-, Kalkualtions- und Zeichenprogramme. Inhaltsbezogene Anwendungen sind elektronische Berater, wie sie mittlerweile zuhauf angeboten werden. Die Technik wird uns keine Grenzen mehr setzen. Antreiben werden uns die fortgesetzt neuen und teilweise widersprüchlichen Trends. Heute gibt es kein noch so exotisches Geschäft, für das sich nicht ein Internet-Marktplatz findet. Niemals waren Transportkosten so niedrig. Niemals zuvor wurden so viele Informationen so schnell ausgetauscht. Nicht der klassischen Ordnung geradliniger Verbindungen und genau definierten Interessen gehört die Zukunft. Der Trend geht zur Vielfalt nebeneinander bestehender Lösungen und Angebote.

So wird das auch in Zukunft bleiben. Trends werden entstehen und sich umkehren. Nur Visionen können dieser Vielfalt beikommen. Um Visionen herum baut sich eine Milliardenindustrie auf. Mondlandung, Heimcomputer, Sofortbildkamera, Walkman sind alles Produkte, die aus Visionen heraus entstanden sind.

Fazit: Das Schaffen eines eigenen Marktes, eine der großen Herausforderungen, können Sie mit Visionen erreichen. Darüber hinaus setzen Visionen Kräfte frei, motivieren Mitarbeiter, lassen der Kreativität im Unternehmen freien Lauf und machen wirklich Unmögliches möglich. Womit gelingt das sonst noch?

Strategie

Die Strategie wird auch in Zukunft eines der wichtigsten Themen für ein Unternehmen sein. Ein Beitrag in diesem Buch beschäftigt sich detailliert mit diesem wesentlichen Unternehmensbereich. Entscheidend bei Ihrer Strategie wird die Konzentration auf die Lebenskonzepte einer Interessengruppe sein. *Interessengruppenbesitz ist wichtiger als Produktbesitz,* so sagt es schon die EKS-Lehre (EKS = Evolutionskonforme Strategie). Kein Unternehmen kann heute auf allen Hochzeiten, sprich bei allen Kunden, gleichzeitig tanzen.

Eine Strategie, die z. B. darauf setzt, dass ein Produkt selten und deshalb teuer ist, kann auf Dauer nicht erfolgreich sein. In einer Zeit, in der Veränderungen immer schneller eintreten, kommen auch Konkurrenzprodukte immer schneller auf den Markt. Diesem Wettlauf kann kein Unternehmen auf Dauer standhalten. Heute muss man sich damit abfinden, dass ein neues Computermodell bereits bei seiner Markteinführung technisch überholt ist. Die Konkurrenz hat zum gleichen Zeitpunkt die Vorstellung eines überlegenen Modells vor. Das erklärt, warum eine Strategie, die ein Produkt in den Mittelpunkt rückt, keine Zukunft hat. Im Mittelpunkt steht der Kunde – und nur er.

Suchen Sie sich Ihre spezielle Interessengruppe aus Ihrem Zielmarkt heraus. Spezialisieren Sie sich auf sie. Sie müssen alles über sie wissen und praktisch einer der Ihren werden. *Sie müssen mit Ihrer Interessengruppe verschmelzen,* Sie müssen mit ihr eins sein und das auch leben.

Von außen ist eine Interessengruppe nicht mehr steuerbar. Sie müssen die wirklichen Probleme Ihrer Kunden kennen lernen und später bereits vor den Kunden selbst ihre nächsten Engpässe erkennen und abdecken. Damit sichern Sie sich ein entscheidendes Plus im Zukunftsmarkt.

Fazit: Machen Sie es richtig, wird Ihnen die Interessengruppe freiwillig gehören, da sie weiß, dass man sich auf Sie verlassen kann.

Management

Der Manager wird der Engpass sein, der die Weiterentwicklung entweder verhindert oder als Trendbrecher sogar wesentlich mitgestaltet. Die hier von mir beschriebene 100-%-Firma hat er zu managen, und er muss rechtzeitig die richtigen Weichen stellen. Allein mit den hier genannten Thesen ist erkennbar, dass das kein einfacher Weg ist. Ganz im Gegenteil, es wird das schwierigste Jahrzehnt für Manager werden.

Hatten Manager früher Zeit, um einen Teilbereich, z. B. den Vertrieb, neu zu strukturieren, sind heute viele parallele Neuaktivitäten einzuleiten. Zusätzlich entwickeln sich ganze Märkte, Kunden und Produkttrends rasend schnell und unkalkulierbar.

Das Management, falls es nicht ausschließlich auf Glück setzt oder durch Zufall in einer „Schnellwachstumsbranche" tätig ist, müsste im Grunde 25 Stunden am Tag arbeiten, um alles zu managen.

Auf den Punkt gebracht ist das heute das Schicksal vieler Manager. Eine Arbeitswoche mit 60 bis 80 Stunden ist der Regelfall. Und wo hört die Arbeitszeit auf und fängt die Freizeit an? Wozu gehört ein Arbeitsessen mit Geschäftsfreunden? Auch hier wird der Wertewandel Einzug halten. Management bedeutet in Zukunft das Gegenteil. So paradox das klingt, der Manager der Zukunft wird lernen müssen, seinen Job anders zu definieren.

Manager verstehen sich als Anpacker, Macher, Herrscher, Nonstop-Entscheider – alles Reliquien aus der Vergangenheit. Sie können sich als Manager nicht mehr so wie früher bewegen.

Am besten erklärt Professor Frederic Vester, der Papst für vernetztes Denken, diese Entwicklung. Früher hieß es: Wie führe ich ein Unternehmen? Das war die Ära z. B. von Grundig, Klöckner und Thyssen. Dann folgte die Zeit, in der es hieß: Wie führen wir ein Unternehmen? Das brachte u. a. Management by Delegation, Teamansätze und Quality Circles auf den Plan. Ein Team ausgewählter und weniger Mitarbeiter steuerte ein ganzes Unternehmen. Auch das gehört der Vergangenheit an. Der Managementanspruch der Zukunft lautet: *Wie führt sich das Unternehmen selbst?* Das Unternehmen wird auf Selbststeuerung umgestellt.

Zugegeben, das ist ein herausfordernder Prozess, der eine sorgfältige Auswahl der Mitarbeiter erfordert; doch auf Dauer ist das die einzige Lösung, um erfolgreich zu bleiben. Es erfordert einen radikalen Umdenkprozess in den Köpfen heutiger Manager und bedeutet, Macht aus der Hand zu geben, scheinbar Kompetenzverlust. Sie werden allerdings erkennen, dass es dauerhaft keinen anderen Weg geben kann, um die Unkalkulierbarkeit und das Tempo der Zeit zu managen.

Vergleichen Sie ein Unternehmen mit einem Menschen und seinem Körper. Sie kennen weder Ihren Herzschlag noch Ihren Pulsschlag zu jeder Sekunde, und trotzdem „funktionieren" Sie, weil Ihr Organismus *ein sich selbst steuerndes System ist.* Kein Organ alleine und auch nicht unser Gehirn kann bewusst alle Abläufe steuern. Auch im Internet gibt es keine zentrale Steuerung. Alle Teilnehmer wirken zusammen, woraus sich eine eigenständige Steuerung ergibt. Es gibt keine „Internet-Behörde". Grenzen sind unbekannt. Bislang wurde organisiert, indem man Regeln festlegte. Im Internet ergeben sich die Regeln alleine aus der Technik. Niemand plant oder reguliert das Netz. Genau das aber versuchen heute noch viele Manager: die bewusste Steuerung aller Abläufe. Wie beim menschlichen Körper wird es in Unternehmen der Zukunft eine unbewusste Steuerung, eben Selbststeuerung, geben. Jeder weiß an seiner Stelle, welchen Beitrag er für das Gesamtsystem zu leisten hat.

Fazit: Zukünftig sind Manager Impulsgeber für Netzwerke, die sich selbst steuern. Das beginnt in der eigenen Firma und führt zu Netzwerken mit Lieferanten und Kunden. Das Unternehmen wird mit allen entscheidenden Marktfaktoren so vernetzt, dass es ein integrierter Bestandteil eines sich selbst steuernden Systems ist. Damit sind Sie Bestandteil dieses Systems und können mit diesem System mitfließen. So minimieren Sie die Risiken.

Führung

Mitarbeiterführung war immer wichtig, jetzt wird sie existenziell. Die 90er Jahre, das unkalkulierbare Jahrzehnt, forderte beide: die Führungskraft und die Mitarbeiter. Die Führungskraft hatte unkalkulierbare Märkte zu managen, der Mitarbeiter unkalkulierbare Kunden und Situationen.

Zusätzlich schlägt der große Trend des Wertewandels jetzt voll durch. Lohnt es sich noch, der Karriere, der Einkommensmaximierung und Statussymbolen hinterherzulaufen? Natürlich nicht mehr. *Geld als Motivation ist out. Sinn, Team und Spaß sind die großen Motivatoren der Zukunft.* Mitarbeiter wollen heute einen Sinn in ihrer Arbeit sehen. Sie wollen in einem Team arbeiten, das eine herausfordernde Aufgabe bearbeitet, sie wollen anerkannt werden. Und sie wollen Spaß haben. Arbeit soll Lebenserfüllung sein, nicht Broterwerb. Der Mitarbeiter selbst ist auch immer widersprüchlicher geworden. Einerseits soll Spaß dominierend sein, andererseits beschleicht den Mitarbeiter immer mehr ein gewisses Gefühl der Zukunftsangst. Was wird in der Zukunft passieren? Was passiert mit mir, was passiert mit meiner Firma, was passiert mit meiner Umwelt und in der Welt überhaupt?

Lebensangst und Sinnsuche werden eine enorme, wenn nicht *die* Bedeutung überhaupt erlangt haben. Stellen Sie sich bereits jetzt auf diese Tendenz ein. Ein Beitrag in diesem Buch gibt Ihnen weitere konkrete Vorschläge zur Bewältigung.

Mitarbeiter lassen sich heute nicht mehr dirigieren. Sie wollen überzeugt werden. Investieren Sie mehr Zeit in die Überzeugungsarbeit bei Ihren Mitarbeitern. Führen Sie regelmäßig Mitarbeitergespräche.

Ich bin der Ansicht, dass dies *Verkaufsgespräche der Führungskraft* sind, nur dass kein Produkt, sondern Ideen an den Mitarbeiter verkauft werden müssen. Ist das nicht der Fall, wird der Mitarbeiter in seiner Freizeit das tun, was er in der Firma nicht tun darf: siegen. Denn siegen will jeder, ob auf dem Sportplatz oder in der Firma. Geben Sie Ihren Mitarbeitern genügend Gelegenheit, um siegen zu können.

Fazit: Der Mitarbeiter, seine Gedanken, Wünsche, Vorstellungen und Hoffnungen sind die große Herausforderung für die Führungskraft im neuen Jahrhundert. Die Umsetzung gelingt nur durch eine gemeinsame Sicht der Dinge, wie in einer Familie.

Marketing

Marketing unterliegt heute einem grundsätzlichen Wandel. Allein die Buchtitel signalisieren die Orientierungssuche, Titel wie „Turbo Marketing", „New Marketing", „High Speed Marketing", „Die große Marketingwende", „Ganzheitliches Marketing" und „Abschied vom Marketing" zeigen deutlich, dass hier etwas nicht mehr stimmt. Der Verbraucher ist mittlerweile überinformiert, konsumsatt, hyperkritisch und abgestumpft, um nur einiges zu nennen.
Marketing enthält im Kern nach wie vor wesentliche Überzeugungs- bzw. Manipulationselemente, ob in der Werbung im Fernsehen, im Radio oder als Prospekt. „Der Kunde wird die werblich aufbereiteten Botschaften schon aufnehmen und die Produkte kaufen" – das gehört der Vergangenheit an.

Die Lösung heißt: Weg von der Manipulation und hin zur Gemeinsamkeit.

In Zukunft werden sich Firmen und Kunden immer mehr miteinander verbinden. Es wird eher eine Partnerschaft als eine Geschäftsbeziehung entstehen.

Natürlich werden nicht alle Firmen mithalten können oder wollen, denn dieser Weg ist beschwerlich und kostet Zeit und Geld. Diesen Unternehmen wird auch ein Markt bleiben, wenn z. B. durch interaktives Fernsehen, Datenbanken und elektronisches Angebot ihre Ware als gut und günstig ankommt; wenn nicht, hat bei der dann existierenden Markttransparenz der Wettbewerber Glück. Darauf sollten Sie es aber nicht ankommen lassen. Jetzt haben Sie noch Zeit, Ihr Unternehmen auf den selbst entscheidenden Verbraucher einzustellen. Keine Zeit bleibt allerdings mehr, um sich auf die Vernetzung der Märkte einzustellen. Das Internet und die dort installierten Märkte wachsen täglich. Immer mehr Teilmärkte entstehen. Fast jede Branche ist im E-Commerce vertreten. Da aber diese einzelnen elektronischen Märkte zusammenwachsen, sich also vernetzen, hat auch der Kunde mehr Möglichkeiten, sich zu orientieren. Wenn Ihr Internet-Provider Ihnen beispielsweise aktuelle, für Sie zugeschnittene Nachrichten in Ihr elektronisches Postfach legt oder Ihnen auf Ihrer Internet-Startseite zur Verfügung stellt, dann konkurriert er mit den klassischen Medien wie Zeitung und Fernsehen. Kunden werden auf diese Weise automatisch vernetzt. Der Kunde wird anspruchsvoller. Wer ihn erfolgreich ansprechen will, muss sich an seinen individuellen Bedürfnissen orientieren.

Die Linie ist klar vorgegeben. Sie müssen so weit wie möglich mit dem Kunden zusammenwachsen, die gleiche Sprache sprechen und immer mehr leisten, als gefordert wird. Dazu gibt es heute bereits sehr gute Beispiele.

Gute Marktideen sind z. B. nach wie vor Abendveranstaltungen, die für den Kunden einen interessanten und gleichzeitig informativen Charakter haben, ein Tag der offenen Tür und, aus meiner Sicht am chancenreichsten, der Netzwerkgedanke. Gründen Sie ein digitales Netz, dessen Mitglieder Sondervorteile erhalten. Sehr viele Menschen sind heute orientierungslos und auf Sinnsuche. Beides können Sie ihnen geben. *Machen Sie Ihren eigenen Markt.* In Kenntnis der konkreten Vorstellungen Ihrer Zielgruppe werden Sie zum Marktmacher – dann gehört Ihnen die Zukunft.

Fazit: Sog statt Druck sollte in Zukunft Ihr Marketing bestimmen. Ihr wichtigstes Potenzial sind Ihre Kunden mit Adressen und den wichtigsten persönlichen und geschäftlichen Daten. Hüten Sie diese wie einen Schatz.

Verkauf

Der Verkauf wird dem gleichen dramatischen Wandel in den nächsten Jahren unterliegen wie das Marketing. Genauso wie es ein Buch von Gerd Gerken mit dem Titel *Abschied vom Marketing* gibt, habe ich 1997 das Buch *Abschied vom Verkaufen* geschrieben.

Verkaufen ist so alt wie die Menschheit. Bekanntlich wurde bereits im Paradies zum ersten Mal verkauft, und zwar ein Apfel. Viele der heutigen Verkaufsmethoden sind ebenfalls steinalt. Viele Verhandlungsmethoden stammen aus den 40er und 50er Jahren. Glauben Sie, dass ein heutiger Kunde, der seit mehr als 20 Jahren die Tricks der Werbung durchschaut, noch auf Manipulationsversuche eines Verkäufers hereinfällt? Oft ist es sogar so, dass der Kunde bei seiner eigenen Firma mehr Verkaufstraining erfahren hat als der Verkäufer.

Neue Wege müssen daher gegangen werden. Klassisches Verkaufen bringt nichts mehr, da der Kunde längst hypersensibilisiert ist. *Beziehungsmanagement ersetzt Verkaufen.* Auch im Verkaufsbereich wird der Trend zu einem gemeinsamen fairen Miteinander offensichtlich. Ein Beitrag in diesem Buch schildert detailliert die Hintergründe des Beziehungsmanagements für die Zukunft.

Doch das ist längst nicht alles. Der Kunde erwartet eine neue Form der Verhandlungsführung. Er ist viel ungeduldiger, informierter und sensibler als früher. Das Verkaufsgespräch kann mit einem klassischen Frage-und-Antwort-Spiel oder einer Kombination aus offenen und geschlossenen Fragen nicht mehr funktionieren.

Wir haben dafür eine Methode entwickelt: die Impuls-Methode. Sie wird in diesem Buch näher beschrieben und hat als wesentliches Ziel, im Kopf des Kunden einen so genannten Aha-Effekt oder Impuls-Effekt zu erzeugen. Nur so ist unser Kunde noch zu überzeugen.

Eine weitere wesentliche Entwicklung wird der Verkauf über Netzwerke werden, sei es das Empfehlungsgeschäft oder die Information über Clubs und Vereinigungen.

Wichtige und mittlerweile nicht mehr wegzudenkende Hilfsmittel sind unsere digitalen Büros. Gerade die Laptops, PDAs (Personal Digital Assistant) und Handys sind für den mobilen Verkäufer heutzutage unersetzlich. Wir nennen sie „Mobile Office Worker". Auch ich bin einer von denen. Heutzutage bin ich in der Lage, von jedem Ort der Welt aus Informationen zu empfangen und meine Kunden in Echtzeit zu beraten. Die multimedialen Geräte lassen keine Wünsche mehr offen. Sei es die Firmenpräsentation per Video, das individuelle Finanzierungsmodell für den Kunden per Online-Rechner oder die aktuelle Preisliste aus dem Netz. Als Verkäufer bin ich nun maximal flexibel. Ich bin überzeugt davon, dass der Computer nie die Überzeugungsarbeit zu leisten vermag, die ein Verkäufer beherrscht. Die persönliche und vertrauliche Beratung wird nach wie vor wichtig sein. Gleichzeitig wird der Computer jedoch immer mehr zu einem selbstverständlichen Arbeitsmittel und nimmt uns viel Überzeugungsarbeit ab. Jetzt liegt es an jedem Verkäufer selbst, seine Beratungsleistung mit den digitalen Medien ideal zu verknüpfen.

Fazit: Verkaufen bekommt eine wesentlich größere Bedeutung, da nicht mehr der Verkäufer alleine, sondern die ganze Firma verkaufen muss. Die Aufgaben, das Selbstverständnis, die Hilfsmittel, Techniken und Vertriebsarten werden sich in Zukunft ebenfalls verändern.

Organisation

In der Organisation findet zurzeit ein großer Trendwechsel statt. Unternehmen mit hierarchischen Systemen stehen vor ihrer größten Bewährungsprobe, und viele werden neue Wege gehen müssen, um zu überleben. Bürokratische Strukturen, unflexibel und machtorientiert, sind Dinosaurier und nicht mehr zeitgerecht.

Unternehmen mit vielen Hierarchiestufen sind nicht mehr geeignet, um in den unkalkulierbaren Märkten zu agieren. Sie haben zu lange Reaktionszeiten und sind zu weit weg vom Markt. Darüber hinaus spielen zu viele Gesichtspunkte wie Macht, Karriere, Absicherung einer Entscheidung eine Rolle. Jenseits von Hierarchien wird sich der Erfolg der Zukunft abspielen. Hierarchien werden abgeflacht. Das mittlere Management muss neue Aufgaben erhalten oder wird überflüssig.

An die Stelle schwerfälliger Bürokratien treten kleine Arbeitseinheiten, vorübergehende oder „ad-hoc-kratische" Teams, immer komplexere Geschäftsbündnisse und Konsortien. Zur Beschleunigung der Entscheidungsfindung wird die Hierarchie verflacht oder überhaupt abgeschafft. Frei fließende Informationssysteme ersetzen die bürokratische Wissensorganisation. Der vorgenannte Abschnitt stammt aus Alvin Tofflers Buch *Machtbeben* und ist aus meiner Sicht eine absolute Musslektüre.

In Zukunft werden autonome Systeme ihre Bedeutung eindeutig unter Beweis stellen. Man wird mehr mit rechtlich unabhängigen Mitarbeitern, also eigenen Unternehmern, zusammenarbeiten. Keine Sorgen mit Kündigungsschutzgesetzen und unternehmerisch denkende Mitarbeiter sind nur zwei Vorteile. Partnersysteme werden weiterhin boomen. Die Firmen werden über eine *„atmende" Organisation* nachdenken und sie in vielen Fällen auch umsetzen. Das bedeutet, dass bei Bedarf weitere Teams oder freie Mitarbeiter hinzugezogen werden, die nach Erfüllung dieser Aufgabe wieder ihre eigenen Wege gehen, so lange, bis die nächste Aufgabe ansteht.

Das erfordert zwar eine höhere Komplexität in der Planung, bringt aber erhebliche Vorteile, da in Zeiten mit geringerem Auftragsbestand keine Personalkosten zu tragen sind. Die freien Mitglieder in der atmenden Organisation sind flexibler und motivierter, weil sie an Folgeaufträgen interessiert sind.

Es werden immer mehr Netzwerke entstehen, also Kooperationen und Zusammenarbeit gleichgesinnter Partner. Netzwerke und die Netzwerkentwicklung werden zwei der wichtigsten Themen werden. Sie werden Netzwerke aufbauen mit Kunden, Wettbewerbern, Lieferanten. Sie werden die Synergien nutzen und ausbauen, welche die Netzwerkpartner einbringen. Und Sie werden feststellen, dass Sie ohne Netzwerke gar nicht mehr erfolgreich sein können.

Fazit: In Zukunft wird es viel mehr Unternehmensformen geben, die den klassischen Weg mit angestellten Mitarbeitern und Arbeitern verlassen. Die Aufgabe wird darin bestehen, den richtigen Mix zwischen fest angestellten und freien Mitarbeitern zu finden, die jenseits von Hierarchien arbeiten wollen und können. Hierarchien werden abgebaut, und Wissen wird allen verfügbar gemacht.

Zeit

Zeit ist ein entscheidender Wettbewerbsfaktor. Ohne Zeitwettbewerb, Tempomanagement, High-Speed-Management, Just-in-time läuft nichts mehr. Online-Beziehungen mit Kunden erfordern weit mehr Aufwand als die klassische Firmen-Kunden-Verbindung. Denn die neue Kundenbeziehung ist interaktiv. Bisher „schickten“ Firmen ihre Angebote an den Markt. Der Kunde hatte die Wahl, anzunehmen oder abzulehnen. Ab sofort ist alles anders. Der Kunde redet mit. Seine Antwort auf ein Angebot kann beispielsweise lauten: So nicht! Oder: Jetzt nicht! Das Unternehmen ist dadurch gezwungen, zurückzufragen: Warum nicht? Oder: Wie dann? Oder aber der Kunde wird mit auf seine Bedürfnisse zugeschnittenen Angeboten angesprochen.

Das ist freilich nicht der einzige Unterschied zur Kundenbeziehung bisheriger Art. Wesentlich ist, dass keine Zeit mehr für langfristige Reaktionen bleibt. Ein Beispiel: Da erhält eine neue Firma ihre erste Bestellung aus Australien. Verschreckt rechnen die Firmenmanager aus, dass die Lieferkosten jeden vertretbaren Aufwand überschreiten würden, und ziehen ihr Angebot wieder zurück. Der Schaden bei dem australischen Kunden ist vermutlich wieder zu reparieren.

Die Instrumente des klassischen Zeitmanagements, also Prioritäten setzen, Delegieren und Planen, sind im Kern überholt. Oder bekommen Sie mit einem noch so tollen PDA Ihre Zeit in den Griff? Wahrscheinlich nicht.

Die Erklärung ist einfach: Zeitmanagement versucht auf der Zeitachse, also von morgens bis abends, immer wirkungsvoller tätig zu sein, d. h. immer mehr in immer kürzerer Zeit zu schaffen. Wenn ein Zeitplaner auch glauben darf, dass er seine Zeit und seinen Tag im Griff hat, so wird die Realität ihn jeden Tag wieder neu einholen und eines Besseren belehren. Die Praxis in einer chaotischen und unkalkulierbaren Welt erfordert immer schnelleres Agieren und Reagieren.

Wir kommen damit an die Grenzen des Zeitmanagements heran, weil wir immer noch im Ablauf der Zeit denken, also den zeitlichen Ablauf eines Tages vor Augen haben – und irgendwann haben wir dann 42 A-Prioritäten für den Tag und keine Ahnung, wann und wie wir diese abbauen sollen.

Zeitmanagement klappt somit in einer unkalkulierbaren und eindeutig immer schneller werdenden Welt, bei der tatsächlich der Tempowettbewerb im Vordergrund steht, nicht mehr.

Die Lösung liefert die Geschichte. Im griechischen Olymp gab es zwei Götter für die Zeit. Der eine hieß Chronos und war verantwortlich für den Ablauf der Zeit; der wichtigere von beiden, der den anderen beherrschte, hieß Kairos. Kairos war der Gott für die Gunst des Augenblicks. Nicht Chronos mit dem Ablauf der Zeit war entscheidend, sondern Kairos. Durch Glück an der richtigen Stelle zu stehen und mit dem richtigen Menschen zu reden kann Ihnen mehr bringen, als einen ganzen Tag Ihr Zeitplansystem zu bearbeiten.

Auch hier gilt wieder beides. Chronos und Kairos gehören zusammen. Aber lernen Sie, sich mehr für entscheidende Momente zu sensibilisieren, und lassen Sie auch einmal das Zeitmanagement beiseite. Die Wiederentdeckung der Langsamkeit wird wieder aktuell werden.

Was ist also jetzt zu tun? Wiederentdeckung der Langsamkeit auf der einen Seite und Tempowettbewerb auf der anderen, Zeitmanagement auf der einen und Gunst des Augenblicks, die ich Zeitenergie nenne, auf der anderen Seite: Dahinter steht das Denken in Polaritäten. Ohne Zeitmanagement geht es nicht, aber ohne die Sensibilisierung für den entscheidenden Augenblick genauso wenig.

Kunde

In einem unkalkulierbaren Markt wird auch der Kunde immer schwieriger. Er ist wehrhaft, er lässt sich nicht mehr alles gefallen. Er will wissen, was in seinen Nahrungsmitteln enthalten ist, mag keine Manipulationsversuche, ist sensibel und mittlerweile erfahren und, vor allem, schon sehr oft betrogen worden. Er glaubt fast nichts mehr und weiß im Grunde alles besser. Versprechungen haben bei ihm keine Bedeutung mehr. Er ist sprunghaft, rücksichtslos, verhandlungsstark und ausgebufft. Das ist seine harte Schale nach außen. Nach innen sieht es ganz anders aus. Dort ist er unsicher, auf der Suche nach Sinn und Orientierung.

Das Einzige, was stört, ist der Kunde? Oder: Das Einzige, was Sie haben, ist der Kunde? Alle vorgenannten Themen beinhalten Ihre Chance. *Kunden wollen heute mehr denn je eine Partnerschaft,* nicht nur in der Familie, auch im Geschäftsleben. Eine Partnerschaft auch mit Ihnen.

Voraussetzung jedoch ist, Sie halten die Grundregeln ein. Sie müssen nicht nur nehmen, das Geben ist ebenso wichtig. Gehen Sie mit Ihrem Kunden eine Beziehung ein, führen Sie regelmäßig Veranstaltungen für ihn durch und umsorgen Sie ihn. Er wird es Ihnen danken. Allerdings müssen Sie Ihren Kunden ständig beobachten. Er wechselt heute schnell seine Vorlieben, Ansichten und Gepflogenheiten. Das müssen Sie frühzeitig erkennen.

Fazit: Kunden sind Ihre einzige Energiequelle. Pflegen Sie sie. Der Kunde im Mittelpunkt reicht noch nicht. Sie müssen ein Teil von ihm werden.

Umwelt

Umwelt ist in der Bedeutung bekanntlich auf einen der allervordersten Plätze gerutscht. *Umweltverträglichkeit wird vom Verbraucher hinterfragt.* Kombiniert man diese Entwicklung mit dem wehrhaften Verbraucher, ergeben sich neue Chancen und Risiken.

Der wehrhafte Verbraucher will nicht mehr alles essen, ohne zu wissen, was genau er isst. Er will nicht mehr alles kaufen, ohne zu wissen, was danach damit passiert. Dieser Trend wird sich noch weiter ausweiten. Der Verbraucher will einen Beitrag zur Umwelt leisten. Er will genau wissen, wie etwas produziert wird, mit welchen Inhalten, ob es recycelt werden kann und wer eventuell dafür leiden musste, der Mensch oder das Tier.

Stellen Sie sich frühzeitig auf diese Entwicklung ein, und reagieren Sie bereits jetzt entsprechend. Leisten Sie eher etwas mehr als etwas weniger. Der heutige Verbraucher merkt sich Fairness und Offenheit. Umgekehrt reagiert er mittlerweile genauso enttäuscht und konsequent.

Fazit: Umwelt sollte ein Aktivposten Ihres Leistungsangebotes sein. Gehen Sie weiter, als gefordert wird. Der Verbraucher wird es sich merken.

Technik

Die Technik hat in den vergangenenen 50 Jahren die Welt völlig verändert. Sie hat unsere Art zu denken und zu handeln vollständig auf den Kopf gestellt. Nehmen wir beispielsweise die Computertechnologie und als Parallele die Autoindustrie. Heute befinden wir uns in der Phase der Massenmotorisierung. Jeder hat sein Auto. Motorisierung ist alltäglich. Die Autos sind in allen Formen, Farben und Preisklassen erhältlich. Vernetzung ist erfolgt. Hier sind die Netzwerke nur Autobahnnetze.

Wir haben die Phase der Massencomputerisierung erreicht. Computer stehen überall, und der Umgang mit ihnen wird immer selbstverständlicher. Die Computer werden billiger, leichter bedienbar und für immer mehr Spezialaufgaben einsetzbar. Computernetze, ähnlich wie Autobahnnetze, überziehen das Land. *Kommunikation für jeden an jeden ist völlig normal.* Niemand kann sich davon ausnehmen. Kein Unternehmen kann ohne Computerunterstützung überleben. Die Fertigung wurde durch CIM, Computer Integrated Manufacturing, revolutioniert. Schon heute ist eine Massenfertigung nicht mehr erforderlich, weil neue Techniken die Fertigung auch in kleinen und kleinsten Größen ermöglichen. Es sind sogar *personalisierte Produkte,* also Unikate, zu vertretbaren Kosten produktionstechnisch möglich.

Robotertechnik, CIM und CAD, Computer Aided Design, haben die Fabrikhallen weiter revolutioniert.

Doch was passiert im Büro? Die Produktivität wird Einzug halten. Während die erste Welle der Computer in den 70er und 80er Jahren überhaupt keine Produktivitätssteigerung gebracht hat, wurde es in den 90er Jahren ernst.

Stellen Sie sich jetzt auf die neuen Informations- und Kommunikationstechnologien ein. Bereiten Sie Ihre Mitarbeiter auf die Zukunft vor, und erhöhen Sie deren Affinität zum Internet.

Die Technik ist ins Privatleben eingezogen. Die Werbebranche hat sich auf interaktives Fernsehen, Multimediapräsentationen und Internet eingestellt. Der passive Verbraucher ist out. Er will aktiv mitgestalten, nicht nur wie bisher lesen und hören. Multimedia, die Verknüpfung von Text, Bild, Ton, Grafik, Simulation und Video in einem Computer, hat neue Formen des Marketing ermöglicht.

Schon sind Cyberspace, das Umherwandern mit dem Computer und einer speziellen Technik in künstlichen Welten, normal. Sie können durch ein Warenhaus wandern, ohne das eigene Zimmer verlassen zu müssen. Sie können mit Cyberspace durch Ihr Traumhaus wandern, das Sie sich erst bauen wollen.

Fazit: Die Technik wird in Fabriken, Büros und Wohnzimmern Einzug halten. Sie können sich nur fragen, inwieweit Sie diese Techniken für Ihr Unternehmen noch besser nutzen können.

Information

Der Reichtum von morgen wird in der Informationsmacht liegen. Der Umgang und das Management von Wissen werden in Anbetracht veränderter Rahmenbedingungen – technologische Entwicklungen, globale Vernetzung und unmittelbarer Zugang zu weltweit vorhandenen Informationen – zu einem zentralen Erfolgsfaktor für ein Unternehmen. Die Informationsmacht wird die Geldmacht ablösen. Zukünftig wird nicht mehr derjenige erfolgreich sein, der das Kapital besitzt, sondern derjenige, der über den richtigen Informationsvorsprung verfügt. Daher wird es entscheidend sein, wie Sie Ihr Informationssystem organisieren. Es wird immer wichtiger werden, alle Arten von Informationen über Kunden, Konkurrenten, Lieferanten und Netzwerkpartner systematisch zu sammeln, aufzubereiten und einer breiten Masse an Interessenten innerhalb und außerhalb des Unternehmens zur Verfügung zu stellen.

Dass dies nicht ohne den Einsatz moderner Informationstechnologien zu bewerkstelligen ist, liegt auf der Hand. Das heißt, nicht mehr die Macht des Geldes entscheidet im globalen Miteinander, sondern das Eigentum über wichtige Informationen, etwa über das zukünftige Kundenverhalten, wichtige Trends oder technische Entwicklungen. Information wird sozusagen zum Rohstoff der Zukunft, und das Unternehmen und seine Mitarbeiter werden zum Transporteur. Zukünftige Erfolgsfirmen werden Hüter ihres eigenen Firmenwissens und des Wissens ihrer Kunden. Information wird also zum alles entscheidenden Wettbewerbsvorteil und der Kundenbeziehungswert der aktivste Posten der Firmenbilanz. Die modernen Gesellschaften werden nicht mehr nur durch die Geldkluft gespalten, sondern in zunehmendem Maße durch den unterschiedlichen Umgang mit Informationen. Diese Informationsvorsprünge bedeuten also bares Geld und sind die Machtquelle dieses Jahrtausends. Wenn Sie berücksichtigen, dass von ungefähr 90 % aller Wissenschaftler, die je forschten und lehrten und es in der Gegenwart tun, in jeder Minute eine neue chemische Formel weltweit entwickelt und alle drei Minuten ein neuer physikalischer Zusammenhang entdeckt wird, wissen Sie, dass neue Wege der

Informationsaufnahme unumgänglich sind. Wissen auf Abruf ist die Devise. Informationen auf Knopfdruck werden unsere Zukunft entscheidend bestimmen. Dieses Wissen brauchen wir für uns, für unsere Kunden und über unsere Kunden. Systematisieren Sie Ihre Informationsvorsprünge. Durch eigene Trendbeobachtung, Auswertung von weltweiten Zukunftstrends und Kundeninterviews werden Sie eine Fülle von Informationen erhalten, um Ihre Zukunft als Trendmacher gestalten zu können. In der Regel hat jedes Unternehmen bereits eine Vielzahl an Informationen elektronisch in seinen Datenbanken abgelegt. Meist jedoch nicht systematisiert sondern eher chaotisch und völlig unorganisiert.

Haben Sie nicht auch schon mal nach Informationen in Ihrer Datenbank gesucht? Wie lange haben Sie dafür gebraucht? Die Suche nach den richtigen Informationen in Ihrer Datenbank und im Internet nimmt mittlerweile überproportional zu. Abhilfe schaffen hier intelligente Suchmaschinen. Ich bezeichne sie eher als Findmaschinen. Durch sie habe ich die Möglichkeit, in dem Chaos an Informationen auf Datenbanken und im Internet schnell die richtigen Informationen zu finden. Meist sind es Find-Programme, von spezialisierten Unternehmen entwickelt, die Datenbanken scannen, die Informationen indizieren und mit einer hohen Trefferquote zur Verfügung stellen. Ein Muss für jedes Unternehmen. *Riesige Wissensdatenbanken* existieren bereits und werden weiter aufgebaut, um Wissen auf Abruf zur Verfügung zu stellen. Beschäftigen Sie sich frühzeitig mit dieser Thematik.

Fazit: Die Bank der Zukunft heißt Wissensbank und nicht Geldbank. Ihr zukünftiger Erfolg wird von Ihrem Informationsvorsprung abhängen. Geld wird mit Wissen verdient werden!

Ethik

Wir leben im Zeitalter des multimedialen Overflow. Fernsehen und das Internet zeigen alles. Brutalität, Liebe, Betrug und Erfolg sind nur einige Beispiele der besten Realitätssimulationen, die es je zu sehen gab. Jeder kann sich das heraussuchen, was ihm gerade gefällt. Alle haben aber durch das Fernsehen gelernt, dass Werbung Manipulation bedeutet. Und Manipulation ist ein Betrugsversuch.

So haben die Fernsehzuschauer mittlerweile nicht nur Antennen, sondern ganze Satelliten gegen Manipulationsversuche entwickelt.

Wenn Sie heute jemandem etwas schenken und er nimmt es nicht an, weil er dahinter nur einen neuen Trick vermutet, hat er in vielen Fällen sogar Recht. *Das Zukunftsprinzip Geben und Nehmen* ist bis heute kaum ein Aktivposten der Unternehmen. Das wird sich ändern.

Glaubwürdigkeit wird ein entscheidender Pluspunkt im Wettbewerbskampf sein. Glaubwürdigkeit heißt, dass das, was angeboten und gesagt wird, auch so stimmt. In Konsequenz müssen Sie bei Ihren Kunden die Glaubensführerschaft übernehmen. Sie können nicht mit Produkten erfolgreich sein, *Sie müssen zukünftig glaubwürdig sein.* Ehrlichkeit, Anstand, Geben und Nehmen, Moral, Hilfsbereitschaft auch außerhalb der Garantiezeiten werden Ihnen wertvolle Pluspunkte einbringen.

Fazit: Eigennütziges Handeln wird abgelöst werden von partnerschaftlichem Handeln im Umgang mit Kunden. Glaubwürdigkeit wird die Zukunft bestimmen.

Controlling

Jeder hat ein Recht auf Kontrolle, sagt die eine Hälfte der Managementelite. Abschied vom Erbsenzählen ist richtiger, sagt die andere. Lassen Sie mich von meinen persönlichen Erfahrungen mit vielfältigen Controllingmechanismen bei unseren Kunden und in meiner eigenen Firma berichten.

Alle Kontrollwerkzeuge wurden auf lange Sicht unterwandert und ausgehöhlt. Den zu Kontrollierenden fielen immer noch ein oder zwei Dinge ein, die Kontrollen zu umgehen. Wenn auch dieses erkannt wurde, ging das Spiel mit der nächsten Kontrollmethode weiter, und so fort. Welches sind beispielsweise Messkriterien für den Vertriebserfolg eines einzelnen Verkäufers? Umsatz ist kein Gewinn. Bei einem Gewinnergebnis muss ihm Handlungsspielraum gegeben werden. Den kann er wiederum im Firmeninteresse nutzen oder jedes Mal zur Erreichung seiner Vorgabe ausnutzen, wenn er Erfolg hat. Erfolg jedoch wobei? Bei Altkunden? Gewinnt er Neukunden? Wie ist seine Gebietsausschöpfung? Oder hat er, was in vielen Fällen tatsächlich so ist, nur ein, zwei oder drei tolle Kunden und ruht sich damit aus? Wie viel hätte er mehr machen können, wenn er sein Gebietspotenzial wirklich ausgeschöpft hätte?

Ein weiterer Aspekt ist die zunehmende Schwierigkeit einer sicheren Planung. So viele Einzelfaktoren nehmen mittlerweile auf den Alltag Einfluss, dass Umsatzvorgaben manchmal einem Glücksspiel gleichkommen. Andererseits ist Controlling zur Zielerreichung notwendig. Was tun?

Mehr und mehr werden neben rein quantitativen Kriterien wie Umsatz, Deckungsbeitrag, Gewinn und Marktanteil qualitative Kriterien an Bedeutung gewinnen. Qualitative Kriterien sind Anziehungskraft, Bekanntheitsgrad, Imagefaktor, ein eindeutiges Profil, Sympathiewert, Vertrauen und Zuverlässigkeit. Es wurde festgestellt, dass die Unternehmen, die das höchste Image besitzen, regelmäßig die größten Gewinne und besten Jahresergebnisse erzielen. Wieder einmal wurde bestätigt, dass nicht quantifizierbare Werte, so genannte immaterielle Faktoren, einen höheren Stellenwert besitzen als messbare Faktoren wie Zahlen. So genannte „Soft Facts" steuern die „Hard Facts". Ich gehe noch weiter. Ich sage, dass die Gedanken, die Art zu denken, die Zahlen und damit die Erfolge erst möglich machen.

Fazit: Zukünftig wird es entscheidend sein, neben die rein quantitativen Controllingwerte auch qualitative zu stellen. Erst der ganzheitliche Controllingansatz lässt die Zukunftsplanung zu.

Produktivität

Der Produktivitätsgedanke hat in den Büros längst Einzug gehalten. Bisher wurde das Büro, von Ausnahmen abgesehen, von einer Produktivitätssteigerung verschont. Inzwischen sind moderne Computer, wie oben beschrieben, vernetzte Informationssysteme und bald auch der Einzug von künstlicher Intelligenz (KI) in die tägliche Arbeit ein geläufiges Thema.

Mit der Einführung der Newton-Systeme von Apple und weiteren Anbietern wurde 1993 zum ersten Mal für wenig Geld ein so genannter Personal Digital Assistent der Öffentlichkeit präsentiert.

Newton, mit künstlicher Intelligenz ausgestattet, lernte praktisch die Besonderheiten seines Benutzers. Sie konnten mit ihm Faxe senden und empfangen, mit Blockschrift Notizen machen, Termine planen und direkt ein Fax zur Bestätigung versenden. Newton wusste, ob Peer V. ein Geschäftspartner oder ein Freund ist, und formulierte das Fax entsprechend. Die klassischen Funktionen einer Sekretärin wurden mit diesem Gerät erfüllt.

Aber das war erst der Anfang. Anspruchslose Jobs in Büros wurden längst vom Kollegen Computer übernommen. Die eigene Produktivität, in den 80er Jahren noch Kernansatz vieler Zeitmanagementseminare, stößt an die eigenen Grenzen.

Die Grundregeln, wie Prioritäten setzen, delegieren und systematisieren, sind gelernt und umgesetzt. Inzwischen bringen Computer, Mobilfunk oder Videokonferenzen über das Internet einen Produktivitätszugewinn, weil Zeit effektiv eingespart wird. Schon ist die Schwelle zu betrieblichen mobilen Datengeräten überschritten, die den herkömmlichen Desktop-Computer nur noch als Server nutzen. Die innerbetriebliche Vernetzung in der Art von Intranet hat die Produktivität erheblich gesteigert.

Produktivität ist auch aus meiner Sicht eine Frage der eigenen Einstellung. Es gibt einen Tag im Jahr, an dem wir nachweislich bis zu 300 % produktiver sind. Es ist der Tag vor dem Urlaub. An diesem Tag verhalten wir uns einfach so, wie viele Zeitmanagementexperten es am liebsten haben würden: konzentriert, Prioritäten setzend und immer den Blick für das Wesentliche geschärft.

Nach wie vor ist eine der interessantesten Produktivitätreserven der Verkauf. Die aktive Verkaufszeit (AVZ), also die Zeit vis-à-vis zum Kunden, beträgt in den meisten Unternehmen unter 20 %. Die Besuchskosten sind weiter gestiegen. Hier liegen Produktivitätsreserven brach. In den Boomjahren der 80er und Anfang der 90er Jahre wurde eine Effizienzsteigerung im Vertrieb in vielen Unternehmen nur halbherzig oder gar nicht angegangen. Der Absatz lief oft praktisch von alleine. Das ist jetzt vorbei. Insoweit ist ein Produktivitätssteigerungsprogramm, mit dem eine Verdoppelung der aktiven Verkaufszeit angestrebt werden soll, ein entscheidender Zukunftsschritt. Darüber hinaus lassen sich derartige Programme, wie einer unserer Kunden errechnete, sehr schnell in Gewinn ummünzen.

Fazit: Die nächste Produktivitätswelle ist bereits im Gang. Dieses Mal stehen das Büro und der Vertrieb im Zentrum neuer Umstrukturierungsmaßnahmen. Das erfordert Anpassungsprozesse und die Einführung neuer Technologien und Hilfsmittel.

40 Thesen für die 100-%-Firma der Zukunft

Früher/Heute/Zukünftig Teil 1

Früher	Heute	Zukünftig
egozentriert	erfolgszentriert	soziozentriert
Vorgaben	Chaos	Vision
quantitative Ziele	qualitative Ziele	soziale Ziele
bekannt	Qualität	Profil
Akquisition	Beziehung	Netzwerk
Chef	Hierarchie	Familie
Abhängigkeit	Geld	Wissen
Kunde	Partner	Freund
Strategie	Vision	Task Force
Verkaufen	Marketing	Verschmelzung

2004, Geffroy Business Akademie GmbH, Düsseldorf

Früher/Heute/Zukünftig Teil 2

Früher	Heute	Zukünftig
planorientiert	intuitionsorientiert	zufallsorientiert
Planung	Improvisation	Impulsivität
Manipulation	Überzeugung	Attraktivität
Verbraucher	Konsument	Prosument
linear	digital	Chaos
Produktbesitz	Lösungsbesitz	Zielgruppenbesitz
Fronten	Partner	Clubs
Umsatz	Profit	Umwelt (Ethik)
Bereiche	Profit Center	Family Center
starr	flexibel	impulsiv

2004, Geffroy Business Akademie GmbH, Düsseldorf

Früher/Heute/Zukünftig Teil 3

Früher	Heute	Zukünftig
bewusst	unbewusst	mental
Bewusstsein	Unterbewusstsein	Geist
Marktführer	Zielgruppenführer	Glaubensführer
überreden	überzeugen	Beziehung
Zeitmanagement	Zeitenergie	Impulszeit
mechanisch	systematisch	organisch
Maschine	Humanität	Szene
befehlen	motivieren	begeistern
Zahlen	Menschen	Systeme
Verkäufer	Gebietsmanager	Beziehungsnetzwerk

2004, Geffroy Business Akademie GmbH, Düsseldorf

Früher/Heute/Zukünftig Teil 4

Früher	Heute	Zukünftig
Manager	Motivator	Katalysator
Druck	Überzeugung	Sog
Anzeige	Werbung	Anziehungskraft
Agrargesellschaft	Industriegesellschaft	Informationsgesellschaft
Produktwettbewerb	Marktwettbewerb	Zeitwettbewerb
Massenproduktion	Nischenproduktion	Individualproduktion
Informationshunger	Info-Überlastung	Informationsnetzwerk
organisierte Steuerung	Selbststeuerung	kybernetische Steuerung
Produzentenmacht	Konsumentenmacht	Szenenmacht
Kontrolle	Selbststeuerung	Surfen

2004, Geffroy Business Akademie GmbH, Düsseldorf

2.2 Zukunft statt Heute

Denken heißt innovativ sein, Dienstleistungen anbieten und dem Geist des Produkts mehr Bedeutung beimessen als der physischen Hülle. Toll ist mittlerweile auch, dass die Firma zu einer Ansammlung unabhängiger Dienstleister und Spezialisten geworden ist, die bei Bedarf zu- oder abgerufen werden. Und sie sind vor allen Dingen für sich selbst verantwortlich und willig, da ihnen das Mitgestalten und -entscheiden Spaß macht. Das ist nicht zu vergleichen mit damals, als um „Think big" und die große Firma gekämpft wurde. Wer konnte auch ahnen, dass elektronische Netzwerke gigantische Projekte mit einer Vielzahl unabhängiger Spezialisten, die nahtlos miteinander arbeiten, erst möglich machten. Klar, damals sprach Alvin Toffler in seinem Buch *Machtbeben* bereits von einer so genannten atmenden Organisation, die bei Bedarf wächst und sich nach der Lösung einer Aufgabe wieder auflöst. Auch sagte damals Bestsellerautor Tom Peters, dass im Jahre 2000 Unternehmen wie eine Steven-Spielberg-Filmproduktion funktionieren könnten: Ein Projekt wird durchgezogen, indem alle Mitglieder wie bei einem Film zusammengestellt werden. Doch wer hat das Anfang der 90er Jahre wirklich geglaubt? Und fast alle hatten damals, Anfang der 90er Jahre, den dramatischen Wechsel an der Kundenfront verschlafen. Erst lief alles noch super, ein Rekordergebnis nach dem anderen. Die Wiedervereinigung wurde noch einmal zum Turbo der Konjunktur. Und dann kam der große Knall: Konjunktureinbruch, Rezession, Kosten senken, Lean Production. Nach der Konjunkturkrise folgte die Strukturkrise in der Wirtschaft. Und immer noch hatte man nicht erkannt, dass der Verbraucher gar kein Verbraucher mehr war und nicht mehr als solcher behandelt werden wollte.

Vielmehr war er bereits Produzent, Produzent seiner individuellen und klaren Vorstellungen, was er kaufen will, wie er kaufen will und warum er kaufen will. Nur hatte man ihn eigentlich nie so richtig gefragt. Man entschied selbst, was gut für ihn war. Auch das ist heute Schnee von gestern. Es gibt elektronische Kundennetzwerke, Kundenpatenschaften, gemeinsame Projektentwicklungen, Kundenclubs und einige Dinge mehr, über die damals, Anfang der 90er Jahre, ein Spezialist namens Geffroy ein Buch schrieb. „Clienting" nannte er diesen entscheidenden Trend hin zu Netzwerken mit Kunden. Aber wer hat ihm, Toffler, Gerken, Peters und vielen anderen wirklich geglaubt?

Geschäfte laufen in Zukunft anders als jemals zuvor. Denn Wachstum für alle wird es auf längere Sicht nicht mehr geben. Gesättigte Märkte und steigender Wettbewerb verschärfen die Situation. Der Kunde dominiert den Markt und wird zunehmend mächtiger. Der Anbieter muss innovieren oder wird abhängig. Warum wir in Zukunft anders kaufen werden: Folgt man der Theorie der langen Wirtschaftswellen, dann sind wir gerade im fünften Zyklus von 50-Jahres-Zeiträumen, welche die wirtschaftliche Entwicklung maßgeblich prägen. Allerdings befinden wir uns in der zweiten Hälfte, der Abschwungphase. Es gilt mehr denn je, sich vom Trend abzuheben und die eigene Konjunktur zu machen. Dazu gehört, neuen Ideen und Innovationen gegenüber offen zu sein. Viele haben noch nicht realisiert, dass die Regeln der letzten 25 Jahre, die Regeln des Aufschwungs, für die nächsten 25 Jahre nicht mehr uneingeschränkt gültig sein werden. Schnelle und flexible Anpassungen werden nötig sein. Der Wandel wird so zentral und beständig, dass wir vom permanenten Wandel sprechen. Folgt man dieser Grundidee, ist man in einer Geschäftswelt, die in Echtzeit reagiert und handelt. Willkommen im Realtime-Business. Schnelle Reaktionen sind notwendig, um den ungeduldigen und fordernden Kunden gerecht zu werden. Der moderne Kunde verlangt Service an 24 Stunden 7 Tage die Woche und will sich nicht an Ladenöffnungszeiten halten. Er will aktiv sein und seine Angebote mitgestalten. Er verlangt nach Mitsprache und Interaktion.

Das Internet wird dabei zum Überlebensfaktor jedes Unternehmens. Ist ein Anbieter nicht erreichbar, macht er kein Geschäft mehr. Niemals zuvor wurden so viele Geschäfte online abgewickelt. Dabei will der Kunde schnell zum Punkt kommen, gewünschte Informationen sofort erhalten und direkt entscheiden können. Jetzt und erst recht in Zukunft wird das Einkaufen im Netz so selbstverständlich wie das Kaufen im Shopping-Center um die Ecke. Die Technik kann das heute leisten und wird die nächste Sensation im Kundenbusiness einläuten. Video-Conferencing und Webconferencing beispielsweise ermöglichten, einen Verkäufer live auf die Internetseite hinzuzuschalten und ihm die aktive Verkaufsführung zu überlassen. Synchrone Kommunikation in Echtzeit mit Bild und Ton. Er kann sogar Produktdetails präsentieren. Eine Welt völlig neuer Geschäftsmöglichkeiten entsteht.

Der Service, ein zentrales Unterscheidungsmerkmal in diesem Jahrzehnt, wird dadurch völlig neue Wege gehen. Andererseits werden Partnerschaften eine neue Dimension bekommen. Spontane Kommunikation verkürzt die Entscheidungswege maßgeblich.

3.

Strategie

3.1 Richtige Strategieentwicklung

Eine Strategie darf heute nicht mehr nur eine starre Positionierung sein, sondern sie muss sich permanent anpassen und mitfließen.

Der Kunde ist widersprüchlich geworden und nur noch schwer zu kalkulieren. Er kauft heute bei Armani einen Pullover und spart morgen ein paar Pfennige bei ALDI. Die chaotischen Zustände nehmen immer mehr zu. Das macht deutlich, dass sich auch Strategien anpassen müssen.

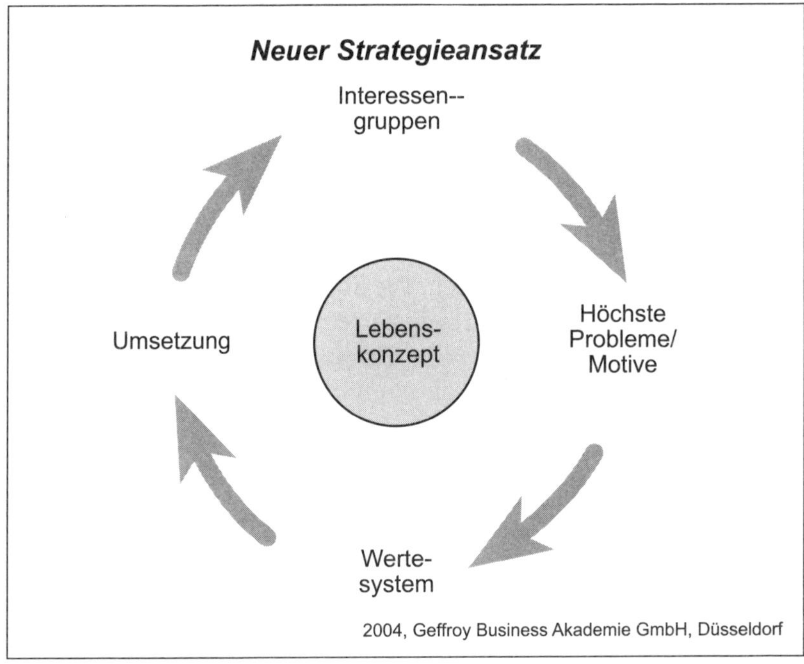

Die meisten Strategien für Millionen Euro sind heute völlig falsch, weil sie erstens zu starr sind und zweitens den Menschen vergessen, der sie umsetzen soll.

Was nicht pro Mann und pro Tag umgesetzt werden kann, ist keine Strategie. Der Mitarbeiter muss umsetzbare Handlungsschritte erhalten.

Strategie ist das am meisten missbrauchte Wort in Deutschland. Es wird geredet über Verhandlungsstrategie oder ähnliche Formulierungen für eines der wichtigsten Themen überhaupt in deutschen Unternehmen. Die Strategie ist immer langfristig über einen Zeitraum von mindestens drei Jahren anzulegen, wobei fünf Jahre durchaus auch als strategische Dimension gelten, ganz im Gegensatz zur Taktik, die den kurzfristigen Zeitraum bis zu drei Jahren abdecken soll.

Beide Begriffe kommen aus der Kriegslehre und sind am besten dadurch zu erklären, dass man zwar die Schlacht (Taktik) verlieren kann, aber den Krieg (Strategie) gewinnt.

Heute müssen wir noch einen weiteren wichtigen Begriff mit hinzunehmen: *die Vision.* Die Vision hat den sehr langfristigen Charakter von zehn Jahren und länger. Viele Unternehmer verändern ihre erfolgreiche Vision das ganze Leben nicht, was bei einer Strategie durchaus notwendig erscheint.

Die Inhaber der erfolgreichsten Lebensmitteleinzelhandelskette, ALDI, sind die beiden Brüder Albrecht. Sie zählen mittlerweile zu den reichsten Familien der Welt. Die Strategie des Aldi-Konzerns ist seit 50 Jahren, neben dem Grundsatz des kleinen Warenangebotes, die des niedrigen Preises. Ein Erfolg, den bis heute nur die wenigsten annähernd erreichen konnten.

Ein weiteres Beispiel sind die Drägerwerke in Lübeck und ihre Vision: Atmen für ein besseres Leben. Diese Vision wird ebenfalls immer Gültigkeit haben können. Erst kürzlich wurde Theo Dräger als Kopf der Drägerwerke AG mit dem Preis „Stratege des Jahres 2004“ ausgezeichnet. 2003 hatte das Unternehmen seinen Gewinn verdoppelt. Mit dem Leitspruch „Technologie fürs Leben“ (technology for life) entwickelte sich das Unternehmen zum Weltmarktführer für Produkte aus der Medizin- und Sicherheitstechnik. Sie erkennen aber auch bereits, dass die Formulierung nichts mit einem Produkt zu tun haben muss und keiner fest, klar und genau umrissenen Thematik entspricht. Sie ist unpräzise. Eine Vision ist eine Grundaufgabe, deren Umsetzung ein Leben lang Gültigkeit haben sollte. Es hat nichts mit Produkten zu tun, denn diese können sich im Laufe der Jahre und Jahrzehnte durchaus ändern. Eine

Vision ist eine Herausforderung, die Kräfte zur Realisierung freisetzen soll, da sie zu Beginn oft als nicht realisierbar gilt.

Kennedys Vision, dass ein Amerikaner als Erster den Fuß auf den Mond setzen wird, war so eine. Natürlich waren bis dahin noch viele Klippen zu überwinden, aber nur diese Vision machte die Realisierung möglich.

Steve Jobs, Apple-Mitbegründer und Impulsgeber für die Entwicklung des iMac, machte mit seiner Vision „Ein Computer für den Rest von uns, der von jedem kinderleicht bedient werden kann" auch Unmögliches möglich. Noch heute ist die Firma Apple trotz der starken Konkurrenz extrem erfolgreich.

Zitat zum Thema Vision

Vision ist der Glaube an die Realisierung einer herausragenden Zukunftsidee

unbekannt

2004, Geffroy Business Akademie GmbH, Düsseldorf

Entscheidend ist noch einmal die feine Differenzierung zwischen einer Vision und einer Strategie, wie sie hier beschrieben wird. *Wichtig ist auch die Differenzierung zwischen Vision, Strategie und Taktik.* Die Strategie ist für Unternehmen überlebensentscheidend. Aus meiner Beratererfahrung kann ich die EKS-Strategie empfehlen, also das Konzept der Evolutions-Konformen-Strategie. Mithilfe des EKS-Strategietrainers, ein interaktives Handbuch zur Erarbeitung seiner eigenen Unternehmensstrategie, kann jeder Unternehmer seine eigene Erfolgsstrategie schriftlich fixieren. Ich persönlich habe mich auf der Basis dieser Strategie selbstständig gemacht und viele

Lösungen daraus ableiten können. Weitere Informationen zum EKS-Strategietrainer können Sie bei der Geffroy Business Akademie abrufen.

Eine Strategie, die im Kern eine Produktstrategie ist, ist nicht existenzsichernd, da in einem immer schnelleren Tempo neue und bessere Wettbewerbsprodukte auf den Markt kommen. Bei diesem Wettlauf kann auf Dauer niemand mehr mithalten.

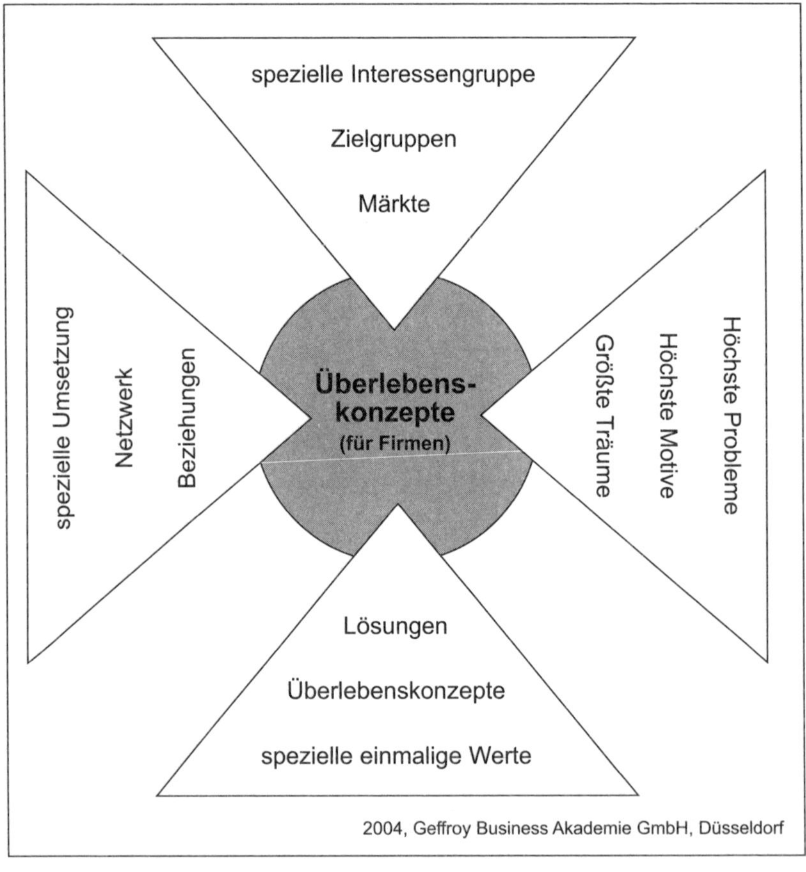

Sie sehen es daran, dass die Japaner von ihrem schnellen Tempo bei der Einführung neuer Fahrzeuge Abstand genommen haben. Oder Sony z. B. hat mit den zu schnellen Lebenszyklen eigener Produkte zu kämpfen. Bestes Beispiel ist der dramatische Umsatzrückgang der Spielekonsole Playstation. Da war die Konkurrenz schneller. Achten Sie noch darauf, welchen Namen Ihr neues Fernsehgerät hat?

Ein weiteres Beispiel ist die Computerindustrie. Bis vor kurzem hat sich fast niemand um den Kunden gekümmert und erst recht nicht bemüht. Ausnahmen bestätigen natürlich die Regel. Es wurden „Kisten“ verkauft und Bits und Gigabytes. Das rächt sich jetzt. Der heutige wehrhafte Verbraucher revanchiert sich und kauft seine PCs bei demjenigen, der als Direktversender die günstigsten Tagespreise hat, getreu dem Motto: Kann es statt dem Pentium 3,0 GHz auch ein 3,4 GHz PC sein oder später bereits ein 4,0er?

Hier muss ich nochmals ALDI erwähnen. Seit langem bietet ALDI über seine Supermarktketten in regelmäßigen Abständen top ausgestattete PC-Komplettsysteme und Computer-Hardware an. Die Fachpresse überschlägt sich und vergibt Bestnoten. Nicht genug, der Support, durchgeführt durch den Lieferanten Medion, ist ebenfalls vorbildlich. Viele Lebensmittelkonzerne haben sich dem Trend angeschlossen und bieten immer wieder Computer zu Discount-Preisen an. Ein gutes Beispiel ist auch Tchibo, hier wird zufälligerweise noch Kaffee verkauft.

Was nützt es Ihnen, wenn Sie Ihren direkten Wettbewerber beobachten und Ihre Planungen daran ausrichten, während der eigentliche Wettbewerber plötzlich aus einem ganz anderen Segment auftaucht? Das ist so z. B. auch in der Stahlindustrie geschehen, wo plötzlich viele Artikel gegen Plastikprodukte ausgetauscht wurden. Und das konnte auch nicht durch Thyssen, Klöckner, Hoesch, Krupp und Mannesmann aufgehalten werden.

Was ist zu tun? Welche Strategie hat Gültigkeit? Bleiben wir noch etwas bei den Beispielen. Was soll die Computerindustrie tun? Vordenker empfehlen die computerlose Computerfabrik, denn die Einzelteile kann man heute überall kaufen und in Fernost zusammenbauen. Microsoft wird als die Computerfirma der Zukunft gehandelt, obwohl sie gar keine Computerfirma ist, sondern nur Software, wie das berühmte Windows, erstellt.

Wieder andere Computerhersteller planen gar keine Produkte mehr, sondern Lizenzen. Es werden Anwenderlösungen der Sonderklasse entwickelt, und dafür wird Geld in Form von Lizenzen verlangt. Das funktioniert auch.

Andere Hersteller suchen ihr Glück in der Lean Production, der schlanken Produktion. Weg mit überflüssigen eigenen Produkten und Kapitalbindungen. Merken Sie, dass alle diese Überlegungen immer mehr vom eigentlichen Denken des Produktbesitzes weggehen? Produkte und reine Produkthersteller werden immer mehr zu einem Relikt aus der industriellen Ära. Sie wissen, dass wir uns in einem Riesentempo vom Industriezeitalter in das Informationszeitalter hineinentwickeln. *Die Informationsmacht wird wichtiger als die Geldmacht.* Und Fabrikbesitzer binden sehr viel unnützes Kapital in Anlagen und Ausrüstungen, weil alles selbst produziert werden soll.

So bleibt die Diversifikationsstrategie als Ausweg übrig. Allerdings warne ich auch hier eindringlich vor einer falschen Diversifikation. Eine falsche Diversifikation hat mit Ihrem eigentlichen, ursprünglichen Betätigungsfeld gar nichts mehr zu tun, etwa bisher Stahlhändler und zukünftig Modefirma.

Produkt-, Wettbewerbs- und Diversifikationsstrategien sind demnach zukünftig risikoreich und nur in Ausnahmefällen dauerhaft sicher.

Dauerhafte Sicherheit bieten nur Kunden in Form von Interessengruppen. Denn solange Sie sich auf eine oder mehrere Interessengruppen spezialisieren und mit den Anforderungen Ihrer Interessengruppe mitfließen, werden Sie nie mehr Wachstumssorgen haben.

Wer ist Ihre Interessengruppe, auf die Sie sich spezialisieren wollen? Nach meinen Erfahrungen ist das ein sehr schwieriger Entwicklungsprozess. Sie müssen sich jetzt von dem Gedanken des „Jeder Kunde ist gleich wichtig"-Ansatzes lösen. Falls Sie es nicht bereits getan haben, hilft Ihnen die Pareto-Regel weiter, die besagt, dass Sie mit 20 % des Einsatzes ca. 80 % der Ergebnisse erzielen. Wir können auch sagen, mit 20 % Ihrer Kunden erzielen Sie etwa 80 % Ihres Umsatzes, und umgekehrt. Doch Vorsicht! Pareto ist eine Momentaufnahme wie ein Foto. Es gilt für heute. Wer ist jedoch Ihr Zukunftskunde? Sie benötigen also noch ein Zukunftsfoto.

Wer ist Ihr interessantester Zukunftskunde? Unterteilen Sie Ihre Kunden in T für Topkunde, E für entwicklungsfähiger Kunde und V für Kunden, auf die Sie verzichten könnten. Jetzt verlassen Sie einmal die Beschäftigung mit Ihren Kunden und konzentrieren sich auf den Markt oder Ihr Absatzgebiet. Wer kommt noch infrage, den Sie noch nicht haben? Nehmen Sie die gleiche Einteilung T, E und V vor, wie oben beschrieben. Schält sich bereits eine Interessengruppe heraus?

Sie müssen Ihren zukünftigen Dreh- und Angelpunkt um Ihre Interessengruppe herum aufbauen. Investieren Sie lieber zwei Tage mehr in die Suche Ihrer idealen Interessengruppe, bevor Sie noch so aktiv in eingefahrenen Gleisen weiterarbeiten. Erarbeiten Sie zuerst quantitative Kriterien wie Umsatz, Deckungsbeitrag, Potenzial, bisheriger Anteil an den Kundenlieferungen oder im Privatbereich Einkommen, Familienstand, liquides Vermögen, Alter usw. Jetzt kommt die entscheidende Interessengruppendefinition: Welche Interessen hat Ihre Interessengruppe? Jede quantitative Interessengruppe lässt sich wiederum in spezielle Interessengruppen aufteilen. Nehmen wir als Beispiel alle PC-Kunden. Alle besitzen zwar einen PC, aber die speziellen Interessen liegen doch sehr weit auseinander, von der reinen Nutzung zur Textverarbeitung und Kalkulation bis zum Web-Design und zur Softwareprogrammierung. So unterschiedlich sind auch die Interessen.

Informationsmacht über die Lebenskonzepte Ihrer Interessengruppe entscheidet über die Zukunft

2004, Geffroy Business Akademie GmbH, Düsseldorf

Bleiben wir auch noch einmal bei unserem eigenen Beispiel. Unsere regelmäßigen Analysen bei erfolgreichen Auftragsabschlüssen ergaben aus quantitativen Gesichtspunkten heraus kein Ergebnis. Weder die Firmengröße noch die Anzahl der Verkäufer, noch die Branche ließen eine Typologisierung zu, bis wir erkannten, dass unsere Auftraggeber fast ausschließlich Herausforderer sind, also Macher, die sich einer besonderen Aufgabe stellen und dabei ungeduldiger und anspruchsvoller sind als typische Manager. Unsere Strategie „Experten für Herausforderer" wurde entwickelt und mit großem Erfolg umgesetzt. Damit kann bereits jeder Mitarbeiter schnell und frühzeitig erkennen, ob Kunde und Anbieter zusammenpassen.

Nach der Definition Ihrer speziellen Interessengruppe erfolgt der zweite wesentliche Schritt. Welche speziellen Probleme und Wünsche hat diese Gruppe?

Jede spezielle Interessengruppe hat ihre eigenen speziellen Probleme oder Wünsche. Der Herausforderer beispielsweise erwartet sofort und schneller als jeder andere messbare Veränderungen in seinem Unternehmen mit z. B. unserem Task-Force-Managementprogramm. Investieren Sie jetzt noch einmal genauso viel Zeit in die Kenntnis der speziellen Probleme Ihrer speziellen Interessengruppe. Unsere Erfahrung hat gezeigt, dass meistens gar keine oder nicht ausreichende Informationen über die eigenen Kunden vorliegen, insbesondere wenn es darum geht, die brennendsten Probleme wirklich zu kennen.

Laden Sie deshalb Ihre Kunden ein, und befragen Sie sie:

- *Wie sehen Sie die Zukunft?*
- *Was sollte getan werden?*
- *Was müssen wir tun, um Sie zu unterstützen?*
- *Wie ist man gemeinsam erfolgreicher?*

Sie werden feststellen, dass Sie genauso wie Ihre Kunden sehr viele positive Eindrücke mit nach Hause nehmen.

Jetzt folgt die dritte Stufe. Nach der Definition der speziellen Interessengruppe und deren spezieller Probleme ist *nunmehr die spezielle Lösung gefragt.*

Was können Sie besser machen als alle anderen Anbieter? Meistens hat es nichts direkt mit dem Produkt zu tun, sondern mit den Gesamtangebotsvorteilen, die Sie bieten können.

Dazu gehören Service, Garantien, persönliche Unterstützung und Lieferung von nichteigenen Produkten, damit der Kunde einfacher arbeiten kann.

Manche Lösungen sind so simpel und überzeugend, dass sich nach der Einführung jeder wundert, warum man darauf nicht schon früher gekommen ist. Dazu ist die von mir für Bücher entwickelte Ein-Seiten-Methode ein klassisches Beispiel. Mein Buch *Verkaufserfolge auf Abruf* wurde in den 90er Jahren zu Deutschlands meistgelesenem Verkaufsbuch, in acht Sprachen übersetzt. Die Ein-Seiten-Methode wurde exakt so entwickelt, wie es in diesem Strategiebeitrag beschrieben wird:

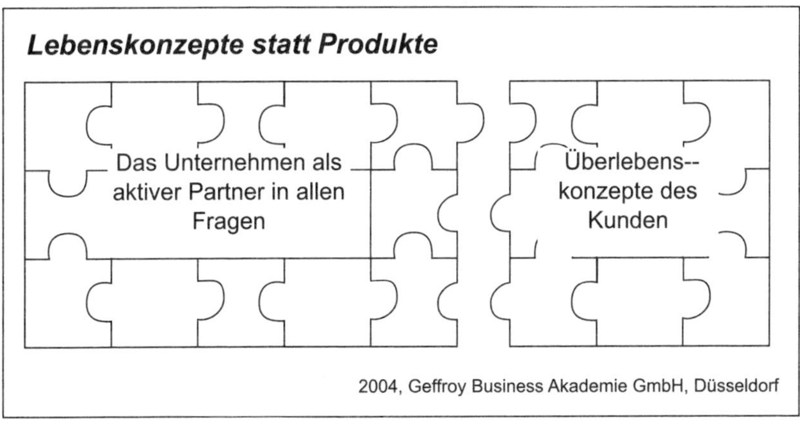

- Spezielle Interessengruppe: karriereorientierte Verkäufer
- Spezielles Problem: keine Lesemenschen, keine Zeit, kein Interesse, sich durch Hunderte von Seiten durchzukämpfen; andererseits aber sehr interessiert an neuen Informationen
- Spezielle Lösung: die Ein-Seiten-Methode. Jede Seite ist in sich selbst abgeschlossen und in weniger als fünf Minuten zu lesen. Pro Seite wird eine Frage gestellt, und direkte, konkrete Antworten folgen.

Unsere neuen Erkenntnisse der Analyse erfolgreicher kundenorientiert geführter Unternehmen lassen ein strategisches Muster erkennen: Firmen verstehen sich als Unternehmensberater ihrer Kunden, um gemeinsam die Überlebenskonzepte des Kunden in allen Punkten zu verbessern, die möglich sind. Dabei ist die Produktqualität der unwichtigste, weil vorausgesetzte Punkt. Jetzt werden gemeinsam alle Aspekte von Informationsaustausch, Lagerübernahme, Eingangskontrolle bis zu Logistikthemen, einfach alles, gemeinsam verbessert. Dadurch verbessert der Kunde seine eigene Überlebensstrategie gegenüber seinen eigenen Wettbewerbern. Das ermöglicht völlig neue strategische Chancen.

Mit der richtigen Strategie können Sie also Erfolge vorprogrammieren. Ich betone, dass dieser Weg für jedes Unternehmen und für jeden Mitarbeiter und genauso für seine Interessengruppe nachvollziehbar ist.

Der Kreis schließt sich weiter mit der vierten Stufe der Strategie. Nach der speziellen Interessengruppe, den speziellen Problemen und Wünschen und der von Ihnen entwickelten speziellen Lösung ist jetzt die dafür geeignete spezielle *Umsetzung* der nächste Schritt. Dieser Aspekt hat ebenfalls eine hohe, wenn nicht die höchste Bedeutung. Wir haben viele gute Ideen und Lösungen daran scheitern sehen, dass die Umsetzung nicht zielgerichtet und schnell erfolgte.

Fassen wir noch einmal zusammen. Wesentlich ist die Konzentration auf eine spezielle Interessengruppe, die aufgrund von persönlichen Interessen an Ihren Leistungen ein besonderes Interesse hat. Diese Gruppe gilt es zu identifizieren. Dann gilt es, die Probleme, Wünsche, Träume, Ängste, Hoffnungen dieser Gruppe näher zu erforschen und kennen zu lernen. Wo drückt sie wirklich der „Schuh"? Welchen Sinn sieht die Gruppe darin, gerade mit Ihnen zusammenzuarbeiten? Ich vermeide bewusst das Wort Produkt, denn in Zukunft werden keine Produkte mehr verkauft, sondern nur noch gemeinsames lösungsbezogenes Denken.

Nach Kenntnis dieser Situation ist jetzt die Entwicklung einer einmaligen Lösung erforderlich, die möglichst eine Marktlücke abdeckt. Das ist einfach gesagt, aber Sie werden feststellen, dass

Ihnen bei der Verinnerlichung dieser Denkstrukturen fast automatisch Nischenlösungen einfallen.

Wir können das mit Überzeugung sagen, denn ich bin bereits in vielen Fällen bei meinen Kunden fündig geworden, und manchmal wurden sogar ganze Marktregularien außer Kraft gesetzt. Es wurde praktisch ein ganz neuer Markt erfunden, der dann als eine echte Innovation und Marktlücke galt, so z. B. in der Finanzdienstleistungsbranche.

Nun folgt der letzte Schritt: *die spezielle Umsetzung.* Wie wollen Sie Ihre Lösung im Markt bekannt machen? Auch hier ist das Suchen nach neuen Wegen sehr entscheidend. Die klassischen Wege der Neuprodukteinführung werden immer kostspieliger und uninteressanter.

Wir wissen heute, dass 98,2 % klassischer Werbung ungenutzt auf dem Müll landen. 97 % aller Bundesbürger sind informationsüberlastet. Weitere Artikel in diesem Buch werden detaillierte Informationen zu diesen Herausforderungen liefern.

Auch im Marketing und im Verkauf ist damit eine Trendwende angesagt. Neue Wege sind zu gehen. Allerdings sind diese Wege keine Standardwege, sondern individuelle Lösungen, abhängig von Ihrer persönlichen Situation.

Grundsätzlich sollte folgende Erfahrung berücksichtigt werden: Im Verkauf ist der eindeutige Trend zu einem Favoriten erkennbar, zum Empfehlungsgeschäft. Mehr und mehr Firmen erhalten ihre Aufträge praktisch durch passive oder aktive Vermittlung von Dritten mit oder ohne Bezahlung, das ist systematisierbar.

Jahrelang war der Kaltbesuch out. Ohne Termin lief gar nichts. Heute erzielen die Firmen, die mit ihren Verkäufern einfach beim Kunden „klingeln“ – der so genannte Kalttermin – große Erfolge. Verständlich ist es. Nach Jahren des Zeitmanagements hat man erkannt, dass man auch mit den angeblich besten Zeitplansystemen die Zeit nicht in den Griff bekommen kann. Und so ist heute mancher neugierig auf den Verkäufer, der es wagt, ohne Anmeldung zu erscheinen.

Erfolg bedeutet gegenteiliges Denken. Das scheint das dahinter stehende System zu sein, nach dem die neuen Erfolgsspielregeln ablaufen.

John Sculley von Apple Computer USA sagte einmal treffend: „Die besten Spielregeln ergeben sich immer dann, wenn man die Grundregeln ändert." Das sollte Ihr Leitsatz für die Einführung Ihrer Lösung im Markt sein. Aber es zeigen sich weitere Tendenzen. Verknappen Sie Ihr Produkt oder Ihre Lösung. Geben Sie es nicht oder nicht sofort jedem. Menschen wollen alles haben, was sie nicht bekommen können. Umgekehrt wollen sie nicht das, was jeder kaufen kann, selbst wenn man es ihnen schenken würde. So sind Menschen.

Bauen Sie ein Kundenportal auf, das mehr bietet als nur ein Produktangebot. Ich persönlich sehe in dem Portalgedanken auch heute eine sehr interessante Wachstumschance. An dieser Stelle muss ich Eigenwerbung betreiben. Das von mir vor Jahren entwickelte 7xKontakt-System kommt heute wie auch schon damals erfolgreich zum Zug. Informieren Sie sich über unser neues Softwareangebot.

Nach vielen Jahren Erfahrung in der eigenen Firma und bei unseren Kunden mit diesem System liegen jetzt bereits gesicherte Erkenntnisse vor, dass die Terminquoten bei richtiger Planung durchweg bei so genannten Kaltadressen zwischen 20 % und 40 % liegen, und damit erheblich über den bekannten Branchenzahlen.

Eine weitere Chance zur speziellen Umsetzung sind *Abendveranstaltungen oder Abendseminare.* Bei diesen Seminaren wird nicht nur das Produkt vorgestellt, sondern es werden auch durch einen externen Referenten Nutzwertinformationen geliefert. Der Teilnehmer muss von dieser Veranstaltung persönlich profitieren können. Immer mehr Netzwerke gemeinsamer Interessen entstehen. Mittlerweile gibt es auf diesem Gebiet sogar Fusionen von Old und New Economy. Bestes Beispiel ist zurzeit Bertelsmann und Napster.

Es gibt genügend Möglichkeiten, andere Wege zu gehen, damit Ihre Marktchance direkt und richtig genutzt werden kann. Kundenportale, Clubgedanke, Abendseminare, Empfehlungsgeschäft, Verknappungsprinzip und ganzheitliches Akquisitionssystem dienen alle dem gleichen Ziel: beim zukünftigen Kunden Sog statt Druck zu erzeugen. Mit Druck können wir heute nichts mehr erreichen, weder in der eigenen Firma noch bei unseren Kunden und erst recht nicht bei neuen, völlig uninteressierten, überinformierten heutigen Kunden.

In meinen Vorträgen sage ich immer deutlich: Prospekte, Werbung, Manipulation sind tot. Inhaltlich bedeutet das, dass jegliche Form von Werbung vom heutigen Verbraucher sehr schnell als Manipulationsversuch eingestuft wird. Das führt zur Ablehnung des gesamten Angebotes, unabhängig davon, ob es gut oder schlecht ist. Insofern sind nach unseren Erfahrungen Prospekte, Anzeigen, klassische Werbebriefe und Couponanzeigen antiquierte Themen aus den 80er Jahren. In Zukunft brauchen wir neue Lösungen, wie beispielhaft oben beschrieben wurde.

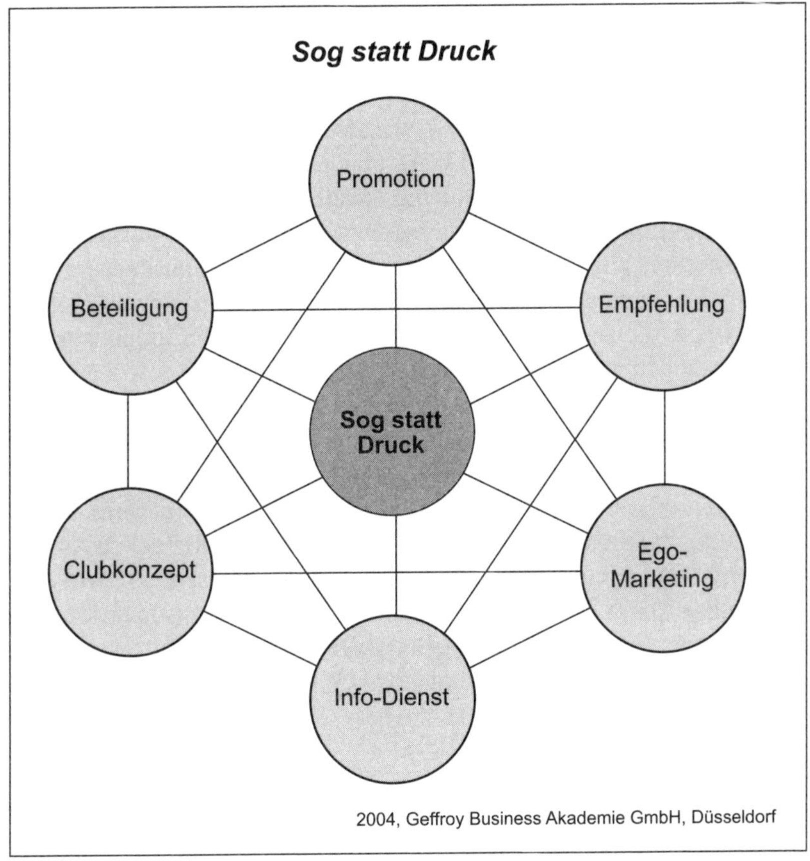

Die Zukunft liegt in den neuen innovativen Informationstechnologien. In Zukunft gilt das Motto: Jederzeit und an jedem Punkt der Erde erreichbar!

Die Zukunft hat uns hier längst eingeholt. Die neuen schnellen Übertragungstechnologien wie UMTS, Wireless LAN, DSL, um nur einige zu nennen, ermöglichen uns eine maximale Erreichbarkeit und Informationsabruf rund um die Uhr. Die Geräte werden immer kleiner. Mittlerweile gibt es PDAs, die multifunktional als Navigationssystem, kleines Büro, E-Mail-Postfach und Multimedia-Abspielgerät dienen. IBM arbeitet zurzeit an einer ausgereiften Spracherkennungssoftware, die es ermöglicht, sämtliche Befehle und Texte per Stimme einzugeben. Die zurzeit existierenden Spracherkennungsprogramme sind leider noch sehr unzuverlässig. Doch ich bin mir sicher, bald werden auch Tastatur und Maus Geschichte sein. Das Internet als ideale Verkaufplattform gehört schon zum Standard. Amazon und Dell machen es uns vor. Das Internetauktionshaus Ebay hat mittlerweile Millionen von Kunden. Bequem von zu Hause aus die Lebensmittel beim Supermarkt ordern, die Pizza per Online-Speisekarte bestellen und Musik sowie Videos herunterladen, all das bereitet keine Schwierigkeiten mehr. Der Kunde fühlt sich dabei wohl.

Das ist verständlich, denn es ist das eigene Heim, die eigene Burg, der sichere Ort. Dahinter steht der *Trend des Cocooning,* des Einspinnens in das eigene Haus, weil man sich dort am sichersten und am wohlsten fühlt. Hier will ich als Kunde kaufen, ohne Angst haben zu müssen, dass man mich bestiehlt oder mein Leben bedroht. Durch die Zunahme der Gewalt auf unseren Straßen wird das eigene Heim immer häufiger als sicherster Ort eingestuft, den zu verlassen man immer weniger Lust hat – die Chance für Firmen, die den Wohnzimmerverkauf als ihre Chance zu nutzen wissen.

Haben Sie die vier Schritte

- spezielle Interessengruppe,
- spezielle Probleme/Motive,
- spezielle Lösung,
- spezielle Umsetzung,

getan, dann zählen Sie bereits zu den eindeutigen Gewinnern der Zukunft. Denn wann immer Ihre Gruppe neue Lösungen braucht, werden Sie diese liefern können. Noch einmal: Interessengruppenbesitz ist wichtiger als Produktbesitz. Für Ihren Erfolg wird ein weiteres Thema von zentraler Bedeutung sein, und zwar Fähigkeiten statt Papier. Zwei Drittel einer Strategie sollten auf die Entwicklung von Fähigkeiten der Mitarbeiter, die sie umsetzen sollen, gerichtet sein, somit nur ein Drittel der Fähigkeiten auf das Strategiepapier.

Der Wert des Papiers wird nicht unterschätzt, allerdings habe ich den Eindruck, dass manche Strategie auf dem Papier so toll aussieht und sich dann viele Consultants wundern, dass sie in der Praxis doch nicht funktioniert. Sinngemäß heißt das: Das Einzige, was stört, ist der Mitarbeiter. Das ist natürlich der falsche Ansatz.

Menschen sind der einzige Schlüssel für Ihren zukünftigen Erfolg. In den meisten Fällen können die Mitarbeiter die neue Strategie nicht umsetzen, weil ihnen die Fähigkeiten nie vermittelt worden sind, wie z. B. permanent konzentriert mit wenigen A-Kunden zu arbeiten oder Neukunden „kalt“ anzusprechen. Meistens wird aktives Arbeiten in Richtung Zielkunden oder in Richtung klassischer Kaltakquisition verlangt. Das ist nicht das Tagesgeschäft der Mitarbeiter. Sie sind in vielen Fällen an passives Arbeiten gewöhnt und sagen, dass sie kaum ihre eigentlichen Aufgaben erledigt bekommen. Die Mitarbeiter haben Motivationsprobleme und Angst. Wie profitieren sie davon, wenn sie sich für eine Strategieumsetzung einsetzen? *Mitarbeiter müssen von der neuen Strategieidee begeistert werden.* Sollte das „olympische Feuer“ nicht entzündet werden, wird man wieder im Alltag versinken, und die Strategie ist vergessen, bevor sie angefangen hat. Die größte Hemmschwelle ist die Angst vor dem Unbekannten. Wie schaffe ich es, Dinge zu tun, die ich nicht kenne? Wie komme ich an Neukunden heran? Was sage ich einem Kunden, der nicht mehr aktiv betreut werden darf?

Mitarbeiter wollen etwas bewegen. Sie wollen bei großen Herausforderungen dabei sein. Man muss Mitarbeitern eine Heimat geben, damit sie mit Überzeugung zum Unternehmen und ihren Aufgaben stehen. Das Wort „Partnerschaft“ sollte gegenüber

Mitarbeitern ebenso häufig fallen wie im Umgang mit Kunden. Führen Sie jeden Monat ein bilaterales Gespräch mit jedem Ihrer Mitarbeiter. Entwickeln Sie gemeinsam seine herausragenden Fähigkeiten, wenn er sich dieser nicht selbst bewusst ist. Sie sind der Coach Ihrer Partner im Unternehmen.

Menschen brauchen Mittel und Wege, sprich permanente Unterstützung, um neue Wege zu gehen. Neue Wege heißt, pro Mann und pro Tag gemeinsam an der Umsetzung zu arbeiten. Was aus der Strategie nicht ab dem nächsten Tag pro Mann und Tag umgesetzt werden kann, gefährdet die ganze Umsetzung. Damit wird die Zeitnutzung zum wesentlichen Element der strategischen Umsetzung.

Gibt es keine schnelle Umsetzung, wird der Wettbewerb nachziehen, und die neue Strategie ist wirkungslos. Die Schnelleren fressen die Langsameren. *Flexibilität, Zeitnutzung und Tempoführerschaft sind die entscheidenden Faktoren.* Allerdings muss der Mitarbeiter mit messbaren und nachvollziehbaren Mitteln ausgestattet werden, damit er weiß, was er pro Tag zur Erreichung seiner Zielsetzung tun muss.

Damit ist die Strategieumsetzung auch zu einer Herausforderung bei der Überwindung von sozialen, psychologischen und zeitlichen Widerständen geworden. Nur wenn die einzelnen Schritte Ihrer Strategie ab dem nächsten Tag nachvollziehbar und erkennbar sind, hat Ihre Strategie eine Chance.

3.2 Vision statt Manipulation

Visionen bezeichne ich als Herz und Antriebsenergie einer ganzen Firma. Existiert keine Vision in dieser unruhigen und unkalkulierbaren Welt, fehlen die Orientierung und der Sinn. Auf diesen zweiten entscheidenden Punkt werde ich später noch einmal zurückkommen. Bleiben wir erst einmal bei der Orientierung.

Diese kann nicht durch ein Produkt kommen, jedenfalls nicht dauerhaft in Zeiten immer schnellerer Lebenszyklen. Natürlich würde ein Forscherteam, das die Vision hat, ein wirklich wirksames Mittel gegen Aids zu finden, auch mit dieser Produktvision Erfolg haben. Nur, wie oft gibt es diese einmalige Produktchance denn im wirklichen Leben?

Also brauchen wir eine Vision, die sich von „Hard Facts" wie z. B. Produktdetails abkoppelt, eben eine Vision, die zwar vorstellbar, aber nicht greif- oder anfassbar ist. Das wiederum macht die Vision nicht gerade einfach. Wer an Fakten und Daten glaubt, und das tun nicht wenige, hat damit seine liebe Not.

Die nächste Frage lautet: *Wer braucht überhaupt eine Vision?* Großunternehmen, Mittelständler, Kleinbetriebe? Hier gibt es eine klare Antwort: Jeder! Kein Unternehmen wird mit seinen Mitarbeitern oder alleine den Markterfolg haben, den es oder das Team braucht, wenn kein Sinn in der Tätigkeit gesehen wird.

Führung ZUKUNFT

Führung Zukunft

= mentale Pipeline
= Kommunikation
= kollektiver Geist
= gemeinsames Geistiges
= Glaubensführerschaft
= Verschmelzung

2004, Geffroy Business Akademie GmbH, Düsseldorf

Damit wird die Sinnfrage zu einer der entscheidenden Fragen. Geld hat als Sinn bereits bei den meisten ausgedient, dafür haben schon Lebensfreude in der Freizeit, hohe Steuern und unflexible Arbeitsbedingungen in den Firmen gesorgt. Was bleibt übrig? Spaß, Sinn am Tun und Herausforderungen im Team angehen. An die Zukunft glauben und sich als wertvoller Teil bei der Umsetzung einer herausragenden Zukunftsidee verstehen, das zählt.

Firmen brauchen Visionen, um Mitarbeiter zu motivieren und neue Mitarbeiter zu gewinnen. Wer einmal die Erfolgsstory von Microsoft-Gründer Bill Gates liest, erkennt deutlich, dass die besten

Entwickler nur durch Gates Visionen, bei einer damals unbekannten Softwarefirma zu arbeiten, überzeugt wurden. Interessant ist, dass nur der Glaube daran zählte.

Je höher die Vorstellungskraft und der Glaube aller Beteiligten, umso größer sind die Chancen der Realisierung. Umgekehrt heißt es natürlich auch, dass keine Vision und kein Glaube an irgendetwas, das in der Zukunft Spaß macht, zu keinen Ergebnissen führt. Es handelt sich also in beiden Fällen um eine sich selbst erfüllende Prophezeiung. Wohin wollen Sie gehen?

Zitat zum Thema Vision

**Die
Durchsetzung
einer Idee
wird mehr
und mehr
entscheiden**

unbekannt

2004, Geffroy Business Akademie GmbH, Düsseldorf

Nehmen wir noch einmal Kennedy als Beispiel. Seine Vision war, dass ein Amerikaner als Erster den Fuß auf den Mond setzen wird. Natürlich gab es sehr viele Kritiker, die ihm beweisen wollten, dass das völlig unmöglich ist. Und er hat es noch nicht einmal bestritten. Er pflegte nur jeden Einwand mit dem Satz zu beantworten: „O.k., Sie haben Recht, aber ich sehe den Mann auf dem Mond."

Wie kann man sich gegen Einwände zur Wehr setzen? Überhaupt nicht. Irgendwann fängt man entweder an, daran zu glauben und auf die Erfüllung der Vision hinzuarbeiten, oder man sollte der Firma den Rücken kehren. In beiden Fällen haben Sie das Richtige erreicht. Nun wird sicher noch deutlicher, dass einer Firma die

Energie fehlt, wenn sie keine Vision hat. Das soll nicht heißen, dass diese Vision von cleveren Unternehmensberatern für teures Geld ausgearbeitet worden ist und in einer wunderschönen Dokumentation vor sich hin schlummert. Ihre Vision muss jeden Tag gelebt und diskutiert werden. Hoffentlich führt sie sogar zu hitzigen Diskussionen – je hitziger, umso besser. Dann können Sie auch sicher sein, dass sich jeder damit beschäftigt und identifiziert.

In letzter Zeit hört man hier immer häufiger das Wort Mission. Wo liegt der Unterschied? Aus meiner Sicht ist die Mission die Aufgabe, eine Vision umzusetzen. Denn richtig verstanden ist die Vision eine Daueraufgabe, die für eine Firma ein Leben lang Gültigkeit haben sollte.

Damit kommen wir zu einem entscheidenden Unterschied. Eine Vision ist für ein Unternehmen die Erfüllung einer konstanten, dauerhaften und sozialen Grundaufgabe, zunächst einmal fernab vom Produktgedanken. Das ist auch keine Pseudodiskussion unter dem Gesichtspunkt Ethik. Es ist absolute Realität der Zukunft. Jedes Produkt und jedes Unternehmen muss sich in Zukunft die Frage gefallen lassen, welchen sinnvollen und glaubwürdigen Beitrag es zur Weltgemeinschaft und damit für die Menschen liefert.

Einige Ihrer entscheidenden Zukunftsfragen werden demnach lauten, welchen sinnvollen Beitrag Sie leisten, um sozialen Grundaufgaben zu entsprechen. Warum sollte man dies dann nicht direkt zum wesentlichen Kern der Unternehmensdenkwelt machen? Es geht also um die aktive Umsetzung einer Vision.

Als Titel dieses Abschnitts habe ich „Vision statt Manipulation“ gewählt, weil heute noch viele Unternehmen schlicht und einfach das bisher Geschilderte nicht nur ignorieren, sondern sogar gefährlich mit Falschaussagen und Unwahrheiten arbeiten. Da spielt der Verbraucher in der Zukunft nicht mehr mit.

Kommen wir wieder zu den Chancen. Ein Unternehmen, das umschwenkt, fürchtet vielleicht erst einmal, dass es jetzt umgekehrt von Kunden und Partnern ausgenutzt werden könnte. Dabei zeigen die Beispiele der Pionierunternehmen, dass das Gegenteil der Fall ist.

Mich beeindruckte ein Beitrag eines Geschäftsführers von Dell Computer. Er bestätigte die Erfahrungen seines Unternehmens so:

Die Gründe des Erfolgs von Dell Computer liegen im Wesentlichen in den Erfahrungen, die Dell als eine „Egoless Corporation" gemacht hat. Frei übersetzt heißt das: selbstlose Organisation. Natürlich braucht auch ein Unternehmen wie Dell Gewinne, nur ist das nicht das allein Sinn machende Denken des Dell-Managements. Die Kundenzufriedenheit ist hier der entscheidende Messfaktor für den Erfolg.

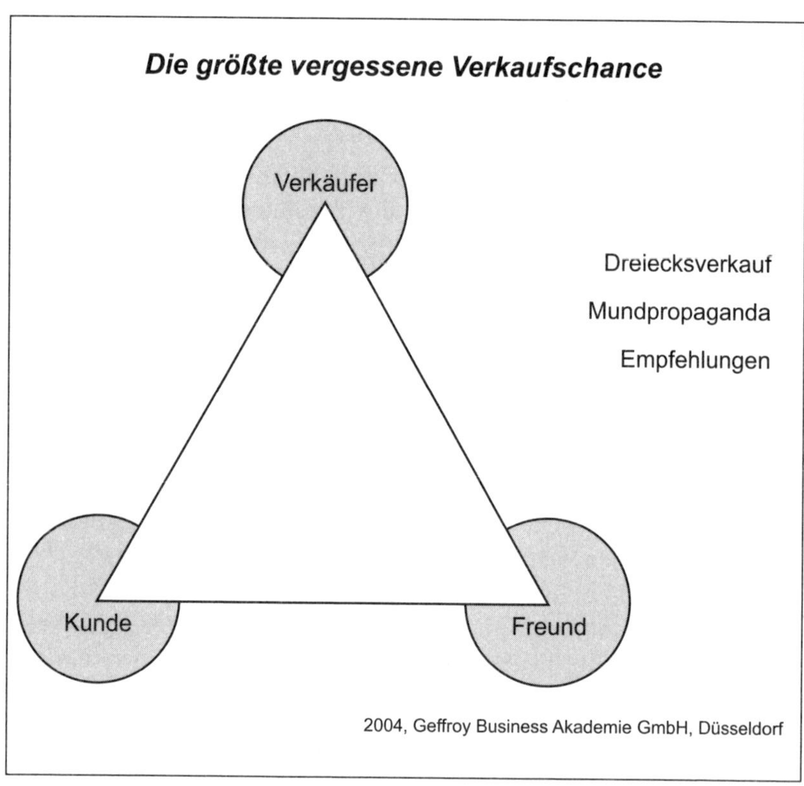

Ein weiteres Beispiel hat mich ebenfalls beeindruckt. Klaus Steilmann, Textilindustrieller mit Gewissen, sagte: „Ich möchte Bekleidung herstellen, die, wenn ich sie vergrabe, von Regenwürmern gefressen werden kann, ohne dass es ihnen schadet."

Unternehmen und Unternehmer mit Gewissen sind auf dem Vormarsch. Dabei ist es viel leichter, als man glaubt, Lösungen anzubieten, die den Menschen wirklich helfen. Hierin liegt eine weitere Chance auf dem Weg hin zum ehrlichen und fairen Netzwerk mit Kunden.

3.3 Innovationsmotor Deutschland

In Deutschland wird oft die mangelnde Entwicklung von Innovationen beklagt. Tatsächlich scheint Deutschland als Innovator für neue Trends und Zukunftsvisionen den Boden zu verlieren. Doch es gibt sie noch, Unternehmen, die sich den Herausforderungen stellen und gegen den Trend erfolgreich sind. Als Beispiel möchte ich hier vier Unternehmen vorstellen, die durch ihr Engagement und ihre Dynamik ihre eigene Konjunktur machen. Diese Unternehmen zählen zu den „TOP 100 Unternehmen" in Deutschland, einer Initiative, die von der Kommunikationsagentur compamedia GmbH realisiert und umgesetzt wird. Was als ein PR-Projekt für mittelständische Unternehmen startete, hat sich mittlerweile zu einem bundesweiten, branchenübergreifenden Benchmarking für Mittelständler gemausert und heißt nun *TOP 100 – Ausgezeichnete Innovatoren im deutschen Mittelstand.* Seit 1993 ermittelt das Projekt die Innovatoren im deutschen Mittelstand, sorgt dafür, dass diese Unternehmen in der Öffentlichkeit bekannt werden, und unterstützt darin, die Innovationsstärke weiter auszubauen. TOP 100 sucht und fördert mittelständische Unternehmen, die durch ihre innovative Kraft bestechen. Grund genug für Lothar Späth, sich als Schirmherr hinter das Benchmarking-Projekt zu stellen. Ich war so begeistert von dieser Initiative, dass ich gerne der Einladung gefolgt bin, 2005 als Juror mitzuwirken.

Beispiel 1: Varta Microbattery GmbH
Befehle aus der Westentasche

Künftig werden unsere Autos uns schon von weitem erkennen. Indem sie, ohne dass wir etwas tun müssen, ihre Türen öffnen, zeigen sie uns dann, wie sehr sie sich auf uns freuen. Dank der Varta Microbattery GmbH finden sich in so genannten SmartCards bald aufladbare Flachbatterien mit einer Dicke von nur 0,4 Millimetern. Die Einsatzbereiche der Karten gehen schon heute weit über das Auto hinaus. Solche SmartCards öffnen uns etwa in Testbereichen die Parkgarage, Bankautomaten, Flugschalter etc. Wenn es in Kürze für das Auto so weit ist, wird auf der SmartCard die Zugangsberechtigung gespeichert sein, die das Fahrzeug vor der Türöffnung per Funk abfragt. Damit diese Befehle aus der Westentasche Wirklichkeit werden können, entwickelt die Varta Microbattery GmbH seit mehreren Jahren erfolgreich immer neue, noch innovativere Mikrobatterien. Dass Varta in diesem Produktbereich zu den bedeutendsten Herstellern der Welt zählt, veranschaulicht die Energie, mit der innovative Prozesse innerhalb der Organisation gesteuert werden. Als Beleg dafür stehen die Kunden, die diese Erzeugnisse in ihren Applikationen einsetzen. Vor allem zügige Abläufe bestimmen hier den Weg zur schnellen Marktreife. Von der Erfindungsmeldung geht es rasch über die Ideenprüfung hin zu Konzepttests und Wirtschaftlichkeitsanalysen. Mitarbeiter, die sich ausschließlich mit Innovationen befassen, kooperieren dabei intensiv mit Kunden, Lieferanten und Universitäten, aber auch mit dem Wettbewerb. 40 % der Arbeitszeit verbringen die Marketingmitarbeiter des Unternehmens schließlich mit Innovationen. Der Innovationsaufwand der vergangenen drei Jahre mit über 35 Millionen Euro war hier also ausgesprochen sinnvoll. Besonders unter dem Gesichtspunkt, dass weltweit 1600 Mitarbeiter dem Slogan „Mobility for you“ Tag für Tag neues Leben einhauchen. Leben, das stellvertretend für die heutige Auffassung von Professionalität und Schnelligkeit steht. Und für innovatives Denken. Wegen ihrer herausragenden Leistung wurde Varta Microbattery GmbH zum Innovator des Jahres 2004 gewählt.

Beispiel Nr. 2: Lifta Lift und Antrieb GmbH
Kunden als Werbeträger

Der Name ist zu einem Synonym für Treppenlifte in Deutschland geworden: Lifta. Mit einem Marktanteil von mehr als 60 % liegt die Kölner Lifta Lift und Antrieb GmbH seit vielen Jahren unangefochten an der Spitze. Außerdem ist der Name ein Synonym für Qualität und Service. Und daraus folgt: Zufriedene Kunden sind das effektivste und kostengünstigste Marketinginstrument des Unternehmens. Mehr als 40 % aller Aufträge stammen direkt oder indirekt aus einer persönlichen Weiterempfehlung.

Für klassische Werbung gibt Lifta immer weniger Geld aus. Denn die Kosten steigen – und die Werbewirkung sinkt. Bei der durchgängig im Unternehmen verankerten Strategie des Empfehlungsgeschäfts geht die Rechnung hingegen auf: Sie entlastet den Mediaetat um 20 % pro Jahr. Der Kundendienst hat sich vom Kostenfaktor zum Imageträger entwickelt. Dieses äußerst positive Image pflegt die Lifta GmbH mit einer ausgefeilten Kundenbindung.

Das Unternehmen veranstaltet etwa Reisen für seine Kunden. Ob in die Toskana, nach Norwegen oder per Kreuzfahrt zu den Metropolen der Ostsee: Die vorbildlich organisierten Reisen rufen ein begeistertes Echo bei den meist älteren Teilnehmern hervor. Dasselbe gilt für die regelmäßig in ganz Deutschland angebotenen Kunden-Events. Unter Kundenbindung versteht man bei Lifta auch eine starke Interaktion – zum Beispiel in Form des Kundenmagazins „Forum".

Die interne Kommunikation trägt ebenfalls wesentlich zum Erfolg bei. Offene Türen, intern und extern moderierte Kreativ-Workshops oder bereichsübergreifende Projektteams erfüllen die offene Unternehmenskultur mit Leben. Auf diese Weise unterstützt und fördert das Top-Management das Engagement und das innovative Potenzial der 200 Beschäftigten.

Dass sich eine solche Philosophie auszahlt, zeigt das Beispiel Kundenreisen: Die Idee zu diesem außergewöhnlichen Marketinginstrument kam aus den Reihen der Mitarbeiter.

Die intensiven Kundenbeziehungen und der vorbildliche Service der Lifta GmbH überzeugen nicht nur die bisher mehr als 50.000 Kunden, sondern auch neutrale Institutionen. So hat der TÜV Süd den Marktführer quasi amtlich mit dem „ServiceFirst"-Zertifikat für hohe Kundenzufriedenheit und Servicequalität ausgezeichnet. Das ist dann wohl „Maßarbeit für alle Treppen".

Engagierte Mitarbeiter, perfekter Service und die Nähe zu den Kunden sind der Schlüssel zur persönlichen Weiterempfehlung.

Beispiel 3: CAS Software AG
Effizienzsteigerung im Büro

Wer Zeit spart, führt. Und wer führt, gewinnt meistens. Ganz so, wie die CAS Software AG es uns mit ihrer Informations- und Kommunikationsplattform „CAS teamWorks“ demonstriert. Sie macht die tägliche Arbeit nämlich nicht nur leichter und schneller, sondern vor allem effizienter.

Das intranetbasierte Unternehmensportal „CAS teamWorks“ gilt heute als eine der herausragendsten Innovationen für eine effiziente Zusammenarbeit in mittelständischen und kleinen Unternehmen. Über eine zentrale Informationsseite erfolgt aus jeder Abteilung oder jedem Projektbereich heraus der schnelle und direkte Zugriff auf Terminkalender, Telefonverzeichnisse, Urlaubsverwaltung, Produktbeschreibungen sowie Dokumente aller Art. Unternehmen mit fünf bis 500 Mitarbeitern können sich somit durch einfache und für jeden nachvollziehbare Abläufe die tägliche Arbeit wesentlich erreichtern. Was ihnen nicht nur mehr Transparenz und Effizienz bringt, sondern auch eine höhere Mitarbeitermotivation.

Das Engagement der Mitarbeiter, ihr Mitwirken in Gremien, Fördervereinen und als Experten in F&E-Programmen der Europäischen Union sind deshalb auch der Hauptgarant für innovative Fortschritte bei CAS. Ihre konsequente Mitarbeit am Monitoring, an der Innovationsstrategie, in der Konstruktion und Erfolgsanalyse führte zu einer Vielzahl von Auszeichnungen. Unter anderem zur Nominierung zum „European IST Price 2003“ für „CAS teamWorks“, zum „CRM Award 2002“ für herausragende Erfolge im Mittelstand und zu rund 100 Testsiegen in der Fachpresse für den Profi-Routenplaner „map&guide“. 2004 wurde die CAS Software AG Sieger in der TOP 100 Kategorie „Innovationsklima“.

Jetzt gilt es, drei jahre Vorsprung zum Wettbewerb aufrechtzuerhalten, was in der künftigen Unternehmensstrategie durch weitere Investitionen in F&E sowie durch eine Stärkung der Kundenorientierung gewährleistet werden soll. Denn eine Aussage des Mission-Statement von CAS bringt es auf den Punkt: „In unserer Branche sind die Technologien von heute die Ladenhüter von morgen.

Deshalb müssen unsere Entwicklungen laufend vorgedacht werden."

Mithilfe dieser Produkte sind die Kunden stets richtig informiert - jederzeit und überall.

Beispiel 4: Hansa-Flex Hydraulik GmbH
Kundenorientierung ist mehr als ein Wort

Kundenorientierung wird bei Hansa-Flex groß geschrieben. Ein 24 Stunden pro Tag abrufbereiter Hydraulik-Schnellservice mit 4.000 Artikeln und Spezialanlagen an Bord. Inzwischen sind europaweit über 60 dieser mobilen FLEXXPRESS-Einheiten im Einsatz - und von Monat zu Monat werden es mehr. Mit FLEXXPRESS hat HANSA-FLEX ihr Full-Service-Angebot ausgebaut - und ihre Marktführerschaft gefestigt.

Die Referenzliste der HANSA-FLEX-Unternehmensgruppe liest sich mittlerweile wie ein „Who's who" der deutschen Wirtschaft. Ob ThyssenKrupp, BMW oder DaimlerChrysler - rund 125.000 Kunden verschiedenster Branchen beziehen ihr Hydraulikmaterial bei den Bremern. Schließlich findet sich Hydraulik nahezu überall: Im Bagger und im OP-Saal, im Flugzeug-Cockpit und auf der Bohrinsel.

Geheimnis des Erfolgs sind neue Ideen, minutenschnelles Eingreifen, weltweite Verfügbarkeit und über jede Norm hinausgehende Funktionsgarantien.

In der viel gescholtenen Servicewüste Deutschland ist HANSA-FLEX eine Oase der Kundenorientierung. Alle zwei Jahre führt das Unternehmen eine umfassende Kundenzufriedenheitsanalyse durch. Detaillierte Rückmeldungen von rund 3.000 Kunden geben wichtige Impulse für die Zukunftsstrategie des Unternehmens. Ein Beispiel: Aufgrund der Ergebnisse der Kundenbefragung wird HANSA-FLEX das E-Commerce-Angebot weiter ausbauen.

Kundennähe, das heißt nicht nur „wissen, was der Kunde will", sondern auch „da sein, wo der Kunde es braucht". Sei es direkt beim Kunden, etwa beim Einsatz von FLEXXPRESS oder von mobilen Prüfgeräten, sei es über ein dichtes Netz an Niederlassungen. In jeder der ca. 200 Filialen sind rund 12.000 verschiedene Positionen auf Lager, weitere 33.000 Artikel können aus dem Zentrallager über Nacht geliefert werden. Hier wird der Kunde noch verblüfft.

Dies sind nur vier Beispiele deutscher Unternehmen, die durch Innovationen und Visionen bestechen und den Kundennutzen in den Vordergrund gestellt haben. Hier finden wir die drei Säulen des Clienting-Konzepts wieder: Kundenorientierung, auf den Kunden ausgerichtete Organisation und Kundenzufriedenheit.

4.

Führung

4.1 Machen Sie Ihre Mitarbeiter zu Ihren besten Partnern

Menschen sind das wichtigste Kapital jedes Unternehmens. Unternehmen entwickeln sich zu offenen dynamischen Netzwerken, zu virtuellen Firmen. Die erfolgreiche Umsetzung dieser modernen und flexiblen Unternehmensstrategien setzt jedoch hohes Engagement und viel Kreativität der Manager und Mitarbeiter voraus. Deren Wandlungsfähigkeit wird zur größten Herausforderung dieser Zeit. Hier haben wir einen der größten „Kittel-Brenn-Faktoren" der Unternehmen. Die Bereitschaft der Mitarbeiter, sich zu wandeln, sich den neuen Anforderungen des Marktes anzupassen und in Echtzeit zu reagieren, lässt meist zu wünschen übrig. Daher verwundert es auch nicht, dass mehr als 60 % der Change-Management-Projekte scheitern. Warum? Weil keiner mitmachen will. Viele Menschen sind Gewohnheitstiere, die sich nur unter erheblichem Widerstand, langsam und träge wandeln. Heutzutage kann diese „interne Wachstumsbremse" ein Unternehmen die Existenz kosten. Was fehlt, ist das Setzen neuer Impulse und vor allem der richtigen Impulse. Eine große Herausforderung an das Management. Dieses kann und darf nicht delegiert werden, sondern muss vom Management direkt initiiert und auch gelebt werden. Gerade neue Impulse innerhalb eines Unternehmens in Form von Umstrukturierungen und Entwicklung innovativer Beziehungsnetzwerke schaffen neue Potenziale für mehr Wachstum. Das Erfolgskonzept für eine wachstumsorientierte Beziehungsqualität innerhalb eines Unternehmens nennt sich Clienting Inside.

Clienting Inside ist der systematische Aufbau einer neuartigen Verschmelzung von Mitarbeitern und Führungskräften mithilfe eines Beziehungsnetzwerkes und persönlicher sowie elektronischer Informationsnetzwerke. Steht der Begriff Clienting für den systematischen Aufbau von erfolgreichen Kundenbeziehungen, so liegt der Fokus von Clienting Inside auf der Beziehungsqualität innerhalb eines Unternehmens. Denn eines ist klar: Nur zufriedene Mitarbeiter schaffen zufriedene Kunden. Somit ist die Beziehungsqualität zwischen den Mitarbeitern und Führungskräften das

Zünglein an der Waage für unternehmerischen Erfolg. Damit entwickelt sich Clienting Inside zum wichtigsten Aktivposten eines Unternehmens und stellt gleichzeitig das wertvollste Kapital dar. Das Clienting-Inside-Konzept geht aber noch weiter und hat als Vision die Chance, den Mitarbeiter zum Mit-Unternehmer zu machen und ihn mitverantwortlich in sämtliche Geschäftsprozesse zu integrieren.

Gut ausgebildete, kreative und engagierte Mitarbeiter sind das Rückgrat jeder Firma. Henry Ford hat noch gestöhnt: „All I want is a pair of hands, unfortunately I must take them with a person attached." Und noch heute fragt man häufig nicht: „Was kann der Mitarbeiter?", sondern „Was kann er nicht?". Und weil das falsch ist, setzt sich die Einsicht durch, dass Human Power die Qualität einer Firma ausmacht. Eine amerikanische Studie ergab, dass durch Weiterbildung der Mitarbeiter der Wert eines Unternehmens deutlicher steigt als etwa durch den Kauf neuer Maschinen. Eine Studie von Siemens Business Services bestätigt es: Ein Drittel aller untersuchten Unternehmen hat die Entwicklung der Mitarbeiterpotenziale bereits in einer eigenen Stabsstelle angesiedelt, bei den größeren Unternehmen bereits über 40 %. Von 564 befragten Führungskräften sehen 72 % in der Aus- und Weiterbildung die größte Herausforderung der nächsten Jahre *(Studie von Center for Creative Leadership).* Die Entwicklung der Fähigkeiten der eigenen Mitarbeiter wird immer mehr als ein zentrales Moment der Unternehmensstrategie gewertet *(Ergebnis der Studie „Wissen und Lernen 2010", die Siemens Business Services in Auftrag gegeben hat).* Die Aussage „45 % mehr Leistungsfähigkeit der Mitarbeiter durch Weiterbildung" so die Studie 2000 von der „American Society for Training and Development (ASTD)", spricht für sich. Unternehmen, die nicht in die Aus- und Weiterbildung ihrer Mitarbeiter investieren, schwächen ihre Leistungsfähigkeit um bis zu 22%. Das menschliche Kapital verliert zu oft an Wert, da Manager und Unternehmen versäumen, aus dieser Investition Kapital zu schlagen. Was vielen Unternehmen fehlt, ist, dem konstanten Grundbedürfnis der Mitarbeiter nach Weiterentwicklung und Kompetenzerweiterung zu entsprechen.

Motivation der Mitarbeiter spielt deshalb eine wichtige Rolle. Kunden durch Clienting in ein partnerschaftliches Netzwerk einzubeziehen funktioniert nur, wenn auch die Mitarbeiter zu Partnern werden. In vielen Firmen ist das keineswegs selbstverständlich. Da sagt der Chef, wo es langgeht. Dort gilt noch immer das Prinzip der Hierarchie. Vor allem in den alten Schornsteinindustrien geht es noch um Management- und Organisationsformen, die vor 120 Jahren eingeführt wurden und nur einen Refrain kennen: Ordnung, Ordnung über alles. Doch gute Mitarbeiter verfügen über andere Qualitäten. Ihre Merkmale sind Kreativität, Selbstverantwortung, Flexibilität. Hierarchien sind in der Wirtschaft endgültig out. Wir erleben das jeden Tag im Internet, dem wohl erfolgreichsten System der Zusammenarbeit. Das Internet breitet sich durch Vernetzung aus. Das Internet kennt keine Hierarchie, keine Chefs und Untergebene. Niemand sagt dem anderen, was er zu tun hat. Jeder Teilnehmer bringt seine Stärken und Ideen ein.

Vernetzung bedeutet: Alle profitieren von allen. Vielen Managern ist dieses System unheimlich. Einleuchtender erscheint ihnen, mit Kunden auf einer Beziehungsebene zu verkehren, die beiden Seiten nutzt. Kunden, so ihre Logik, erwarten Vorteile.

Die erwarten auch Mitarbeiter. Aber die haben sie doch, entgegnen viele Manager und verweisen auf feste Arbeitszeiten und Gehalt. Doch ein garantierter Feierabend ist in Unternehmen der Hightech-Branchen schon lange kein Kriterium mehr. In vielen Büros von Elitefirmen brennt auch spät abends noch das Licht, ohne dass die Mitarbeiter zu Überstunden aufgefordert würden. Und auch Geld hat als entscheidender Motivationsfaktor längst an Bedeutung verloren. Geld verdienen allerdings nicht. Deshalb entstehen auch immer mehr Anreizsysteme durch Beteiligungsmodelle für Mitarbeiter in Form von Aktienoptionen und ähnlichen Angeboten. Ich gehe davon aus, dass erfolgreiche Unternehmen ihre Mitarbeiter in Zukunft immer häufiger auf irgendeine Form am Erfolg des Unternehmens beteiligen werden.

Wenn aber nicht Geld der Anreiz für Mitarbeiter ist, sich für ihre Aufgabe einzusetzen, was dann? Sind es die kleinen Annehmlichkeiten, die ich bei meinen Besuchen von Startup-Unternehmen im Softwarebereich gelegentlich beobachtet habe? Da gab es auf allen

Fluren und Gängen Körbe mit Gummibärchen, Schokoriegeln, Erdnüssen und anderen Leckereien. Diese Körbe waren im ganzen Unternehmen verteilt. Jeder Mitarbeiter griff sich, was ihm gerade schmeckte. Dann tauchte eine Reinigungsfirma auf und brachte einen gereinigten Anzug und gebügelte Hemden zurück. Auf einem Tisch sah ich die Reste einer Geburtstagstorte. Da wurde mir bewusst, dass Arbeits- und Privatleben auf derselben Idee basieren: Spaß am Leben.

Spaß an der Arbeit können Führungskräfte mit einem einzigen Satz zerstören, indem sie nämlich verkünden: „Jeder ist ersetzbar!" Wenn ich diesen Satz in einer Firma höre, weiß ich, dass die Motivation halbiert ist und damit doppelt so viele Mitarbeiter benötigt werden, um das Gleiche zu schaffen wie ein hoch motiviertes Team.

Ebenso kann man natürlich durch Schlüsselsätze die Menschen motivieren. Der erste heißt: „Ich brauche Sie!" Dieser Satz vermittelt nicht nur dem Mitarbeiter, dass er akzeptiert ist und gebraucht wird. Er macht auch deutlich, dass die Führungskraft, die diesen Satz sagt, dies begriffen hat.

Der zweite Schlüsselsatz lautet: „Ich verlasse mich auf Sie!" Kaum ein anderer Satz vermittelt deutlicher die Wirkung einfacher Botschaften. Denn der Führungsanspruch der Zukunft heißt: Wie führt sich das Unternehmen selbst? Und nicht: Wie führe ich das Unternehmen? Das ist der Grund, weshalb ich beim Aufbau eines neuen Unternehmens klassische Führungsstrukturen strikt ablehne. Ich gehe so weit, dass jeder Mitarbeiter im Unternehmen eine Ergebnis- und Profitverantwortung übernimmt. Jeder Mitarbeiter hat drei Aufgaben zu erfüllen, Verantwortung für Aufbau und Ergebnis seines Geschäftsfeldes, seine Kompetenz und Basics wie etwa die Organisation einer Buchhaltung für seinen Zuständigkeitsbereich. Auf diese Weise sind Mitarbeiter nicht länger Untergebene, sondern werden zu Teilhabern.

Der entscheidende Motivationsfaktor: Jeder hat Lust auf Erfolg. Jeder hat Lust, gut zu sein. Das ist der Ansatzpunkt für Unternehmen, ihren Mitarbeitern die Möglichkeit zu geben, ihre besonderen Fähigkeiten zu entwickeln. Eine gute Führungskraft nutzt die positiven Faktoren des Mitarbeiters. Er wird zum Coach seiner Leute.

Und wie geht das?

Indem man gemeinsam eine Vision erarbeitet! Eine Vision ist Herz und Antriebsenergie eines Unternehmens. Jeder braucht sie. Eine Vision ist kein Produkt, sondern der Glaube an die Realisierung einer Idee, etwas Imaginäres. Man kann sie nicht anfassen. Sie ist die Herausforderung, etwas zu schaffen, was es bislang noch nicht gegeben hat. Das hat wenig mit unserem Businessdenken zu tun, in der es um Facts, Figures und Logik geht. Aber wir wissen, dass die meisten Menschen keineswegs logisch sind. Deshalb müssen wir ihnen nur sagen, dass wir einen Traum verwirklichen möchten.

Als Führungskraft müssen Sie die Botschaft vermitteln: *Wir werden die Besten auf unserem Gebiet!* Geben Sie Ihrer Mannschaft die Träume, mit denen sie die Welt verändern kann. Geben Sie ihr die Chance, gemeinsam mit Ihrer Hilfe etwas zu leisten, das normalerweise nicht zu erreichen ist. Dann haben Sie höchst motivierte Mitarbeiter in Ihrem Boot.

Die Wirkung solcher Motivation bleibt nicht auf die Mitarbeiter beschränkt. Auch die Aufgabe, das Interesse von Kunden in den Mittelpunkt Ihres Unternehmens zu stellen, bedarf fortgesetzt neuer Motivation. Deshalb lebt Clienting von Visionären, die mit ihren Mitarbeitern immer wieder daran arbeiten, besser und noch besser für die Kunden zu werden.

Was aber zählt dann noch, wenn die Bezahlung im Beruf nicht mehr so wichtig ist? Wenn der Unterschied zwischen Frei- und Arbeitszeit für engagierte Mitarbeiter an Bedeutung verloren hat? Lassen Sie Ihre Mitarbeiter antworten und eine Liste erstellen, welche positiven Eigenschaften eine Familie hat. Und dann stellen Sie die Frage: Welche dieser Eigenschaften können Sie nicht auf eine Firma übertragen? Sie werden feststellen, dass praktisch alle diese Eigenschaften übertragbar sind, ohne Ausnahme.

Heute fällt es Unternehmen immer schwerer, ihre Mitarbeiter zu motivieren und Visionen zu kommunizieren. Dabei ist es ganz einfach: Motivation ist der Drang, der uns dazu bewegt, etwas zu tun. Kaum noch ein Mitarbeiter hat heute wirklich eine innere

Beziehung zu seiner Firma. Besonders junge Menschen tendieren zum Jobhopping, und kaum ein Angestellter kann heute noch ein langjähriges Firmenjubiläum feiern. Ändern wir die Grundregeln: Was gut ist für die Firma, ist gut für den Mitarbeiter. Es geht um ein partnerschaftliches Verhältnis auch innerhalb einer Firma. Ein Mitarbeiter begreift seine Selbstverantwortung, wenn er das Unternehmen als Plattform begreift, mit dessen Hilfe er seinen Interessen nachkommen kann. Der Mitarbeiter muss begreifen, dass er selbst verantwortlich ist, denn es geht um seinen eigenen Erfolg und damit um sein eigenes Leben. Suchen Sie sich deshalb die richtigen Partner. Dabei müssen sich Unternehmen öffnen und auf eine Zeit des Wandels einstellen. Ein Unternehmen wird dann erfolgreich sein, wenn seine Mitarbeiter die Bedeutung der Anpassungsfähigkeit erkannt haben. Geben Sie ihnen die Chance, ihre Potenziale optimal für das Unternehmen einzusetzen. Nehmen Sie Ihren Mitarbeitern die Angst. Nehmen Sie Ihre Mitarbeiter ernst, und sie werden sich auch gewissenhaft einbringen. Oftmals fehlen einem Mitarbeiter einfach die Hilfsmittel, um seine Arbeit als Aufgabe selbst zu organisieren. Setzen Sie Ziele zusammen mit den involvierten Mitarbeitern. Durch das Aufschreiben von Zielen werden diese greifbar, sie werden sozusagen Realität. Dieser konkrete Vorsatz sollte dann vom Team als angestrebtes Ziel gemeinsam verfolgt werden. Konzentrieren Sie Ihre Aufgabenverteilung dabei auf die Stärken der Mitarbeiter. Kennen Sie die Schwächen und Stärken Ihres Teams, so können Sie die Aufgaben an diejenigen verteilen, die Begeisterung für die Tätigkeit aufbringen. Dabei erreichte Ziele werden zu neuen Erfolgserlebnissen und bekräftigen die Stärken des Mitarbeiters. Somit ist es eigentlich ganz einfach: Nicht nur mehr Geld und Freiheiten, sondern mehr Verantwortung und Erfolge motivieren jeden Mitarbeiter. Damit Ihre Mitarbeiter wirklich Menschen werden, die mit an Ihrem Unternehmen arbeiten, sollten Sie sie zu einem Teil davon machen. Damit werden auch die menschlichen Fähigkeiten wie Zuverlässigkeit, Vertrauen und Authentizität wiederentdeckt. Wesentlich effektiver ist es heutzutage, den Mitarbeiter als zentrale Einheit eines Unternehmens zu verstehen.

Nehmen wir das Beispiel eines Verkäufers. Der Verkäufer gehört zu den wenigen Menschen mit einer Doppelfunktion. Er ist ein Einzelkämpfer, denn beim Kunden muss er alleine diesen überzeugen. Gleichzeitig ist er Teil eines Teams. Und genau das ist häufig sein Problem. Verkäufer sind in vielen Firmen isoliert, denn sie sind immer draußen. Zugleich suchen Verkäufer den Informationsaustausch mit den Kollegen. Eine Umfrage nach den Kündigungsgründen von Verkäufern kommt zu dem Ergebnis: Die Motivation ist dann groß, wenn regelmäßiger Erfahrungsaustausch stattfindet. Deshalb sollten sich Mitarbeiter und Team regelmäßig treffen und über das Tagesgeschäft hinausgehende Ideen entwickeln und diskutieren.

Die vier Säulen der Mitarbeitermotivation

Fasst man die Möglichkeiten der Motivation von Mitarbeitern zusammen, ergibt sich ein System, das auf vier Säulen basiert. Die erste Säule ist die Forderung: Schaffen Sie eine Vision, einen Traum. Immer mehr Menschen sind heute auf Sinnsuche. Wenn wir sie dabei unterstützen, wird die Firma zu einem guten Teil Sinnersatz für Mitarbeiter, die ihren Job nicht nur als Beruf, sondern als Berufung verstehen. Die Schlüsselbotschaft lautet: Ich will Sie! Ich stelle immer häufiger fest, dass nicht mehr wie früher einzelne Topmanager von einem Unternehmen zum anderen wechseln, sondern ihre gesamte Führungsmannschaft mitbringen. Das kommt der Aufwertung jedes einzelnen Teammitglieds gleich.

Die zweite Säule betrifft das soziale Spielfeld, auf dem sich die Mitarbeiter wie in einer Großfamilie fühlen. Wir haben in meinem Unternehmen viele Jahre erfolgreich nach einem ganz einfachen Verfahren gearbeitet. Ich habe meine Mitarbeiter gebeten, auf einem Blatt Papier eine Skala von 1 bis 10 einzutragen und auf dieser Skala festzulegen, wie motiviert sie sich fühlen. Dabei geht es nicht allein um die Zahl. Vielmehr wird sich der Mitarbeiter dadurch selbst bewusst, wie er sich fühlt. Denn hier lautet die Schlüsselbotschaft: Ich brauche Sie!

Drittens folgt die Säule der Partnerschaft. Jede Firma geht Partnerschaften mit anderen Unternehmen ein. Häufig wird aber übersehen, dass es auch eine Partnerschaft mit Mitarbeitern gibt. Dabei handelt es sich um den viel zitierten Teamgeist, um das Gefühl, gemeinsam Großes zu leisten. Es geht darum, den Mitarbeitern sagen zu können: Ich verlasse mich auf Sie! Zugleich ist die Partnerschaft ein wichtiger Schritt zu der Erkenntnis, dass es darum geht, Menschen zu gewinnen. Mitarbeiter sagen dann: Ich bin erfolgreich, wenn ich zu Kunden freundlich bin.

Die vierte Säule führt diesen Gedanken weiter, denn hier steht der Mensch im Mittelpunkt der Unternehmensstrategie. Wesentlich sind dafür eine Hand voll von Erkenntnissen: Jeder Mensch ist ein Individuum. Wir müssen die Menschen so nehmen, wie sie sind. Wir müssen ihre Stärken und Schwächen akzeptieren. Die Schlüsselbotschaft lautet: Ich mag Sie! Allerdings sollten Sie bei der Einstellung neuer Mitarbeiter darauf achten, dass sie Ihren grundsätzlichen Idealen entsprechen. Damit berücksichtigen Sie zugleich die steigende Bedeutung von Beziehungskompetenz und sozialer Kompetenz. Die Rolle der Personalentwicklung gewinnt tatsächlich immer mehr an Bedeutung. Personalprofis müssen weit mehr Funktionen ausüben als heutzutage üblich.

Die Personalexperten eines Unternehmens müssen sich innerhalb des Unternehmens und auf dem mittlerweile immer größer werdenden Markt an Arbeitskräften auf die Suche nach dem idealen Mitarbeiter machen, der das angestrebte Tätigkeitsprofil ideal abdeckt und sich in ein bestehendes Team integriert. Personalmanagement darf keinesfalls als ein einfach strukturiertes Konzept angesehen werden, sondern als ein sehr komplexer und systematisierter Prozess. Der Prozess beginnt damit, geeignete Mitarbeiter zu gewinnen, und endet bei den Plänen und Konzepten, wie sie gefördert und vor allem gehalten werden können. Jeder Schritt muss sorgsam und systematisch vorbereitet und durchgeführt werden, um den Erfolg des Unternehmens nachhaltig zu sichern. Denn es wird nicht so viele talentierte Kandidaten geben, wie die neue Wirtschaft sie braucht. Die meisten Unternehmen sind auf diesen „Krieg der Talente“ überhaupt nicht vorbereitet.

Die veränderten Anforderungen des Marktes

Früher wurden angebotene Lösungen von den Kunden akzeptiert, ohne dass die Verkäufer lange verhandeln mussten. Die Produkte wurden gekauft, weil der Bedarf groß und die Konkurrenz viel geringer war als heute. Inzwischen hat sich jedoch einiges grundlegend geändert: Viele neue Wettbewerber sind auf den Markt gekommen, Patente sind abgelaufen. Ein internationaler Wettbewerb ist entstanden, der sich im europäischen Binnenmarkt noch verstärken wird. Diese veränderten Marktbedingungen *haben erhöhte Anforderungen an die Leistungsfähigkeit unserer Mitarbeiter mit sich gebracht.*

Hiervon sind vor allem die Verkäufer betroffen. Sie sollen folgendem *Anforderungsprofil* gerecht werden: Sie sollen Planer, Systemspezialist, Betriebswirt, Controller, Psychologe, Teamleader, Berater und Freund in einer Person sein. Es wird sehr schwierig für die Verkäufer, diesen enormen Ansprüchen gerecht zu werden.

Gleichzeitig bedeutet dies, dass die Mitarbeiter dahingehend motiviert werden, dass sie sich in einem viel stärkeren Maße als bisher mit dem Unternehmen und dessen Zielsetzungen auseinander setzen müssen.

Der Wertewandel im Bewusstsein unserer Mitarbeiter

Während auf der einen Seite der Markt noch mehr Leistungskraft und Einsatzbereitschaft von unseren Mitarbeitern verlangt, gibt es auf der anderen Seite einen Wertewandel bei vielen Menschen: Für immer mehr ist *Karriere* heute nicht mehr das oberste Ziel und wird nicht mehr gleichgesetzt mit persönlicher Zufriedenheit. Ziele wie z. B. „Ein glückliches Familienleben führen" oder „Die eigenen Fähigkeiten kreativ weiterentwickeln" haben dem Karrierestreben in vielen Fällen den ersten Rang abgelaufen.

Hierzu ein Schlüsselerlebnis aus eigener Erfahrung: Ein mir bekannter Manager, der in der Zeitschrift *Capital* als Topführungskraft vorgestellt wurde, hat zahlreiche Firmen sehr erfolgreich saniert. Als ich ihn bei der letzten Firma fragte, ob denn jetzt bald die nächste an die Reihe käme, entgegnete er: „Wissen Sie, ich habe meine Arbeit lange gemacht. Aber jetzt werde ich diese Firma noch

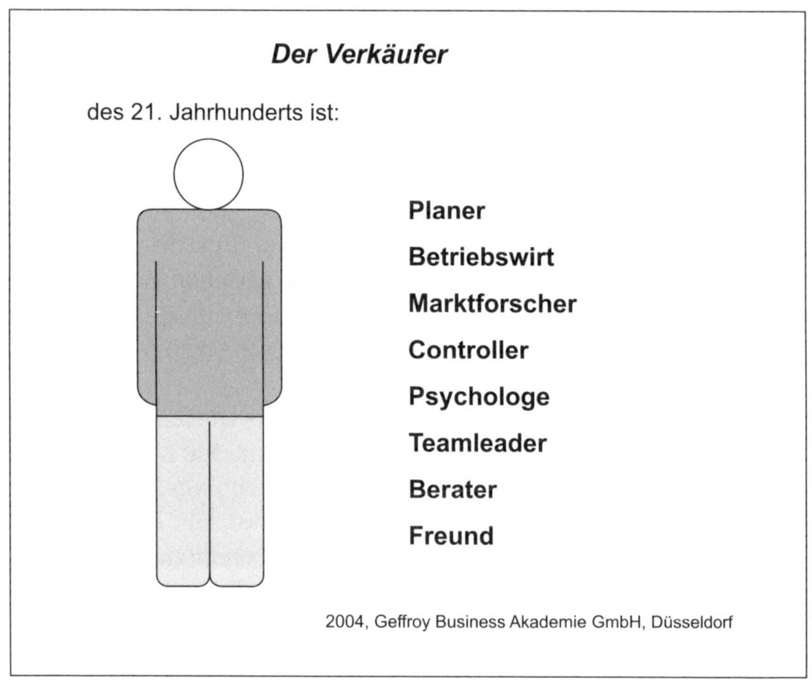

zwei bis drei Jahre auf Vordermann bringen, und dann werde ich in dieser Firma auch bleiben. Ich möchte mich endlich einmal um meine Familie kümmern." *Dieses neue Setzen von Prioritäten* ist heute typisch für immer mehr und insbesondere jüngere Mitarbeiter, aber auch für Führungskräfte. Und wir müssen uns damit auseinandersetzen, wenn wir unseren Erfolg auch in den nächsten Jahren sichern wollen.

Die veränderten Wertvorstellungen bedeuten nicht, dass es heute kein Erfolgsstreben bei den Mitarbeitern mehr gibt. Es gibt immer noch den Wunsch, etwas zu bewegen, derjenige zu sein, der sagt: „Ich bin stolz, dass wir den Auftrag bekommen haben und nicht die Konkurrenz zwei Straßen weiter." Nur sind es andere Wege als früher, um diese positiven Faktoren zu nutzen.

Welche Möglichkeiten gibt es, um unsere Mitarbeiter, und hier speziell unsere Verkäufer, auch unter veränderten Bedingungen erfolgreich zu motivieren?

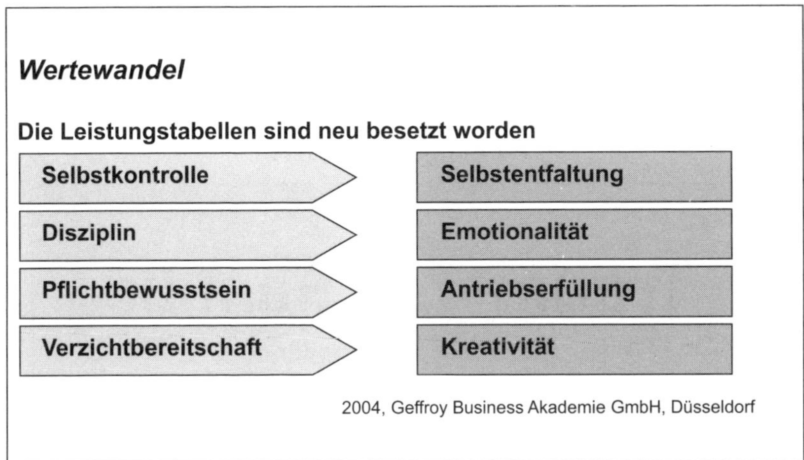

Was Verkäufer wirklich anspricht und wo sie ihre Sorgen haben

In meinem Buch *Zeitmanagement für Verkäufer* stelle ich die Behauptung auf – die ich auch belegen kann –, dass die Verkäufer heute ein soziales Problem bekommen, wenn sie sich nicht mit der Firma identifizieren können. Aus folgendem Grund: Wenn der Verkäufer den heutigen hohen Anforderungen gerecht werden will, dann ist er genauso von den Arbeitszeitdiskussionen ausgeschlossen wie die Führungskräfte, ohne jedoch die gleiche soziale Akzeptanz wie diese in der Gesellschaft zu erfahren. Während eine Führungskraft allein schon deshalb so lange arbeiten muss, weil sich das nach herrschender Meinung so gehört, findet der Verkäufer für seinen Arbeitseinsatz wenig Verständnis.

Diese Probleme drehen sich im Kopf vieler Verkäufer. Wenn wir es hier nicht schaffen, einen Gegenpol zu setzen, springen uns die Leute scharenweise ab mit der Begründung: „Der Außendienst ist auch nicht mehr das Wahre. Ich gehe in eine andere Firma und spiele da mal den Tüftler."

Wir haben also in den kommenden Jahren einen Verkäufertyp, der anders motiviert werden muss und der ein anderes Selbstverständnis hat als der Verkäufer in der Vergangenheit. Es wäre nun kurzsichtig zu glauben, das Problem ließe sich mit einer höheren Bezahlung lösen. Man spricht zwar heute von einer gerechten

Entlohnung, aber das heißt etwas anderes als Maximierung der Provision.

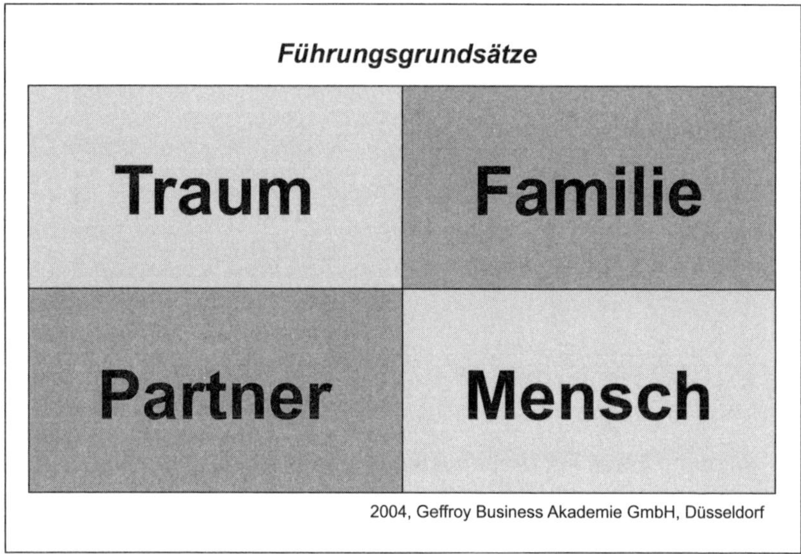

Entscheidend ist, dass wir dem Verkäufer ein anderes soziales Umfeld bieten. Wir müssen ihm und allen anderen Mitarbeitern die Möglichkeit geben, in unserer Firma erfolgreich zu sein und anerkannt zu werden. Denn wenn es diese Möglichkeit in der Firma nicht gibt, werden sie sich ihre Erfolgserlebnisse in der Freizeit holen.

Die heutigen Diskussionen über Arbeitszeitverlängerung ohne Lohnausgleich und der Trend in Richtung 40-Stunden Woche und mehr baut in den Unternehmen eine große Motivationshürde auf. Aufgrund der schwierigen Arbeitsmarktsituation nehmen Mitarbeiter durch Beschäftigungs- und Standortgarantien die Freizeitverluste durch Mehrarbeit gerne hin. Jedoch kostet dieser Weg ein großes Stück an Privatleben, an Freizeit. Umso schwerer ist es, die Motivation der Mitarbeiter aufrechtzuhalten. Hier liegt die Kunst der Führungskräfte, verstärkt die Identifikation mit dem Unternehmen und das Wir-Gefühl zu kommunizieren. Also ist es die zentrale Aufgabe, sich mit den Mitarbeitern intensiver zu beschäftigen. Die richtige Formel muss lauten: Mitarbeiterzufriedenheit -> Kundenzufriedenheit -> Profitabilität.

Welche Wege gibt es nun konkret, um für eine gute Motivation unserer Mitarbeiter und speziell unserer Verkäufer zu sorgen?

Führungsmerksatz

Ich will Sie	*Ich brauche Sie*
Traum	**Familie**
Ich verlasse mich auf Sie	*Ich mag Sie*
Partner	**Mensch**

2004, Geffroy Business Akademie GmbH, Düsseldorf

Machen Sie den Verkäufer zur wichtigsten Person in Ihrem Haus

Früher stand der Verkäufer in vielen Unternehmen ganz unten in der Hierarchie. Es erschien vielen Unternehmensleitungen auch gar nicht erforderlich, den Verkäufer besonders zu motivieren, denn wie bereits erwähnt: Früher wurden die Produkte verkauft, ohne dass sich der Verkäufer besonders anstrengen musste.

Wie oft wurde gesagt: „Also, wir brauchen auch noch so ein paar Jungs, die uns die Sachen verteilen, große Investitionen sind dafür nicht nötig, und schöne Büros sind auch nicht erforderlich. Die sollen froh sein, dass sie in unserem Unternehmen überhaupt mitarbeiten dürfen." Doch diese Einstellung ist aufgrund der veränderten Marktbedingungen nicht mehr tragbar.

Wenn wir in Zukunft überhaupt noch aktiv und erfolgreich sein wollen, müssen wir den Spieß umdrehen. Dann müssen wir den Verkäufer an die erste Stelle setzen und die logische Konsequenz aus dem verwirklichen, was die Amerikaner so treffend „no client, no company" nennen.

Gegensatz oder Chance?

Freizeit	Arbeitszeit
Familie	Firma
Spaß	Herausforderung
Sport	Erfolg
Hierarchie	Heterarchie
Zentrale Steuerung	Selbststeuerung

2004, Geffroy Business Akademie GmbH, Düsseldorf

Deswegen ist der Verkäufer in Zukunft in einer ganz anderen Situation. Er muss gestreichelt und unterstützt werden.

Was meinen Sie, wie viele frustrierte Verkäufer zu mir sagen: „Herr Geffroy, tun Sie mir einen Gefallen, sagen Sie dem Geschäftsführer um Gottes Willen einmal, dass wir wichtig sind." Wie oft gebraucht so mancher Vorgesetzte den KillersatzNummer 1 für die

Zitat

Der größte Killersatz:

Jeder ist ersetzbar

unbekannt

2004, Geffroy Business Akademie GmbH, Düsseldorf

Motivation: „Meine Herren, jeder ist ersetzbar! Ich lasse mich doch von Ihnen nicht unter Druck setzen." Im Gegensatz dazu sollten Sie Ihre Anerkennung ausdrücken, indem Sie zu Ihrem Verkäufer sagen: „Wissen Sie, wer der wichtigste Mann hier ist? Der wichtigste Mann, das sind Sie. Ich brauche Sie, und ich verlasse mich auf Sie. Denn wenn Sie nicht die Aufträge hereinholen, dann können wir unsere Firma zumachen."

Bieten Sie Ihren Mitarbeitern die Möglichkeit, sich schöpferisch weiterzuentwickeln

Die Weiterentwicklung der eigenen Fähigkeiten ist heute ein ganz wichtiges Ziel für die meisten Menschen. Sie wollen kreativ sein und sich in ihrer Arbeit weiterentwickeln, statt einer stupiden Arbeit nachzugehen und nach „Schema F" zu arbeiten. Geben Sie deshalb den Mitarbeitern die Möglichkeit, zu tüfteln und selbst schwierige Probleme selbstständig oder im Team zu lösen.

Führungscredo der Zukunft

Früher	**Wie führe ich ein Unternehmen?**
Heute	**Wie führen wir ein Unternehmen?**
Zukünftig	**Wie führt sich das Unternehmen selbst?**

2004, Geffroy Business Akademie GmbH, Düsseldorf

Wir sind z. B. ein Unternehmen, das sehr aufmerksam auf technologische Neuentwicklungen und Ideen reagiert. Wenn ich dann frage: „Wäre das nicht etwas für uns?", dann sitzt der angesprochene Mitarbeiter meist bis spät abends vor seinem Bildschirm und arbeitet ein geeignetes Konzept aus. Und er genießt die Zeremonie, wenn er am nächsten Morgen dieses Konzept präsentieren kann.

Natürlich wird nicht jede Lösung, die Ihnen ein Mitarbeiter präsentiert, optimal sein. Loben Sie ihn trotzdem. Und sehen Sie darin eine Gelegenheit, zusammen mit dem Mitarbeiter daran weiterzuarbeiten und die gemeinsam entwickelte optimale Lösung umzusetzen. Wenn Sie Ihre Mitarbeiter etwas schaffen lassen, das sie fordert und woran sie Spaß haben, und wenn Sie ihnen die Chance geben, ihre Ideen durchzusetzen, bieten Sie ihnen so eine wichtige Möglichkeit der *Selbstverwirklichung.*

Sorgen Sie für eine familiäre Atmosphäre in Ihrem Unternehmen

Ein glückliches Familienleben steht heute in der Werteskala der meisten Menschen ganz oben. Wenn es uns also gelingt, eine solche Atmosphäre auch in unserer Firma zu schaffen, so dass man den Eindruck hat, in einer Großfamilie zu arbeiten, und darüber glücklich ist, dann ist heute viel gewonnen.

Bilden Sie dazu Teams, in denen es keine Hierarchiestufen gibt. Vielmehr sollten sie von einem Partnerschaftsgefühl bestimmt sein. Und jeder sollte in der Gewissheit arbeiten können: „Gemeinsam schaffen wir es." Wenn Sie in solchen kleineren Einheiten arbeiten, werden Sie sehen, wie *positiv sich eine familiäre Atmosphäre auf die Leistungen der Mitarbeiter auswirkt.* Und lassen Sie auch die Ehepartner Ihrer Mitarbeiter am Erfolg teilhaben. Denn ein intaktes Familienleben ist immer noch die beste Voraussetzung für die Einsatzfreude der Mitarbeiter.

Bringen Sie in Ihr Unternehmen die positiven Eigenschaften hinein, die für eine Familie zutreffen, wie z. B. gegenseitige Hilfe, Lob, Schutz, Anerkennung und Verständnis füreinander, gemeinsames Feiern von Erfolgen und Trost bei Niederlagen. Natürlich streitet man auch in der Familie gelegentlich, warum auch nicht, ist doch danach die Versöhnung immer am schönsten.

Bei einer Umfrage unter jüngeren Menschen wurden auf die Frage, welches die wichtigsten Anforderungen in der Arbeitswelt seien, neben Fleiß auch Selbstständigkeit und Selbstvertrauen genannt. Dieses Rollenverständnis geht über anerzogene Vorstellungen hinaus. Inzwischen gehören Lebensfreude, Offenheit und Ehrlichkeit zu den wichtigsten Werten der jungen Generation. Warum sollten wir diese Faktoren nicht in den Arbeitsalltag einbringen? Und gemeinsam lachen mit den Mitarbeitern?

Im Zusammenhang damit haben wir sehr gute Erfahrungen mit der Einführung von Projektabenden gemacht. Wir treffen uns einmal pro Monat, und die Teilnahme ist freiwillig. Trotzdem sind immer alle da. Es werden Themen diskutiert, die nicht von der Geschäftsleitung, sondern von den Mitarbeitern kommen. Diese *Projektabende* bringen einen doppelten Nutzen: Zum einen wächst das Verständnis füreinander stark, und andererseits kommen auch viele neue Ideen heraus, die gemeinsam weiterentwickelt werden.

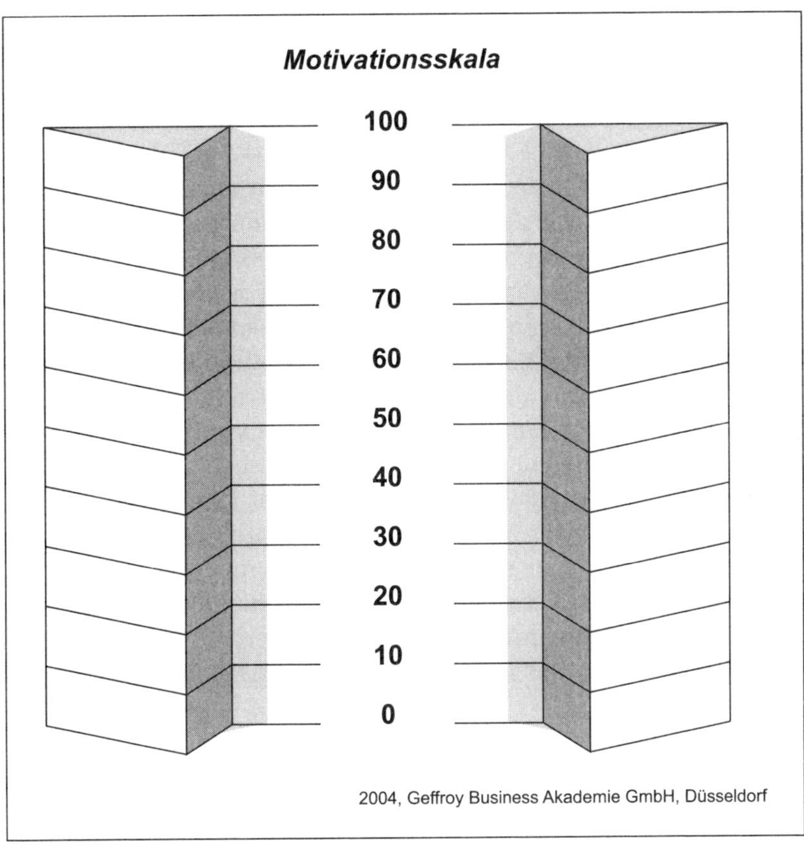

Ebenfalls gute Erfahrungen haben wir mit der Einführung einer Liste gemacht, in die wir unsere Mitarbeiter von Zeit zu Zeit eintragen lassen, wie motiviert sie sich fühlen. Wenn sich dann z. B. bei einem halbjährlichen Vergleich eine niedrigere Motivation ergibt, wissen wir, dass irgendetwas im Unternehmen vorgefallen ist, mit dem wir uns auseinander setzen müssen. Gleichzeitig haben wir so auf praktische Art und Weise eine Diskussionsgrundlage für ein Gespräch mit unseren Mitarbeitern in der Hand.

Bieten Sie Ihren Mitarbeitern einen regelmäßigen Informationsaustausch

Auch *mehr Offenheit bei der Weitergabe von Informationen* ist heute ein wichtiger Erfolgsfaktor. Wie oft höre ich Mitarbeiter in Firmen den Satz sagen: „Wenn man uns die Informationen doch weitergeben würde, dann könnten wir etwas daraus machen." Besonders die Verkäufer sind auf mehr Offenheit im Informationsfluss angewiesen, denn sie sind durch eine Doppelfunktion belastet: Auf der einen Seite müssen sie Einzelkämpfer sein und beim Kunden alleine reden und überzeugen, auf der anderen Seite sind sie in das Team der Mitarbeiter eingebunden. Dort stehen sie jedoch immer etwas isoliert da, weil sie ja nur selten im Haus sind. Bei einer Untersuchung hat man entsprechend festgestellt, dass die Kündigungsrate von Verkäufern dann am niedrigsten war, wenn ein regelmäßiger Informations- und Erfahrungsaustausch stattfand.

Auch hier können wir wieder auf die neuen Informationstechnologien zurückgreifen. Das effektivste Medium, um wichtige Informationen und Daten allen Mitarbeitern bedarfsgerecht und zeitgleich zur Verfügung zu stellen, ist das Intranet oder Internet. Mithilfe von Mitarbeiterportalen kann rund um die Uhr firmeninternes Wissen kommuniziert und multipliziert werden. Der Austausch von Informationen und von Wissen findet so interaktiv und in Echtzeit statt. Daher sollten Unternehmen spätestens jetzt die Affinität der Mitarbeiter zu den neuen Informationstechnologien forcieren und sie in die digitale Welt begleiten. Viele Unternehmen haben es bereits umgesetzt und somit einen wesentlichen Informationsvorsprung erreicht.

Geben Sie Ihren Mitarbeitern eine Vision

Eine herausfordernde Vision mobilisiert die Energien, die Kreativität und die Begeisterung der Mitarbeiter in ungeahntem Ausmaß.

Wir müssen den Mitarbeitern eine Botschaft vermitteln, bei der es um mehr geht als um Umsätze oder das Erzielen bestimmter Deckungsbeiträge, z. B. dass wir gemeinsam etwas Einmaliges schaffen wollen, dass wir die beste Lösung bieten wollen, dass wir in unserem Team etwas erreichen wollen, das normalerweise unmöglich erscheint.

Mit einer solchen Vision müssen sich die Mitarbeiter identifizieren können. Und es muss ihnen möglich sein, stolz auf das zu sein, was sie und ihre Firma leisten.

Dabei muss die Vision immer präsent sein, d. h., wir dürfen die Botschaft nicht nur einmal oder mehrere Male vermitteln. Vielmehr müssen wir sie so lange wiederholen, bis alle sie verinnerlicht haben. Wenn Sie eine Botschaft vermitteln wie z. B. „Wir sind die Besten auf unserem Gebiet, wir haben die beste Systemlösung", werden Sie feststellen, wie Ihre Leute plötzlich „ackern", wenn ein Wettbewerber Ihnen diesen Anspruch streitig machen will.

Seien Sie nicht nur Unternehmensführer, sondern auch Visionär, Botschafter einer Idee. Und bieten Sie Ihren Leuten ein Ideal, an das sie glauben können und das mehr ist, als von morgens bis abends einen Job zu tun. Geben Sie Ihren Mitarbeitern die Möglichkeit, an etwas zu glauben, das irgendwo in der Ferne liegt. Geben Sie ihnen einen Traum vor, der Berge versetzen kann. Und wenn Sie die Botschaft vermitteln: „Ich will Sie, um gemeinsam etwas zu erreichen", dann haben Sie sie in einem Boot.

Mensch gewinnt Mensch

Die Formel für den Erfolg im neuen Jahrtausend heißt: „Mensch gewinnt Mensch". Wenn es uns gelingt, durch unsere *Partnerschaft mit den Mitarbeitern diese als Menschen zu gewinnen,* haben wir die wichtigste Grundlage für eine erfolgreiche Mitarbeitermotivation geschaffen. Und wenn sich unsere Mitarbeiter in unserem Unternehmen wohl fühlen, werden sie dieses Gefühl auch nach außen tragen.

Dies gilt besonders für unsere Verkäufer. Denn erfolgreich sind sie nicht aufgrund eingeübter Verkaufstechniken. Was vor allem für den Kunden zählt, sind neben einem soliden Fachwissen

Freundlichkeit, Zuverlässigkeit und ein sympathisches Wesen. Diese Eigenschaften können unsere Mitarbeiter nur ausstrahlen, wenn sie wissen, dass sie selbst und ihre Leistungen in unserem Unternehmen anerkannt werden und dass sie dort eine Atmosphäre vorfinden, die Freude am Leben nicht ausschließt, sondern sie als wesentliche Voraussetzung für eine erfolgreiche Arbeit begreift.

Gerade unter jüngeren Leuten nimmt die Zahl derer zu, die nach einem Sinn für ihr Leben suchen. Wenn wir sie dabei unterstützen können, dass unser Unternehmen einen Teil dieses Sinns bieten kann, sind wir auf dem besten Wege, unsere Mitarbeiter besser an uns zu binden.

4.2 Menschen im Mittelpunkt

Im Zentrum unternehmerischen Denkens und Handelns ist der Mensch.

Jeder hat ein Geburtsrecht auf Erfolg – eine einfache Formel, um Erfolge zu demokratisieren. Der entscheidende Motivationsfaktor ist, dass „jeder Lust auf Erfolg hat". Jeder hat Lust, gut zu sein. Die meisten Menschen verfügen über das Potenzial, ihre Träume zu verwirklichen. Selbstständigkeit, Selbstmotivation, Einsatzbereitschaft und Konstanz in der Verwirklichung gesteckter Ziele sind dabei die wichtigsten Erfolgsfaktoren. Was fehlt, ist die Idee, eine Vision und daraus resultierend die richtige Strategie.

Die Geheimformel für garantierten Erfolg ist simpel: „Mensch gewinnt Mensch, und keiner gewinnt alleine."

Business wird von Menschen für Menschen gemacht. Jedes gute Geschäft basiert auf einer guten Beziehung zwischen Mitarbeitern und Kunden. Dauerhaft erfolgreich sind nur Strategien, die jenseits des Egoismus partnerschaftliche Werte zum Nutzen aller bieten. Die Integration der Mitarbeiter durch ein umfassendes Mitarbeiterkonzept mithilfe der Clienting-Inside-Methode ist eine zentrale Herausforderung.

Für die zukünftige Elite wird die Kunst der Vernetzung innerhalb eines Unternehmens und natürlich auch nach außen hin eine entscheidende Rolle spielen, elektronisch ebenso wie partnerschaftlich. Hier lernen wir mal wieder von der Natur. Auch sie besteht aus vernetzten Systemen und kann dadurch widerstandsfähiger und schneller auf neue Situationen reagieren. Effektiv funktionierende Mitarbeiterkonzepte sind der Überlebensfaktor, um je nach Wandel mit den geeigneten Menschen neue Lösungskonzepte für die gewandelte Situation schaffen zu können.

Mit Clienting Inside bewegen wir uns mit gewaltigen Schritten direkt auf den Menschen als zentrales Moment erfolgreicher Geschäftsbeziehungen zu. Wer beispielsweise den Begriff „Verkäufer“ im Clienting-Inside-Konzept sucht, der sucht vergebens. Gute Mitarbeiter verstehen sich traditionell als Berater und ausgezeichnete Beziehungsmanager. Sie wissen, dass Sympathie, Offenheit und Vertrauen als erste Kundenbindungsmaßnahme die Grundlage ihres Geschäftes sind. Daher ist Clienting Inside die ausgeprägteste und effektivste Form des Human Business. Durch Clienting Inside hat jeder Mitarbeiter die Möglichkeit, sein Potenzial maximal auszuschöpfen oder sogar sein Tätigkeitsfeld durch Neufokussierung umzustrukturieren. Um neue Geschäftserfolge zu generieren, muss die Definition von Erfolg neu geschrieben werden. Die bekannten Spielregeln, geschaffen durch die Globalisierung, Kostenreduzierung und Konzentration auf Wertschöpfung und Kernkompetenzen, werden in den meisten Unternehmen gelebt. Jetzt stehen die nächsten großen Herausforderungen vor der Tür: die Soft Facts. Die Menschen. Das Personalmanagement wird dabei eine Schlüsselrolle haben. Denn trotz oder gerade weil wir in ein elektronisches Zeitalter hineingehen, werden persönliche Beziehungen eine entscheidende Rolle spielen. Und die sind auch durch ein elektronisches System nicht zu ersetzen.

Unternehmen wissen mittlerweile, dass der Mensch die entscheidende Erfolgskomponente der Zukunft ist. Jedes Jahrzehnt hat ein Thema gehabt, das den Unternehmen, die es konsequent vor allen anderen umgesetzt haben, Wachstumsschübe mit Traumrenditen gebracht hat. Dazu zählten Marketing, Qualitätsmanagement und seit Anfang der 90er Jahre die Wiederentdeckung des Kunden. Firmen, denen es gelungen ist, den Kunden wirklich in den Mittelpunkt zu stellen, gehören heute zur Weltspitze. In zehn Jahren werden wir Partnerschaften anders definieren.

Überall wird es Partnerschaften geben: mit Kunden, mit Mitarbeitern, mit Lieferanten, mit Wettbewerbern oder mit Finanziers. Wir werden lernen müssen, dass das nächste Jahrtausend die Wiederentdeckung des Menschen bedeutet. Menschen werden in Zukunft eine zentrale Rolle in besonders erfolgreichen Firmen spielen.

Doch können wir Beziehungen überhaupt managen? Ja, wir können. Wir müssen nur lernen, dass auch Beziehungen Spielregeln haben. Damit sie nicht zufällig oder unplanbar ablaufen.

Das Feld der Beziehungspsychologie, soweit es Firmenbeziehungen und Beziehungen zu den Mitarbeitern betrifft, steckt noch in den Kinderschuhen. Konsequenzen aus den Erfahrungen werden kaum oder gar nicht gezogen.

Im täglichen Leben haben immer drei Menschen miteinander zu tun:

- der Mensch als Mitarbeiter
- der Mensch als Kunde
- der Mensch als Unternehmer

Fangen wir bei unserem Menschen-Mitarbeiter an. Jemand, den wir zunächst eingestellt haben, damit er uns Arbeit abnimmt, damit wir selbst mehr erreichen können, als wenn wir alleine arbeiten würden, jemand, der für uns die Hauptaufgabe hat, einen Mehrwert für das Unternehmen und den Unternehmer zu erwirtschaften.

Hin und wieder gerät dabei in Vergessenheit, dass es sich eben um einen Menschen-Mitarbeiter handelt, der genau die gleichen Wünsche, Träume und Sorgen hat wie wir selbst, der für sich persönlich ein relativ ähnliches Ziel hat wie der Unternehmer. Er hat auch ein ökonomisches Prinzip und wünscht sich, mit möglichst wenig Arbeit möglichst viel Geld zu verdienen, und sein Streben nach seinem persönlichen Vorteil ist eine absolut legale menschliche Eigenschaft. Genauso wie wir gerne in Wohlstand, Reichtum und einem kleinen bisschen Luxus leben möchten, gilt das auch für jeden unserer Mitarbeiter.

In ihm also den Menschen zu sehen heißt zunächst zu akzeptieren, dass er genauso ein egoistisches Interesse für sich in Anspruch nimmt wie wir unser egoistisches Interesse für uns in Anspruch nehmen.

Grundsätzlich ist dieser Mensch, der in unserem Unternehmen beschäftigt ist, ein Teilerfolg für unser Unternehmen, denn er muss in unserem Namen draußen beim Kunden handeln und sprechen, damit unser Unternehmen erfolgreich ist.

Im Grunde genommen ist der Mitarbeiter für das Unternehmen einer der Lieferanten; er liefert seine Arbeitskraft ab, und wir bezahlen ihn dafür. Genauso, wie wir mit unserem besten Lieferanten meistens auch ein gutes „menschliches" Verhältnis haben, weil wir wissen, dass auch ein Lieferant dann besser und reibungsloser funktioniert, wenn wir auf der Sympathieebene zu ihm Kontakt halten, genauso wird der Mitarbeiter, den wir als Mensch achten, unserem Unternehmen erfolgreicher dienen als derjenige, den wir lediglich als Tagelöhner sehen und behandeln.

Kommen wir zu unserem Menschen-Kunden. Er erwartet z. B. einen Handwerker sehr oft mit den gleichen Gefühlen, mit denen man selbst zu seinem Zahnarzt geht. Er hat ein Stück Angst vor den Dingen, die auf ihn zukommen, und er macht sich Sorgen, ob all das so erledigt wird, wie er es will.

Viele der Handlungen unseres Kunden sind bestimmt von einem „Nicht-Wissen" und einer „Nicht-Information" über das, was wir in seinem Bereich arbeiten.

Bei einigen Kunden führt diese Angst, die sie haben, zu einer durchaus menschlichen Reaktion. Sie werden aggressiv, und diese Aggression entlädt sich dann auf uns in Form von Widerständen, Bösartigkeiten und unnötigen Schwierigkeiten.

Wenn wir uns klar machen, dass sich mancher Kunde uns, den Spezialisten, gegenüber genauso hilflos fühlt, wie wir uns z. B. einem Spezialisten für moderne Datenverarbeitung gegenüber hilflos fühlen, dann werden wir unseren Menschen-Kunden ein gutes Stück besser verstehen und Schwierigkeiten und Risiken vermeiden.

Kommen wir zu dem Menschen-Unternehmer, also zu uns selbst. Einige von uns haben vergessen, dass sie Menschen sind. Vor lauter Arbeit, vor lauter Rotieren, vor lauter Alltag ist für manchen ein Stück Lebensqualität und Lebenszeit verloren gegangen.

Erst ist die Freizeit verloren gegangen, dann die Ehe, dann die Kinder, dann die Freunde, dann die Freude und irgendwann die Kraft und der Sinn und damit der Erfolg im Unternehmen.

„Würden Sie Ihre Gefühle verkaufen?"

In einem sehr klugen Denkexperiment wurde eine Reihe von Menschen einmal befragt, ob sie für eine Million Euro ihre Gefühle verkaufen würden. Und da ein Leben ohne Fühlen von Freude und Leid, von Sieg oder Niederlage, von Macht oder Ohnmacht nicht lebenswert wäre, war die Antwort natürlich nein. Dennoch verkaufen viele Menschen ihre Gefühle längst für viel weniger als eine Million. Es gibt sie, die vergrämten, verarbeiteten, verbrauchten Kollegen, die sich wundern, warum sie keine Kraft mehr haben, erfolgreich zu sein, die sich selbst nicht mehr motivieren können und sich von den Zwängen, die sich im Laufe der Jahre ergeben haben, nur noch treiben lassen, selbst aber längst keinen Antrieb mehr haben.

Unsere drei Menschen, der Mitarbeiter, der Kunde und der Unternehmer, haben erst dadurch ein lebenswertes Leben, dass sie sich ihrer Menschlichkeit bewusst sind, und das führt zu einem einfachen Gesamtbild: Wenn Menschen miteinander umgehen, ist der verständnisvolle Weg immer der erfolgreichere. Wenn wir gütlich miteinander auskommen, geht alles leichter mit Kunden und Lieferanten und Mitarbeitern – und selbstverständlich mit uns selbst.

Den Menschen im Zentrum des Handelns zu sehen bedeutet, Menschlichkeit als Denkprinzip zu akzeptieren, d. h., bewusst unnötige Reibungen zu vermeiden. Die freie Kraft steht dann für die Erledigung unserer Aufgaben zur Verfügung. So wird bewusst praktizierte Menschlichkeit auf allen Ebenen zu einem sehr einfachen Rezept, erfolgreicher zu wirken mit weniger Kraft und einer guten Portion mehr persönlicher Ausgeglichenheit und persönlichem Glück.

Damit entsteht für uns als Unternehmer die Aufgabe, sich mit dem Bereich der menschlichen Faktoren wie Führung und Verkauf und Eigenmotivation auseinander zu setzen, sie zu erlernen, und wir müssen diese Faktoren in unseren Arbeitstag einbeziehen, wenn wir der Nutznießer ihrer Wirkung werden wollen.

Der Mensch im Zentrum des Handelns führt zu neuen Handlungsweisen.

Der Mensch-Mitarbeiter

In Unternehmen vollzieht sich eine massive Änderung im Bereich der Mitarbeiter. Es entsteht ein vollkommen neuer Mitarbeitertyp.

Der Arbeiter oder Angestellte ist nicht mehr Vollzugsmaschine eines sturen Ablaufs, der in Akkordgrößen gemessen werden kann, sondern vielmehr ist er zunehmend mit Arbeiten und Handlungsweisen beauftragt, zu denen der Umgang mit Kunden gehört.

Ob er erfolgreich ist, hängt also davon ab, ob er die Fähigkeit besitzt, mit anderen Menschen gut auszukommen. Ein Zusatzverkauf oder eine Reklamationsverhinderung ist dort, wo Sympathie und menschliche Wärme vorhanden sind, überhaupt erst möglich.

Damit ist der Erfolg unserer Mitarbeiter und somit unseres Unternehmens auch von ihrem Wollen und ihrer Motivation abhängig. Als Unternehmer müssen wir für diese Motivation sorgen und die menschlichen Faktoren gezielt in unserem Unternehmen herausarbeiten.

Hier drei konkrete Ideen für den Menschen-Mitarbeiter:

Das Beurteilungssystem

Die Einführung eines Beurteilungssystems für Mitarbeiter oder ein klares Personalbeurteilungssystem, auch für mittlere Betriebe, gibt dem Mitarbeiter die Chance, seine Leistung zu verbessern und zu erkennen, wo seine Leistung verbesserungswürdig ist.

Zunächst bedeutet ein Beurteilungssystem die Erfassung des Ist-Zustandes. In vielen Unternehmen wird dabei klar, dass bisher aufgrund von Gefühl und persönlicher Sympathie bewertet worden ist. Eine Systematik in der Mitarbeiterbeurteilung führt hier zu mehr Gerechtigkeit. Jeder Unternehmer, der sich mit Mitarbeiterbeurteilung beschäftigt, wird auch die Erfahrung machen, dass er über seinen Mitarbeiter eine Menge Informationen sammeln kann, die gerade aus dem menschlichen Bereich dieser Person sind, so dass auch das persönliche Verhältnis zu ihm wesentlich erleichtert wird.

Das Prämiensystem

Eine Bezahlung, selbst eine gute Bezahlung, ist für den Mitarbeiter fast nie eine Motivation. Das durch eigene Leistung Erreichbare und Veränderbare ist dagegen eine starke Motivation für Mitarbeiter. Zu erkennen, dass sie mit ihren Anstrengungen für das Unternehmen und den Unternehmer erfolgreich sein können und dabei selbst Nutzen haben, ist ein starker Grund, erfolgreich sein zu wollen. In unserer jahrelangen Arbeit haben wir bis heute keine Antwort auf die Frage der Mitarbeiter gefunden: *„Warum soll ich verkaufen oder höflich sein? Damit der Chef noch reicher wird und sich noch einen Mercedes mehr leisten kann?“*

Wenn wir wollen, dass er im Sinne eines gesamt erfolgreichen Unternehmens ein Maximum an Leistung für uns bringt, müssen wir lernen, mit dem Mitarbeiter zu teilen. Wer uns ein Stück reicher macht, darf doch gerne ein Stück unseres Erfolges abhaben.

Es ist Zeit, uns daran zu erinnern, was anfangs gesagt wurde. Unser Mitarbeiter ist aus dem gleichen Fleisch und Blut wie wir selbst, er hat die gleichen Wünsche, Hoffnungen und Träume, und wenn wir in ihm diese menschlichen Eigenschaften erkennen und danach handeln, wird er zu unserem eigenen Erfolg beitragen, weil er ein persönliches Interesse am gemeinsamen Erfolg entwickelt. Dazu gehören auch Weiterbildungskonzepte, die ihm die Chance geben, innerhalb des Unternehmens besser zu werden. Es ist eine der natürlichen Eigenschaften des Menschen, dass er gut sein will und besser werden möchte.

Erfolgreiche Unternehmensführer haben die Fähigkeit, diesen Wunsch, gut zu sein, beim Mitarbeiter zu fördern.

Was vielen Unternehmen fehlt, ist, dem konstanten Grundbedürfnis der Mitarbeiter nach Weiterentwicklung und Kompetenzerweiterung zu entsprechen. Natürlich ist es schwierig, aus der Flut von Weiterbildungsmöglichkeiten und -angeboten das richtige für jeden Mitarbeiter herauszufinden. Der erste Schritt muss jedoch sein, eine individuelle Bedarfsanalyse der Mitabreiter vorzunehmen. Dadurch können der Leistungsstand des Einzelnen genau definiert und entsprechende Fort- und Weiterbildungsmaßnahmen eingeleitet werden. Die Suche nach den kompetenten Trainern sollten Sie getrost etablierten Unternehmen überlassen, beispielsweise der Geffroy Business Akademie. Wissen ist das einzige Produktivgut, das sich durch Benutzung nicht verbraucht, sondern vermehrt. Daher ist Bildung das Kapital des 21. Jahrhunderts. Jeder Experte wird sein eigenes, einzigartiges Produkt – egal ob gedankliches oder materielles Gut – besitzen. Und ebenfalls mit einer eigenen Trademark oder einem Copyright absichern. Doch wie kann Wissen gefördert bzw. gemessen werden? Ein wichtiger Faktor ist die Planung und Umsetzung von Schulungsmaßnahmen. Was jedoch fehlt ist sicherlich der Return of Invest. Dies bedeutet gleichzeitig, dass auch Aus- und Weiterbildungen in einem Unternehmen systematisiert werden müssen. Doch leider haben nur die wenigsten Unternehmen diesbezüglich eine Strategie. Nur ein Bruchteil wertet die durchgeführten Schulungsmaßnahmen pro Mitarbeiter aus und misst den Erfolg. Somit ist es fast unmöglich, dauerhaft festzustellen, ob sich speziell auf den Mitarbeiter zugeschnittene Schulungen auch gelohnt haben. Als erster Schritt ist es wichtig, den Engpass eines jeden oder einer Abteilung kennen zu lernen. Gemeint ist damit die Konzentration auf noch unbedingt weiterzuentwickelnde Fertigkeiten und Fähigkeiten. Sind diese klar festgelegt, müssen nur entsprechende Konzepte und individuelle Maßnahmen schriftlich fixiert werden. Nach erfolgreicher Durchführung der Schulungen muss eine Nachkontrolle über den Erfolg oder Misserfolg dieser Maßnahmen stattfinden. Nur so können Aus- und Weiterbildung messbar gemacht werden. Es existiert dafür eine Vielfalt von Softwarelösungen, welche die Verwaltung dieser komplexen Konzepte vereinfachen und digitalisieren. Schulungsmaßnahmen zu entwickeln darf jedoch nicht nur Aufgabe der Personalentwicklung sein. Vielmehr ist es die Summe aus der Kommunikation zwischen Mitarbeitern, Führungskräften und Personalmanagement. Gerade in der heutigen Zeit kommt es auf die Personalprofis an, mit gezielten Maßnahmen dem drohenden Verlust von Wissen entgegenzuwirken.

Die professionelle Führung
In den nächsten Jahren wird der Unternehmensführer zunehmend einen Teil seiner Unternehmensführungstätigkeit dafür verwenden, Mitarbeiter richtig zu führen. Menschenführung ist genauso ein Bestandteil der Arbeit in einem Betrieb wie Buchführung, Materialbeschaffung, Planung oder Kalkulation. Menschenführung heißt, die anvertrauten Mitarbeiter so gut wie möglich anzuleiten, erfolgreich zu sein, indem man ihnen zum eigenen Erfolg und zum eigenen Profit verhilft, d. h., im Unternehmen erfolgreich und profitabel zu arbeiten.

Zu professionellem Führen gehört es, die menschlichen Faktoren und die menschliche Zuwendung gezielt einzusetzen, um dem Mitarbeiter das Klima seelischen Wohlbefindens zu schaffen, in dem er erst seine hundertprozentige Leistung bringen kann.

Der Mensch-Kunde

Keineswegs ist der Kunde ein lästiges Ding, das wir dazu brauchen, dass unser Betrieb funktioniert. Der Kunde ist für jedes Unternehmen die Ursache, dass Geld verdient wird. Wenn uns draußen der Kunde den Auftrag nicht gibt, funktioniert in unserem Unternehmen gar nichts.

No client – no company, kein Kunde – keine Firma, diese Spruchweisheit gilt auch für jedes Verkaufen. Seit es Unternehmen gibt, gibt es eine Grundweisheit für den Umgang mit Kunden: Ich muss Nutzen bringen, um Nutzen zu erhalten. Nur wenn ich einem Kunden Nutzen bieten kann, ist für mich selbst und für mein Unternehmen Nutzen möglich.

Da ist es am einfachsten, sich daran zu orientieren, wie wir selbst mit unseren Lieferanten verfahren. Wir kaufen bei dem Lieferanten, der uns nützlich ist, der uns von Leistung, Preis, Service her als derjenige erscheint, der unsere Bedürfnisse am besten befriedigt.

Und es kommt ein sehr starker menschlicher Faktor dazu. Wir alle wissen: Bei einem sympathischen Lieferanten, bei einem guten Freund ist der Preis nicht das Wichtigste; es ist unter Umständen wichtiger, einen guten alten Vertrauten zu haben, mit dem man Geschäfte macht.

Wenn wir als Maßstab unsere eigenen menschlichen Wünsche nehmen, haben wir eine sehr gute Anleitung dafür, wie wir uns unseren Kunden gegenüber verhalten sollen. Genauso wie wir uns wünschen, dass uns ein Lieferant behandelt, dass er an uns denkt, dass er fürsorglich und fair mit uns verfährt, genauso sind das die Wünsche unseres Kunden an unser Unternehmen. Eine alte Weisheit sagt: Hin und wieder ist es sinnvoll, die Frage zu stellen, ob ich in meinem Unternehmen eigentlich gerne Kunde sein würde!

Darin steckt nichts weiter als die uralte Volksweisheit: Was du nicht willst, dass man dir tu, das füg auch keinem andern zu, oder: Wie man in den Wald hineinruft, so schallt es heraus.

Wenn wir unser eigenes Verhalten zu unseren Mitmenschen so gestalten, dass wir mit unserem Verhalten wirklich zufrieden sein können, dann haben wir den entscheidenden Schritt getan, den Menschen wirklich in das Zentrum unseres Denkens und Handelns zu stellen.

Der Mensch-Unternehmer

Wir haben es schon besprochen. Manch einer von uns hat vergessen, dass er selbst Mensch ist, und damit die Chance verloren, mit hoher eigener Motivation ein lebenswertes Leben zu gestalten. Hier ist sehr sinnvoll, sich selbst die Frage zu stellen: „Wofür arbeite ich eigentlich?“

Wenn Ihnen keine Antwort einfällt, dann wird in sehr kurzer Zeit auch kein Sinn mehr da sein zu arbeiten, denn eine grundsätzliche Zielorientierung, die einem zu jeder Zeit klar macht, warum es sinnvoll ist, sich anzustrengen, sich zu verändern und zu bewegen, ist der einzig dauerhafte Grund, mit Schwung und Ausdauer tätig zu sein.

Das Ziel

Nahezu jede Unternehmensphilosophie und jedes Persönlichkeitstraining, das angeboten wird, läuft darauf hinaus, dass Erfolg nur möglich ist, wenn eine klare Zieldefinition vorliegt. Nur sagt uns niemand, wo wir ein Ziel finden können und welche Aufgaben heute noch von einer Qualität sind, dass sie eine generelle Anstrengung rechtfertigen.

Viele, gerade junge Menschen haben heute eine eher zynische und resignierende Einstellung zu dem, was auf sie wartet. Eine geschädigte Umwelt, eine unglaubwürdige Politik quer durch alle Parteien, quer durch alle Staatsformen und quer durch alle Regierungssysteme dieser Welt. Für einen Unternehmer sind die Ziele nach wie vor in der Freude, Verantwortung für andere zu tragen, zu finden, in der Freude und der Erfüllung, seinen Beitrag in der Gemeinschaft der Menschen und Bürger zu leisten, und in der Aufgabenerfüllung für die eigene Familie und die eigenen Kinder.

Wenn sich keiner bewegt, bewegt sich nichts.

Ein wesentliches Ziel für alle Unternehmer, die ich kenne, ist es sicherlich, ein erfolgreiches Unternehmen zu führen und an diesem Erfolg Freude und eigene Motivation zu gewinnen. Sie sollen noch einige Ideen erhalten, welche die Freude an der Arbeit vielleicht ein kleines bisschen steigern.

Dazu gehört z. B. ein Belohnungssystem für sich selbst. So wie wir Prämien für Mitarbeiter festlegen, um diese anzuspornen, ist es auch sinnvoll, für uns selbst einige Dinge festzulegen, die Spaß machen und mit denen wir uns für den Berg Arbeit, den wir tagein, tagaus erledigen müssen, belohnen können. Dazu gehört es, Siege zu feiern und Niederlagen auch einmal bewusst in die Schublade zu stecken und sich damit nicht die Seele eintrüben zu lassen. Dazu gehört es, für den Unternehmer ganz besonders, sich mit den Möglichkeiten des modernen Zeitmanagements auseinander zu setzen, um die Freiräume und die Freizeit zu schaffen, wo man die Früchte seines Erfolgs genießen kann, wo man als Lohn für die Alltagssorgen sein Vergnügen genießt. Wenn einem als Unternehmer der geschäftliche Erfolg hold ist, stellen viele Kollegen fest, dass es die menschlichen Dinge sind, die den Reiz und die Befriedigung eines Lebens ausmachen, dass es die ideellen Werte sind, die von wirklich hoher Bedeutung sind. Das Finale ist daher auch ganz eindeutig:

Wir sind Menschen, die Menschen beschäftigen, um mit Menschen Geschäfte zu machen.

Wir alle wissen: Geld um des Geldes willen verdienen ist unsinnig. Geld kann immer nur ein Mittel sein, damit wir uns andere Dinge gönnen können, die im Bereich von Vergnügungen, von Erfolg, von Lachen, von Spaß, also im Bereich der Menschlichkeit, liegen.

Wenn wir wirklich in das Zentrum unseres Denkens und Handelns den Menschen stellen, wird sich der geschäftliche Erfolg mit Sicherheit ebenfalls einstellen.

Im Zentrum des Denkens und Handelns steht der Mensch.

Das heißt nicht vertrottelte Gutmütigkeit, das heißt nicht in allen Punkten Weichheit, wo unternehmerische Härte notwendig ist, das heißt nicht, die Profitabilität eines Unternehmens aus dem Auge zu verlieren. „Im Zentrum des Denkens und Handelns steht der Mensch" heißt, die Verantwortung zu tragen für Mitarbeiter, für Kunden und für uns selbst, mit unserer Handlungsweise zum Erfolg der Familien-, Firmen-, deutschen, internationalen Gemeinschaft beizutragen.

Wenn es uns gelingt, einen Menschen zum Freund zu gewinnen, werden wir nicht verhindern können, an ihm ein Stück reicher zu werden.

4.3 Mitarbeiter, das wertvollste Kapital eines Unternehmens

Das wertvollste Kapital, das ein Unternehmen heute vorweisen kann, sind seine Mitarbeiter. Ihre Motivation, Kreativität und Leistungskraft sind die wichtigsten Erfolgsfaktoren moderner Unternehmen. Ihre Effizienz ist davon abhängig, inwieweit es gelingt, die persönlichen Zielsetzungen und Wertvorstellungen mit den Unternehmenszielen in Einklang zu bringen. Heute wächst die Einsicht, und das längst auch in mittelständischen Betrieben, dass der Mitarbeiter mehr individuelle, auf seine Lebenssituation abgestimmte Führung und Förderungsmaßnahmen benötigt. Das heißt, die Personalverantwortlichen müssen sich innerhalb des Unternehmens und auf dem mittlerweile immer größer werdenden Markt an potenziellen Arbeitskräften auf die Suche nach dem idealen Mitarbeiter machen, der das angestrebte Tätigkeitsprofil ideal abdeckt und sich je nach Bedarf optimal in ein bestehendes Team integriert.

Gerade mittelständische Unternehmen brauchen ein innovatives System, um gute Mitarbeiter zu gewinnen und zu behalten. Ob ein Mitarbeiter dauerhaft in der Firma gehalten werden kann, hängt bereits von der richtigen Entscheidung bei der Einstellung ab. Die Kosten für die Einarbeitung eines Mitarbeiters belaufen sich in der Regel auf mehr als 50% des Jahresgehalts, dieser Betrag geht dem Unternehmen verloren, falls sich ein Bewerber nach dieser Zeit als ungeeignet herausstellt. Auch die Kosten durch mangelnde Motivation der Mitarbeiter und Fehleinschätzungen können beträchtlich sein. Die Arbeitsleistung ist zu einem wertvollen Produktionsfaktor geworden. Es ist deshalb sehr wichtig, bei der Beschaffung und bei dem Erhalt von guten Arbeitskräften keine Fehler zu begehen. Neben der Rekrutierung der richtigen Mitarbeiter ist die optimale Zusammenstellung der Teams im Unternehmen essenziell wichtig. Das Wesen der Teamarbeit besteht nicht nur in einer Arbeitserleichterung durch Arbeitsteilung und Entlastung, sondern in einer Produktivitätssteigerung.

In Kapitel 3.3 habe ich Ihnen vier Unternehmen vorgestellt, die über die Initiative TOP 100 zu den 100 innovativsten Unternehmen Deutschlands zählen. Die Kommunikationsagentur compamedia, die dieses Projekt jährlich durchführt, hat eine weitere Initiative ins Leben gerufen mit den Namen TOP JOB. Das Benchmarking-Projekt TOP JOB bewertet die Qualität mittelständischer Personalarbeit, vergibt ein Gütesiegel für herausragende Leistungen in diesem Bereich und macht die ausgezeichneten Mittelständler in der Öffentlichkeit bekannt. Das Institut für Mittelstandsökonomie an der Universität Trier (Inmit) unter der Leitung von Prof. Dr. Axel G. Schmidt hat ein Verfahren entwickelt, welches das Personalmanagement mittelständischer Unternehmen untersucht. Geprüft wird in drei Größenklassen. Das Benchmarking erlaubt den Teilnehmern, sich mit anderen Arbeitgebern zu messen und durch den Vergleich besser zu werden. Im Folgenden stelle ich ihnen zwei dieser

Unternehmen vor, die 2004 zu den Top-Arbeitgebern in Deutschland gewählt wurden.

Beispiel 1: JANSSEN-CILAG GmbH
Die Visionäre

In der Gegenwart die verborgenen Chancen für die Zukunft zu entdecken ist Leitstern der JANSSEN-CILAG GmbH. Unter dem Motto ZUKUNFTSARBEIT entwickelt der Pharmahersteller eine Vision seiner gesellschaftlichen Rolle und seines innerbetrieblichen Miteinanders, die von Mitarbeitern intern und extern kommuniziert wird. Sie spiegelt das Selbstverständnis eines in einer ethisch sensiblen Branche handelnden Unternehmens wider, das auch für seine Beschäftigten Verantwortung übernimmt.

Eine gesellschaftliche Vision wie JANSSEN-CILAGS so genannte ZUKUNFTSARBEIT hingegen ist ein Stück jener Zeit vorweg und verdeutlicht, was schon jetzt getan werden kann, um diese Zukunft eines Tages Gegenwart werden zu lassen – sie ist ein Brückenschlag. Darum bezieht diese visionäre Initiative alle Mitarbeiter des Unternehmens mit ein und ermutigt sie, in der täglichen Arbeit stets auch das Undenkbare zu denken. Wie ernst man das Thema nimmt, wird auch durch den seit 1997 regelmäßig verliehenen Zukunftspreis für „Sozialerfindungen" unter Beweis gestellt, mit dem 2002 etwa ein psychosoziales Integrationsprojekt ausgezeichnet wurde.

Diese Außenwirksamkeit des Unternehmens geht Hand in Hand mit seiner inneren Orientierung, die vom Pharmaproduzenten zum patientenfokussierten Gesundheitsdienstleister führt. Die wachsende Konzentration auf den Menschen prägt die Einstellung der Beschäftigten sowie das innerbetriebliche Klima. Bei JANSSEN-CILAG legt man großen Wert auf das interne Miteinander und die Fortbildung der Arbeitnehmer. Regelmäßige Mitarbeiterbefragungen, leistungsbezogene Vergütung, flexible Arbeitszeitmodelle und die unternehmenseigene Akademie sind wichtige Elemente eines partnerschaftlichen Arbeitsklimas, in dem sich Eigenverantwortung, Kostenbewusstsein und Kreativität (7 % Anarchie sind ausdrücklich gefordert!) entfalten können. Partnerschaft bedeutet für die Beschäftigten – zu über 50 % Frauen – etwa die kostenlose Vermittlung von Kinderbetreuung und Pflege für ältere Angehörige, Wiedereingliederungspläne nach Erziehungszeiten oder ein einwöchiges Einführungsseminar beim Eintritt in die Firma.

Die JANSSEN-CILAG GmbH übernimmt Verantwortung für ihre Mitarbeiter ebenso wie für ihre Patienten und ihre gesellschaftliche Rolle im Allgemeinen. Man beherzigt hier die Mahnung von Leibniz, dass man vor seinem Gewissen für seine selbst vor langer Zeit begangenen Handlungen noch immer „dieselbe gerechte Verantwortung trägt, als man sie für das hat, was man im eben verflossenen Augenblick tat".

Beispiel 2: WITTENSTEIN AG
Exzellenter Partner für die Mitarbeiter

Was passiert, wenn die WITTENSTEIN AG zu einem „Tag der Ausbildung" einlädt? Es kommen 700 Schüler und Eltern, um sich über die 17 Berufsbilder bei dem High-Tech-Maschinenbauer zu informieren. Diese beeindruckende Zahl sagt viel über die Beliebtheit des Arbeitgebers WITTENSTEIN aus – der für seine Mitarbeiter „dauerhaft ein exzellenter Partner" sein möchte.

Die Aktiengesellschaft mit Sitz im baden-württembergischen Igersheim schwimmt in so mancher Hinsicht gegen den Strom. Zum Beispiel bei der Expansion: Während die Schreckensmeldungen über Ertragseinbrüche, Entlassungen und Insolvenzen in Deutschland nicht abreißen, verzeichnet der Maschinenbauer jährliche Umsatzzuwachsraten im zweistelligen Bereich. Eine derartig stürmische Entwicklung hat natürlich Auswirkungen auf den Bedarf an hoch qualifizierten Mitarbeitern. Dementsprechend stieg die Zahl der Beschäftigten am Standort Deutschland von 322 im Jahr 1999 auf 621 in 2003.

Ihre Fachkräfte bildet die WITTENSTEIN AG am liebsten selbst aus, wie die weit über dem Branchendurchschnitt liegende Ausbildungsquote von 12 % belegt. Das mit Töchtern und Vertretungen in 35 Ländern tätige Unternehmen vermittelt jungen Menschen nicht nur erstklassige Fähigkeiten, sondern auch die Faszination Technik.

Die WITTENSTEIN AG erwartet von ihren Mitarbeitern viel , aber sie gibt auch viel. Denn das Spektrum der Annehmlichkeiten für das Wohlergehen der Mitarbeiter sucht seinesgleichen. Ein erweitertes Gleitzeitmodell (mit Steigerung der Flexibilität um das Sechsfache), ein Konzept zur Erhöhung der Mitgestaltungsmöglichkeiten oder ständige Verbesserungen in den Bereichen Arbeitsumgebung, Arbeitsweise und soziales Umfeld sind symptomatisch für die Attraktivität des familienorientierten Unternehmens.

In fachlicher Hinsicht hat die Gruppe ebenfalls eine Menge zu bieten – beispielsweise die Weiterbildung für alte Beschäftigte an der „WITTENSTEIN Akademie" oder Wettbewerbe zur Förderung des technisch-kreativen Nachwuchses. Vor diesem Hintergrund wundert es wohl kaum, dass die High-Tech-Schmiede sowohl Fitnessraum als auch Beachvolleyball-Feld und Grillplatz zur Verfügung stellt, einen Betriebskindergarten plant und viele in ihrer Freizeit ehrenamtlich tätige Mitarbeiter mit jährlich bis zu 1.000 Euro sponsert. Der Anspruch eines „dauerhaft exzellenten Partners" dürfte damit überzeugend erfüllt sein. Aufgrund dieser herausragenden Leistungen wurde die Wittenstein AG zum Arbeitgeber des Jahres 2004 bei der TOP JOB Initiative gewählt.

Beide Unternehmen haben in vorbildlicher Weise den Mitarbeiter in den Mittelpunkt gestellt. Auffällig ist, dass vor allem die Weiterbildung in den Unternehmen groß geschrieben wird. Aus meiner Sicht ein ganz wichtiger Bestandteil. Auch wird hier deutlich, dass nicht mehr Geld und Freiheiten, sondern mehr Verantwortung und Erfolge jeden Mitarbeiter motivieren. Damit Ihre Mitarbeiter wirklich Menschen werden, die mit an Ihrem Unternehmen arbeiten, sollten auch Sie sie zu einem Teil davon machen.

5.

Marketing

5.1 Clienting ersetzt Marketing

Wissen Sie, was „Permission Marketing“ ist? Kennern fallen zu dieser Frage auch noch Bezeichnungen wie „Relationship Marketing“ ein. Wer weniger gut informiert ist, bleibt einfach an dem Begriff „Marketing“ hängen.

Bekanntlich geht es beim Marketing darum, möglichst viele Waren und Leistungen möglichst vielen Menschen zu verkaufen, möglichst mit Gewinn. Marketing hat also die „Menge“ im Visier: Viel Gewinn, viele Kunden, viele Waren. Traditionelles Marketing kümmert sich vornehmlich um Massenmärkte.

Doch die Konkurrenz ist hart. Immer mehr Anbieter teilen sich den Markt. Die „Massenware Kunde“ wird knapp. Bessere Geschäfte sind dort zu machen, wo sich Unternehmen weniger um viele Produkte und mehr um den einzelnen Kunden bemühen.

Im Mittelpunkt steht heute nicht mehr das Geschäft, sondern der Kunde

Offensichtlich haben wir uns bisher von falschen Prioritäten leiten lassen. Unser Ziel ist gewesen, maximalen Profit zu erzielen. Dafür haben wir ausschließlich auf die Zahlen geachtet. Natürlich wollen wir mehr Profit als andere erzielen, nur schaffen wir es nicht, indem wir die Zahlen in den Mittelpunkt stellen. Unsere Zahlenbilanz ist nur das direkte Ergebnis einer anderen Bilanz, unserer Spannungsbilanz.

- Wie spannend sind wir für unsere Kunden und Partner?
- Wie hoch sind unsere Attraktivität und Anziehungskraft?
- Wie gut ist die Qualität unserer Kundenbeziehungen?
- Wie einzigartig sind wir mit unserem Konzept?

Wir verlagern unsere Prioritäten von materiellen zu immateriellen Werten wie zum Beispiel Ideen oder den Mitarbeitern einer Firma. Das ist ein dramatischer Sprung hin zur neuen ganzheitlichen Führung eines Unternehmens. Eine Spannungsbilanz ist erforderlich, damit wir in der Außenwirkung unsere Optionen und damit

Auswahlmöglichkeiten erheblich verbessern können. Wir müssen Abhängigkeiten reduzieren, um freie Entscheidungen treffen zu können. Wir schaffen es heute nicht mehr, auf klassischen Wegen ausreichend Alternativen zu haben. Also müssen wir es umdrehen und eine so hohe Sogwirkung erzeugen, dass man auf uns zugeht. Schaffen wir unser eigenes „Liberty Island“ durch eine neue Form der Spannungsbilanz und damit den Zugangscode für dauerhafte Beziehungen. Der ständige Wandel braucht Manager, Mitarbeiter und Partner, die flexibel reagieren, weil sie sich auf permanenten Kundenwandel einstellen müssen. Produkte, welche die Menschheit nicht braucht, sind die Folge einer falschen Unternehmensstrategie. In der Vergangenheit machten die Unternehmer den Fehler, zunächst ein Produkt zu entwickeln und dann erst nach einer Zielgruppe zu suchen. Heute wandeln wir uns von einer produktorientierten zu einer bedarfsorientierten Unternehmensführung. Wir entwickeln uns zu Spezialisten für die Bedürfnisse und Probleme unserer Kunden. Wir müssen den Zugangscode zu unseren Kunden finden und entschlüsseln. Mithilfe des Kundencodes teilen wir die Kunden in spezielle Zielgruppen ein. Eine Zielgruppe definiert sich dabei als „eine Gruppe von Menschen mit gleichen Bedürfnissen, Wünschen und Problemen“. Ein Abgleich mit den Stärken und Kernkompetenzen in einem Unternehmen stellt den nächsten Schritt der Unternehmensstrategie dar. Es müssen Produktideen entwickelt werden und letztendlich Produkte, die den Wünschen des Kunden bzw. der Zielgruppe entsprechen. Doch Vorsicht, die Zielgruppenorientierung ist ein dynamischer Prozess. Wir müssen regelmäßig den Bedürfnisstand der einzelnen Zielgruppen abklopfen und die Produkte und Dienstleistungen ständig von Neuem ausrichten. Sind die einen Bedürfnisse befriedigt, entstehen neue. Diese gilt es ebenfalls zu greifen und zu lösen. Wir müssen dem Kunden einen Schritt voraus sein. Wir müssen ihm Lösungsmöglichkeiten für neu entstandene Bedürfnisse anbieten, den Kunden mit individuellen Produktvorschlägen beeindrucken. Kurz, Kundenkompetenz entwickeln. Die ständigen Veränderungen innerhalb der Zielgruppen setzen eine maximale Flexibilität und Wandlungsfähigkeit der Mitarbeiter in einem Unternehmen voraus. Es findet ein aktiver Austausch zwischen Kunden und

Unternehmen statt, wodurch ein dynamisches Beziehungsnetzwerk entsteht. Damit werden die Kunden längerfristig an das Unternehmen gebunden. In Zukunft denken, leben und arbeiten wir nur noch in Beziehungsnetzwerken – ein Partnerschaftssystem aus Mitarbeitern, Kunden und Partnerunternehmen. Das Unternehmen wandelt sich von der Produktionsfabrik zur Wissensfabrik, die Mitarbeiter werden zu Experten für Kundenbedürfnisse und -wünsche. Nur wer es schafft, seine Kunden richtig kennen zu lernen, wer ihre Wünsche und Bedürfnisse speichert, besitzt den Zugangscode für dauerhafte Kundenbeziehungen.

Modernes Marketing hat nichts mehr mit Massenmärkten zu tun

Jeder Kunde hat andere Wünsche, und auf jeden dieser Wünsche muss gesondert eingegangen werden. Das Unternehmen baut eine individuelle Beziehung auf. Und je enger diese Beziehung wird, umso mehr Informationen über Wünsche und Lebensgewohnheiten des Kunden kann das Unternehmen sammeln. Es gibt viele Bezeichnungen für dieses System. Ich sage dazu kurz „Clienting". Allerdings gibt es einen wichtigen Unterschied zwischen herkömmlichem Marketing und Clienting. Beim Marketing bleibt der Kunde immer Kunde. Bei Clienting wird der Kunde zum Partner. Clienting ist mehr als Marketing. Clienting hat nicht mehr zum Ziel, möglichst viele Produkte und Leistungen zu verkaufen. Clienting will den rundum zufriedenen Kunden. Wie das funktioniert? Zunächst einmal, indem man den Kunden zwar als Individuum mit eigenem Geschmack und Vorlieben, zugleich aber nicht als isoliertes Wesen betrachtet. Menschen sind auch Teil ihres Beziehungsgeflechts. Sie treffen täglich mit Arbeitskollegen zusammen und tauschen Meinungen aus. Und vor allem ist jeder Bürger auch Kunde, in der Autowerkstatt, im Lebensmittelladen, an der Kinokasse. Diese vielfältigen Kontakte verknüpfen sich zu einem Netzwerk von Beziehungen und Meinungsaustausch. Untersuchungen haben ergeben, dass Kunden insbesondere bei teuren Anschaffungen ihre privaten Kontakte als Informationsquellen nutzen. Beim Autokauf z. B. redet die gesamte Familie mit.

Der vernetzte Kunde

Aber solche persönlichen Beziehungssysteme reichen für funktionierendes Clienting nicht aus. So dauert es bei der Einführung eines neuen Produkts viel zu lange, bis ein Kunde dem anderen davon erzählt. Es dauert auch viel zu lange, bis das Unternehmen erfährt, was die Kunden von dem neuen Produkt halten. Deshalb müssen elektronische Netzwerke die Beziehungsnetzwerke ergänzen. In manchen Branchen werden sie sogar dominieren.

Wer beispielsweise über den Internetshop Amazon Bücher, Videos oder Computerspiele kauft, kann die Meinungen anderer Käufer aufrufen und sich so eher und schneller zu einem Kauf entscheiden. Das Internetauktionshaus Ebay stellt ein Bewertungsprofil der Verkäufer auf. Es enthält eine Auflistung sämtlicher Bewertungen, die andere Mitglieder für Transaktionen mit diesem Handelspartner abgegeben haben. Auch hier werde ich bei meiner Kaufentscheidung unterstützt. Umgekehrt informiert sich die Internet-Firma auf demselben Weg, mit welchen Kunden und Interessen sie es zu tun hat, und kann ihr Angebot stärker danach ausrichten. Immer mehr Produkte werden zu „Internet-Waren“, wie steigende Umsätze bei Reisen und Büchern, Computersoftware oder Gebrauchtwagen beweisen. Und gleichzeitig vernetzt sich das Wissen von Kunden und Lieferfirmen immer stärker.

Auch immer schneller funktioniert diese Vermehrung des Wissens. Nach Einführung des Radios Anfang des 20. Jahrhunderts dauerte es rund 40 Jahre, bis die Zahl von 50 Millionen Hörern erreicht war. Beim Fernsehen dauerte es nur noch etwa 15 Jahre. Und das Internet übersprang die 50-Millionen-Grenze schon nach fünf Jahren. Wissen wird immer deutlicher zur wertvollsten und zugleich preiswertesten Ware unserer Zeit. Computer speichern und transportieren Wissen in Form von Bits. Die haben kein Gewicht und bewegen sich mit Lichtgeschwindigkeit. Ihre Produktion kostet fast nichts. Sie benötigen keine Lagerhallen. Man kann sie verkaufen und gleichzeitig behalten. Das Original ist nicht von einer Kopie zu unterscheiden. Es gibt für sie keine Grenz- und Zollkontrollen. Keine Regierung kann feststellen, wo sie sich gerade befinden. Der Marktplatz für elektronisches Wissen ist global.

Wirklich wertvoll wird dieses Wissen jedoch erst durch Vernetzung. Darunter versteht man zunächst die Verknüpfung aller möglichen Kommunikationswege wie Telefon, Handy, Fernsehen oder eben Internet. Denn neu an der heutigen Wirtschaft sind nicht die Telekommunikation und die Computer an sich, sondern ihre beschleunigte Vernetzung. Amerikanische Firmen haben das als Erste erkannt. Sie können ihre kleinen Firmennetzwerke ohne Mühe auf andere Wirtschaftsräume anwenden und dort schnell mit größeren Konkurrenten mithalten.

Neu ist also das vernetzte Denken. Bislang glaubte man an ein kausales Weltbild. Man glaubte, alles sei eine Maschine, das Wetter, die Natur, die Erde, alles planbar und vorhersehbar. Inzwischen haben wir von der Natur gelernt, dass das falsch ist. Die Natur praktiziert vernetztes Denken. Die Natur ist das Vorbild. Von ihr können wir lernen, dass man in einem vernetzten System nicht alles planen kann.

Was steht etwa am Ende des Waldsterbens? Tote Landschaften, durch Erosion zerstörte Berge und wasserlose Wüsten? Oder neue, widerstandsfähigere Baumarten? Niemand kennt die Antwort. Die Natur lässt viele Wege offen. Weil deren vernetzte Struktur so neu ist und erst erlernt werden muss, klingen Umweltargumente oft so hoffnungslos. Denn kausales Denken ist Katastrophendenken. Vernetztes Denken ist Denken in vielen Lösungen. Die Multimedia-Gesellschaft ist nicht nur grenzenlos. Sie hat auch unendlich viele Problemlösungen parat.

Was steht am Ende einer Neuprodukteinführung über funktionierende Netzwerke? Ist der Erfolg so groß, dass Sie mit der Produktion nicht mehr nachkommen? Oder ist die Idee so neu, dass der Kunde erst einmal Zeit braucht, um sich damit zu beschäftigen? Dann wären Ihre Produktionsanlagen nicht ausgelastet. Bisher galten Planbarkeit, Vorhersehbarkeit und Kalkulierbarkeit als feststehende Größen unternehmerischen Erfolgs. Inzwischen ist nicht nur in der Wirtschaft der Zustand der Unplanbarkeit, Unkalkulierbarkeit und Unvorhersehbarkeit zum Dauerzustand geworden. Beikommen kann man dieser Entwicklung nur durch neues, durch vernetztes Denken.

Clienting ist ein Netzwerksystem. Clienting agiert in vernetzten Strukturen. An erster Stelle steht nicht mehr Verdienen. An erster Stelle steht der Kunde. Das überfordert manche Firma, die zuerst Geld vom Kunden sehen will und erst dann bereit ist zu investieren. Hier hakt Clienting ein. Clienting schafft eine Konfliktsituation zwischen Kundenzufriedenheit und Gewinn. Schwingt das Pendel zu weit ins Profitlager, klappt kein Clienting. Und damit bleibt dann auch die Kundenzufriedenheit auf der Strecke.

Manager lieben den braven, zuverlässigen Kunden, der kauft und konsumiert, aber nicht kritisiert. In Wahrheit wird der Kunde immer unruhiger, unkalkulierbarer und zugleich informierter. Er hat genauso viel Spaß daran, beim Amerikaner zu essen wie in einem Gourmetrestaurant. Er ändert seine Meinung wie das Fähnchen im Wind. Also ist eine neue Art von Zusammenarbeit mit dem Kunden gefragt. Geben und Nehmen sind die Eckpfeiler dieses Konzepts. Das geht durch eine Vielzahl der in diesem Buch aufgeführten Modelle wie Kundenclubs, Kundenportale oder Kundenveranstaltungen, um nur drei Beispiele zu nennen. Der Kunde wird so zum Partner. Der Kunde arbeitet gemeinsam mit Ihnen an der Zukunft. Der Kunde sagt Ihnen, was er produziert haben will. Der Kunde informiert Sie über Wettbewerbtrends. Der Kunde ist Ihr bester Berater. „Der Kunde sagt mir, was ich tun soll", lautet der Schlüsselsatz dieses Systems.

Jede Firma hat den Kunden, den sie verdient

Manche Manager sind der Meinung, dass es sich nicht lohnt, in einen zufriedenen Kunden zu investieren, um ihn zu einem sehr zufriedenen Kunden zu machen. Ich halte das für einen ganz fatalen Fehler. Vielleicht rangiert deshalb Deutschland im internationalen Vergleich auf den hintersten Rängen, wenn es um Kundenzufriedenheit geht. Unzufriedene Kunden wissen meist recht gut, was sie kritisieren. Es kostet in der Regel viel Geld und Aufwand, um sie vom Gegenteil zu überzeugen. Sechsmal höher ist der Aufwand, neue Kunden zu gewinnen, als vorhandene zu halten. Auch zufriedene Kunden wissen meist, warum sie zufrieden sind. An diesem Wissen lässt sich ansetzen, um sie zu sehr zufriedenen Kunden zu machen. Der Aufwand lohnt sich. Dreimal höher ist die

Wahrscheinlichkeit bei einem sehr zufriedenen Kunden, dass er nachbestellt, als bei einem nur zufriedenen Kunden. Verbessern lässt sich die Kundenbeziehung mithilfe der Netzwerke. Der Kunde bringt Kritik und Wünsche in das Netzwerk ein, und das Unternehmen reagiert mit individuell zugeschnittenen Angeboten und Beziehungspflege. So wird die Kundenbeziehung zur Kundenzufriedenheit, und daraus entsteht eine Partnerschaft.

Mit Marketing der traditionellen Art hat das nicht mehr viel zu tun. Marketing alter Prägung dient dem Unternehmen. Marketing war bislang eine Abteilung der Firma. Aber Clienting ist keine Abteilung, sondern eine allen Mitarbeitern gemeinsame Denkrichtung. Marketing ist auf den Markt gerichtet, Clienting schließt Kunden wie Unternehmen ein.

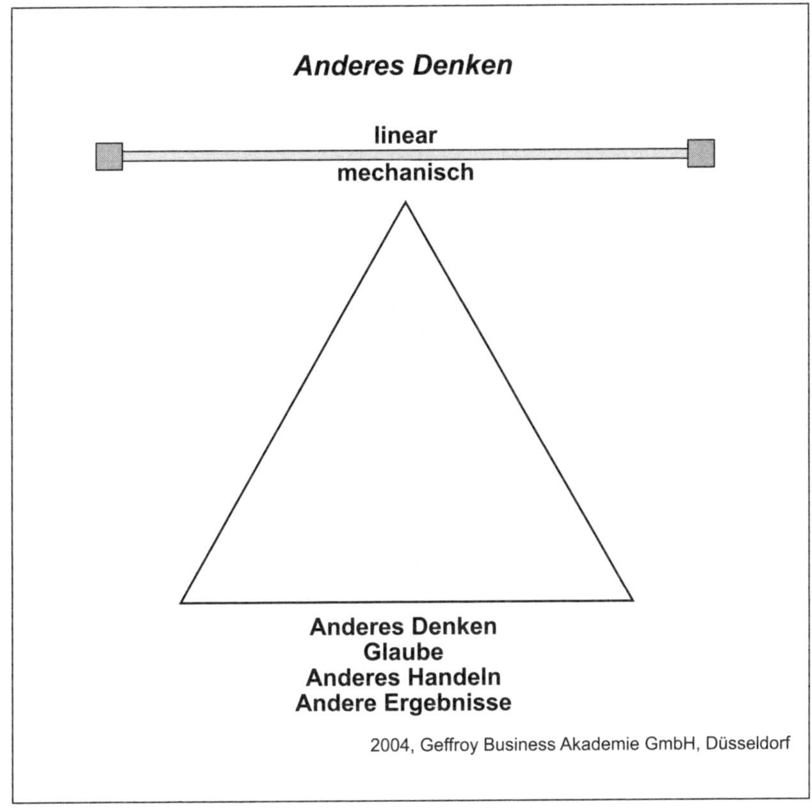

Verfechter herkömmlicher Marketingmethoden loben die Anpassungsfähigkeit von Strategien an aktuelle Erfordernisse. Man könnte aber auch sagen, dass Marketing einem Chamäleon gleicht und gerade wegen seiner zahlreichen Wandlungen die Bezeichnung „Marketing" längst überholt ist. Der Unterschied zwischen Clienting und Marketing ist, dass sich Clienting auf den Menschen im Kundenunternehmen konzentriert und seine Erfolgssteigerung durch die Realisierung von Lebenshilfekonzepten in den Vordergrund stellt. Dazu sucht Clienting die persönliche Nähe zum einzelnen Menschen. Die Beziehung und der Aufbau von Netzwerken stehen an erster Stelle.

Neudenken statt Altwissen

Das Stichwort heißt: *ganzheitliches Akquisitionssystem.* Damit haben wir einen ganz anderen Weg beschritten. Anstoß gab eine Geschichte, die mir vor Jahren passiert ist. In einem ägyptischen Museum sagte die Führerin zu uns: „Unsere Pharaonen haben ganz anders gedacht. Sie haben gedacht, dass das Leben erst nach dem Tod beginnt." Aufgrund der Tatsache, dass die Pharaonen anders gedacht haben, haben sie ab Beginn des bewussten Lebens anders gehandelt. Der einzige Grund für das andere Handeln war, dass sie geglaubt haben, was man ihnen gesagt hat.

Auch das Motto dieses Beitrages lautet: Allein *anderes Denken führt zu anderem Handeln, und nur das andere Handeln führt zu anderen Ergebnissen.* Drei Megatrends werden unsere Situation in den nächsten Jahren erheblich verändern.

Megatrend 1: Die digitale Welt

Die heutige Welt ist unkalkulierbar, unplanbar und unvorhersehbar. Der Wandel vom „in" zum „out" geht wesentlich schneller als in der Vergangenheit. Auch der Kunde der Zukunft hat sich gewandelt, ist widersprüchlich und unkalkulierbar. Heute geht er zu McDonald's und morgen ins „Hummerstübchen" oder in ein anderes Toprestaurant.

Bis vor kurzem hatten wir den so genannten Yuppie-Boom, jetzt geht der Trend zur neuen Bescheidenheit. Derselbe Kunde geht einerseits zu ALDI, um ein paar Pfennige zu sparen, aber seine Rolex-Uhr kauft er im besten Geschäft.

Der Verbraucher selbst wird immer unkalkulierbarer, und die Unplanbarkeit erstreckt sich mittlerweile auf alle Branchen. Das Tempo des Wandels wird auf dem entscheidenden Spielfeld Markt ausgetragen.

Wie kann das Unternehmen diesen wandlungsfähigen Kunden dauerhaft an sich binden?

Das Unternehmen der Zukunft muss *Wandlungsfähigkeit* besitzen und neue *Trendimpulse* frühzeitig aktiv in seine Strategie einbeziehen. Es gilt, das Tempo des Wandels selbst zu bestimmen.

Das klassische Element des heutigen Verkaufens, im entscheidenden Moment auch Druck auf den Kunden auszuüben, wird in Zukunft nicht mehr funktionieren. Nur durch ein *glaubwürdiges Beziehungsmanagement* zum Kunden lässt sich diese digitale Welt in den Griff bekommen.

Bei der heutigen Produktvielfalt kann der Kunde häufig nicht mehr beurteilen, welches Produkt besser und welches schlechter ist. Es bleibt nur der Glaube, dass das, was Sie sagen und tun, das Richtige ist. Das funktioniert aber nur dann, wenn Sie eine Beziehung zu einem Menschen aufgebaut haben.

Megatrend 2: Die mentale Welt

Der deutsche Bundesbürger leidet unter einer Informationsüberlastung von 97 %, und im Durchschnitt landen 98,2 % der von den Massenmedien gebotenen Informationen ungenutzt auf dem Müll.

Nach einer Untersuchung von Professor Kroeber-Riel verwendet ein Zeitungsleser zwei Sekunden für die Betrachtung einer Anzeige. Werbung als Manipulation ist tot.

Der übersensibilisierte Kunde von heute hat jedwede Werbebotschaft in irgendeiner Variation mittlerweile 100-, ja 1000fach gesehen oder gehört. Dementsprechend hat er ein Gespür dafür, ob man ihm etwas zu verkaufen versucht, was er nicht will, oder ob es ein glaubwürdiges Produkt ist.

Der Kunde ist so informationsüberlastet, dass man andere Wege gehen muss, um in seinen Kopf hineinzukommen.

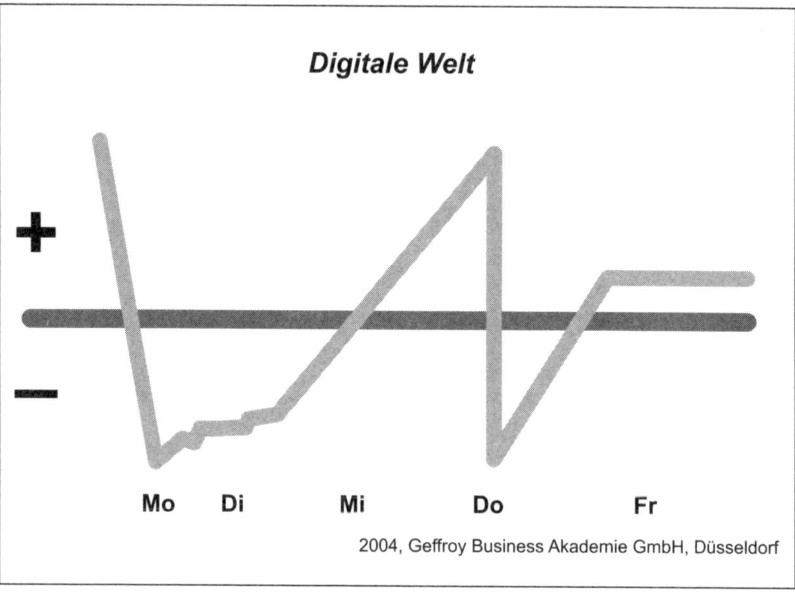

Von 1975 bis 1988 hat es eine *Wissensexplosion* gegeben mit einem Faktor von 1:600. Bei einer solchen Flut von Informationen hilft sich der Mensch vor allem durch Verdrängen und Kästchendenken.

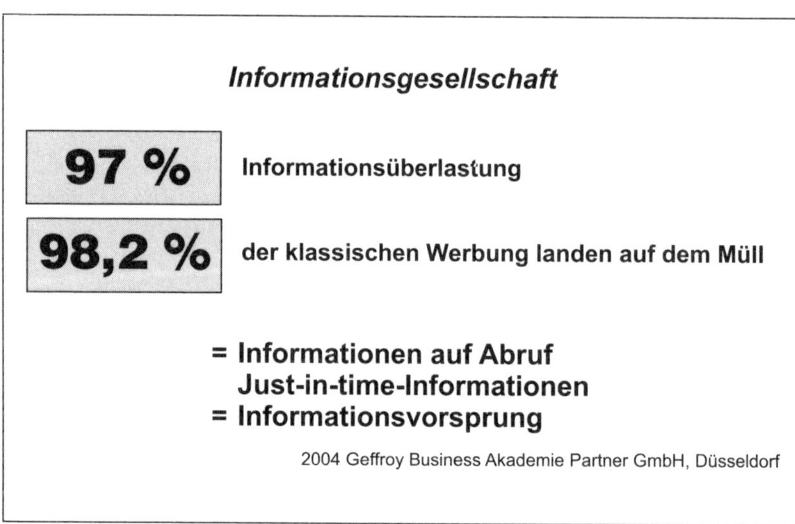

Der informationsüberlastete Kunde hat gewissermaßen einen Filter, der mit klassischen Methoden fast nicht mehr zu öffnen ist. Das Öffnen des Filters stellt für den Verkäufer eine große Herausforderung dar.

Dieser überinformierte, aber in seiner Denkwelt allein gelassene Kunde glaubt, alles zu wissen, und weiß deshalb nicht mehr sehr viel. Der Kunde wird Ihnen nur zuhören, wenn Sie eine glaubwürdige Beziehung zu ihm herstellen, mit Vertrauen, Zuverlässigkeit und Freundschaft. Dem Freund hört man auch ohne Kästchendenken zu.

Megatrend 3: Die Neuzeit-Welt

Der wichtigste Faktor der Zukunft ist Zeit, nicht Geld. *Zeit ist die neue Währung.* Zeitnutzung wird der strategische Faktor in den nächsten Jahren.

Die Menschen lassen sich grob in zwei Zeitkategorien einteilen: Erstens gibt es die Arbeitnehmer mit einer 35- bis 40-Stunden-Woche. Hier müssen Sie prüfen, ob Sie für diese Zielgruppe adäquate Lösungen anbieten können. In der anderen Gruppe mit einer 50-, 60- oder sogar 70-Stunden-Woche befinden sich die Menschen, die Geld haben, aber keine Zeit, um es auszugeben.

Wie kann man diesen Zeitfaktor für sich nutzen?

Immer mehr Bürger arbeiten, die Zahl der berufstätigen Frauen nimmt zu. Immer weniger Menschen haben Gelegenheit, die notwendigen Pflichten wie Einkaufen oder Reparaturen zu erledigen. Das bedeutet Riesenchancen für Unternehmen mit Produkten, die Zeit sparen helfen: Fast Food, Tankstellenshop, 24-Stunden-Textilreinigung, Express-Paketdienste, Versandhandel etc.

Gleichzeitig verursacht diese Entwicklung Riesensorgen für die Unternehmen im Hinblick auf die Motivation ihrer Mitarbeiter.

Eine interessante Analyse besagt, dass ein Unternehmen, das viermal schneller reagiert als der Wettbewerber bei Reklamationen, Anforderungen, Lieferungen und Zeitsparideen, dreimal schneller wachsen wird als der Wettbewerber, zweimal höhere Profite erreichen und langfristig die Nummer 1 in seinem Markt werden wird.

Die Frage stellt sich, wie wir den Faktor Zeit aktiver in unsere Arbeit einbeziehen, unsere Zeit besser in den Griff bekommen und die Zeit für unsere Kunden besser nutzen können.

Die Konsequenz: Trend der Zukunft

Die neuen Herausforderungen stellen unser bisheriges Denken komplett auf den Kopf, sind aber gleichzeitig der Lösungsweg. Wenn das Tempo des Wandels eine Eigendynamik hat, Märkte, Kunden und Anforderungen immer unkalkulierbarer werden, Freizeit-/Arbeitsgesellschaft und Wertewandel uns alle beeinflussen, Zeitnutzung und Zeitflexibilität entscheidend sind, dann gibt es nur eine dauerhafte Lösung, um vom Tempo des Wandels nicht überrollt zu werden. Nutzen Sie die digitale und die mentale Welt für sich: Alle sind auf Orientierungssuche. Alle suchen Halt. Das Gefühl entscheidet, der Glaube daran, dass das Angebotene besser und richtiger ist.

Der Weg zum Kunden der Zukunft geht ausschließlich über ein ganzheitliches Akquisitionssystem. Der fast verschlossene Filter des überinformierten Kunden lässt sich nur durch Beziehungsmanagement öffnen, d. h., man muss kontinuierlich um einen Kunden werben.

Bilden Sie mit dem Kunden eine Einheit, soweit es geht. Aber konzentrieren Sie sich auf eine Zielgruppe. *Unternehmen und Kunde verschmelzen zu einer Einheit, um gemeinsame Ziele zu erreichen.* Das Unternehmen handelt zum Nutzen des Kunden und der Verbraucher zum Nutzen des Unternehmens. *Gemeinsames Agieren* bringt für beide Beteiligten Vorteile. Sie brauchen eine Strategie, bei der beide gewinnen.

Markt und Unternehmen, Mitarbeiter und Kunde müssen zu einem System zusammenfließen, das sich selbst steuert und trägt. Es entsteht ein alles umspannendes Verknüpfungssystem, *ein Netzwerksystem,* das sich dynamisch selbst weiterentwickelt.

Das Vernetzen mit den Mitarbeitern (durch Beteiligung), mit der Umwelt (Umweltverträglichkeit, Stiftung Warentest) und mit dem Kunden (Kundenakademien, Kundenschulungszentren) wird ungeahnte Möglichkeiten aufzeigen.

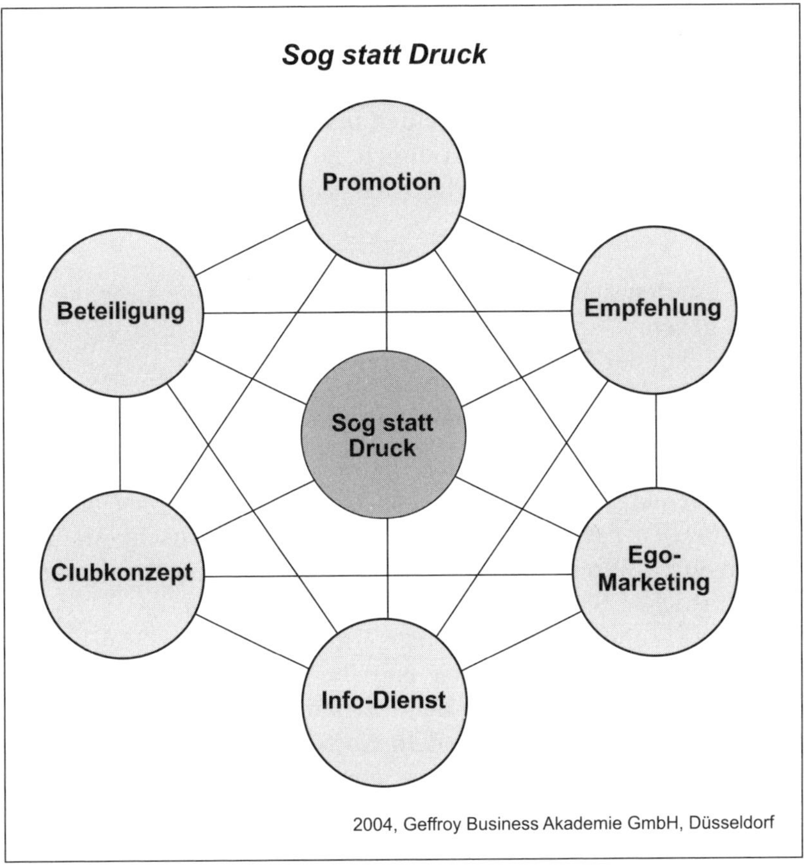

Wir alle sind gefordert, denn unser bisheriges Denken baut auf Frontenbildung auf. Wir müssen in neuen Dimensionen denken. Aber es müssen bestimmte Schritte eingehalten, Stufen erklommen werden. Ein chinesisches Sprichwort sagt: „Der erste Schritt ist der schwierigste.“

Natürlich sind Sie als Unternehmen genauso individuell und widersprüchlich wie die erwähnten Kunden und Verbraucher. Deshalb kann es auch keine Patentlösung geben.

Das Diffizilste ist, einen Kunden, der zunächst zu Ihrem Produkt Nein sagt, über einen bestimmten Kontaktweg zu einem Ja zu bewegen. Wir wollen alle häufig sehr schnell – zu schnell – vom

Nein zum Ja kommen. Die Kundengewinnung wird in der Regel nach zwei bis drei Versuchen gestoppt. Nach unseren speziellen Erfahrungen quer durch alle Branchen werden jedoch heutzutage *sieben Kontakte* benötigt, um einen bislang uninteressierten Menschen dazu zu bringen, bei Ihnen zu kaufen oder mit Ihnen zusammenzuarbeiten. Grundsätzlich gibt es drei Wege, diesen Kunden für sich zu gewinnen:

- den Kunden siebenmal zu sich kommen lassen oder siebenmal zu ihm gehen
- siebenmal per Telefon kontaktieren
- sieben Mailing-Aktionen

Jeder dieser Wege ist, isoliert betrachtet, wenig effizient. Die entscheidende Frage lautet: *Wie mischen wir sieben aus 21 Möglichkeiten optimal?* Wenn Sie heute eine klassische Mailing-Aktion durchführen – ein Brief, ein Prospekt und eine Antwortkarte – dann machen Sie genau dasselbe wie alle anderen.

Gehen Sie andere, kreative Wege. Unterstützen Sie beispielsweise Ihre Marketingaktivität durch eine Beipackidee, etwa bei einer Mailing-Aktion. Als Mensch neigt man dazu, nach tief verwurzelten Verhaltensmustern zu handeln. So will man sich beispielsweise für eine positive Leistung mit einer positiven Gegenleistung revanchieren. Fügen Sie Ihrem Mailing eine Beipackidee mit kreativem Bezug zu dem jeweiligen Produkt bei, so erleichtern Sie sich den Dialogaufbau.

Was ist eine Beipackidee?

Es ist die Kunst, eine Leistung außerhalb der Notwendigkeit zu bringen und dafür keine direkte Gegenleistung zu erwarten. Durch Ihre Beipackidee unterstützen Sie Ihre Glaubwürdigkeit, da Sie Ihrem potenziellen Kunden Ihr Vertrauen und den Glauben an eine gemeinsame Sache beweisen. Sie setzen einen Impuls, der die Sensibilität und Aufmerksamkeit Ihres Kunden verstärkt.

Heute wissen wir, dass der Grund für diesen Erfolg in dem von uns beschrittenen Weg lag. Die beiden naheliegendsten Wege, um Menschen zu erreichen, gehen über das *Sehen* und das *Hören*. Weitgehend ungenutzte Aufnahmekanäle sind die des *Fühlens* und des *Riechens.* Alles, was ein Kunde anfassen kann – wir nennen das *haptische Verkaufshilfe* –, spricht seine rechte, die emotionale Gehirnhälfte an. Hier liegen große Chancen.

Der optimale Verkauf, einen Kunden über ein vernetztes System zu gewinnen und dauerhaft zu halten, hat meist als allerersten Schritt einen Brief, der nur das Ziel hat, zum ersten Mal zu sagen: Lieber Kunde, hier bin ich. Im zweiten Mailing sollten Sie keinen Prospekt, sondern eine Beipackidee hinzufügen. Etwas zum Anfassen, zum Fühlen löst den maximalen Impuls bei Ihrem potenziellen Kunden aus. Beim dritten Kontakt sollten Sie anrufen und ihm ein Geschenk, eine Gelegenheit, ein Ereignis, wie z. B. den Besuch einer Veranstaltung, einen Tag der offenen Tür oder einen Sonderbonus anbieten. Der vierte Schritt heißt: Schenken Sie dem Kunden etwas auf glaubwürdige Art und Weise.

Diese ersten vier Stufen haben das Ziel, den informationsüberlasteten Kunden für sich aufzubereiten, damit er Ja sagt zu einer Beziehung. Dann können Sie per Telefon einen Termin vereinbaren oder mit Ihrem Kunden persönlich in Kontakt treten. Bedenken Sie bei allen Ihren Aktivitäten, dass Sie nur durch anderes Denken bessere Ergebnisse erreichen werden.

Kreativität ist das Telefonat mit Ihrem Unterbewusstsein.

5.2 Der sprunghafte Kunde

Dem sprunghaften Verbraucher von heute ist mit aggressiven Verkaufsstrategien von gestern nicht mehr beizukommen: Kundenbindung am Beispiel des Einzelhandels braucht ein zeitgemäßes Erfolgsrezept.

Die neue Zauberformel der Verkaufsexperten heißt Beziehungsmanagement. Dahinter verbirgt sich eine geschickte Kombination von Spaß und Service, Erlebnis und attraktivem Angebot, der sich selbst abgebrühte Verbraucher nicht entziehen können. Denn das neue Verkaufen schafft Kundenbindung mit menschlichem Mehrwert.

Das feste Band zum Kunden

Der Handel kann sich vom Zirkus einiges abschauen, glaubt Bernhard Paul, Direktor des sympathischen Zirkus Roncalli. Mit dem kunterbunten Roncalli-Projekt hat Paul die Manege vom konventionell biederen Image, von der showmäßig-professionellen Sterilität befreit und den Menschen wieder in den Mittelpunkt gestellt: Die Zuschauer, besser gesagt: die Kunden, werden hofiert wie Könige.

Das ist gut für Roncalli. Doch was kann der Handel tatsächlich vom Zirkus lernen? Offensichtlich eine ganze Menge, denn viele Einzelhändler machen es inzwischen Roncalli-Chef Paul mit eigenen Mitteln und einigem Erfolg nach.

Kreative und moderne Einzelhändler singen das Hohe Lied des neuen Verkaufens der menschlichen Art. Bei ihnen werden neue wie alte Kunden intensiv gepflegt und mit vielfältigen Aktionen verwöhnt, die allesamt in ein Konzept passen: Beziehungsmanagement.

Denn trotz des Schlagwortes vom Erlebnishandel, das seit Jahren Furore macht, wird die Differenzierung im Wettbewerb bei zunehmend austauschbaren Warenangeboten immer schwieriger.

Dem Kunden bleibt bei seiner Kaufentscheidung oft nur das Vertrauen in den Ratschlag seines Händlers. Das funktioniert aber nur dann, wenn der Händler eine glaubwürdige Beziehung zum Kunden aufgebaut hat. Das haben inzwischen auch die Großkonzerne und die ersten Handelsketten erkannt. Umso wichtiger ist es, den Informationsvorsprung zu nutzen und jetzt dem von mir „Beziehungsmanagement" getauften Konzept Taten folgen zu lassen. Beim Zimmern von dauerhaften Käufer-Verkäufer-Beziehungskisten spielen findigen Unternehmern die sozialen Strukturen in die Hände.

Jeder Euro, den Unternehmen in die Kundenbindung investieren, ist eine Zukunftsinvestition, denn die Betreuungskosten unterschreiten in der Relation zum Umsatz in aller Regel die Akquisitionskosten zur Neukundengewinnung, da mit der Dauer und Intensität des Beziehungsmanagements zumeist auch das Kaufvolumen steigt.

Die alten Marketingpfade sind ausgetreten

Der Weg zu erfolgreicher Kundenbindung liegt allerdings abseits der ausgetretenen Marketingpfade. Mit tollen Anzeigen, Prospekten und flott getexteten Werbebriefen allein erzielen Unternehmer heute in der Regel nicht mehr den nötigen und möglichen Umsatzzuwachs, denn die klassischen Kommunikationskanäle sind zunehmend verstopft. Provokativ überspitzt heißt das: Werbung als Manipulationsfaktor ist tot. Um in Kundenköpfe hineinzukommen, müssen wir neue Wege gehen. Viele Unternehmen realisieren diese neuen Wege mit Fingerspitzengefühl und oft aus dem Bauch heraus. Doch noch fehlt der strategische Unterbau. Als Ratgeber, wie man Beziehungsmanagement planmäßig aufzieht, habe ich einen „Beziehungs-Knigge" mit neun goldenen Regeln erarbeitet.

Der menschliche Faktor muss wiederentdeckt werden

Dabei müssen Händler keinen falschen Ehrgeiz entwickeln und das Rad neu erfinden: Es genügt meist schon, sich einfach daran zu erinnern, dass das Handeln seit jeher eine soziale Komponente hatte, sich also darauf zurückzubesinnen, dass der Tante-Emma-Laden einmal Nachrichtenbörse, Treffpunkt und Kummerkasten war. Im Zeitalter hektischer Super- und Hyper-Shoppingcenter ist der Laden, was seine integrierende Funktion angeht, zum Horrorladen geworden. Die Emotion, die Zuwendung zum Kunden, muss echt sein und darf sich nicht in hohlen Werbeslogans erschöpfen. Übertrieben laute und schrille Artikulation schadet eher als sie nützt.

Um die Kommunikation mit Kunden glaubhaft, individuell und moderat zu gestalten, müssen Kundenzufriedenheiten gezielt ausgelotet werden: also weg vom Verkaufsmonolog, hin zum Kundendialog mit Feedback für die Mitarbeiter an der Verkaufsfront.

Der totale Service sorgt für Lebensqualität

Die wiederentdeckte Menschlichkeit fällt in eine Welt, die hektischer kaum sein kann. Das birgt aber gleichfalls Chancen für das Beziehungsmanagement. Der wichtigste Faktor der Zukunft ist die

Zeit, nicht das Geld: Eine sinnvolle Zeitnutzung wird also der strategische Faktor der nächsten Jahre werden. Immer mehr Bürger arbeiten, die Zahl der berufstätigen Frauen nimmt zu. Das bedeutet Riesenchancen für Unternehmen mit Produkten, die Zeit sparen helfen, oder Unternehmen, die Full Service anbieten.

Der richtige Ton macht die Kundenbindung

Der Schlüssel zu einem gekonnten und damit erfolgreichen Beziehungsmanagement liegt aber auch in der Wahl der richtigen Tonart. Für die Werbung bedeutet das, dass nichts weniger angesagt ist als schrill überdrehte Marktschreierei. Das Personal muss auf die Kunst des Zuhörens und der leisen Töne geschult werden. Dabei gilt es, sich nicht zu verzetteln, sondern Sortiment und Präsentation konsequent auf die Zielgruppe auszurichten.

Die Binsenweisheit „Time is Money" bekommt dabei für fortschrittlich denkende Händler den Wert einer goldenen Erfolgsregel. In einer von mir aufgestellten Zukunftsanalyse gewinnen jene Unternehmen, die heute viermal schneller reagieren als der Wettbewerber – bei Reklamationen, Anforderungen, Lieferungen und anderen zeitsparenden Serviceideen. Nach meiner Einschätzung wachsen diese aufgeweckten Firmen dreimal schneller als ihre Wettbewerber. Und schließlich streichen die Schnellen den doppelten Profit ein.

Die Konsequenz aus diesem prognostischen Rechenexempel ist offensichtlich: Nur so werden Sie langfristig die Nummer 1 im angestammten Markt.

Neun goldene Verkaufsregeln

Profis in allen Branchen setzen heute auf ein geschicktes Beziehungsmanagement, weil traditionelle Wege zum Kunden nicht mehr den gewünschten Erfolg bringen.

Regel 1: Kontinuierlich um Kunden werben

Der fast verschlossene Filter des überinformierten Kunden lässt sich nur durch Beziehungsmanagement öffnen; man muss also kontinuierlich um einen Kunden werben. Aber konzentrieren Sie sich auf eine Zielgruppe. Dann verschmelzen Unternehmen und Kunde zu einer Einheit.

Regel 2: Den Faden nicht abreißen lassen

Viele Kontakte gehen verloren, weil sie nicht hartnäckig genug weiter bearbeitet werden. Nach dem Verkauf ein Bonbon anbieten: So beeindrucken Sie den Kunden und halten auch nach Geschäftsabschluss die Verbindung aufrecht.

Regel 3: Gemeinsame Erlebnisse planen

Reisen für Kunden sind nichts Neues, aber noch immer beliebt und kostenneutral. Denn zu den Exotik- und Abenteuertrips werden nur Kunden eingeladen, bei denen man das Verkaufsziel erreicht hat, also Reisekosten im Gewinn eingespielt wurden. Gemeinsame Tennis- oder Golfturniere sind eine ausgesprochen nützliche Kontaktmöglichkeit.

Regel 4: Veranstaltungen aufziehen

Der direkte Kontakt auf neutralem Parkett, mit Erlebnissen verbunden, lockt reservierte Zielkunden aus ihrer Zurückhaltung. Bei einer Abendgala mit Gattinnen oder Gatten können zwischen Geschäftspartnern private Sympathien entstehen. Bei einer Hausmesse werden die eigenen Leistungen ungestört vom Wettbewerb im besten Licht präsentiert. Ein Kundenseminar mit gefragten Experten schafft beispielsweise Gelegenheit für einen Erfahrungsaustausch und neue Kontakte.

Regel 5: Kleine Gefälligkeiten erweisen

Der amerikanische Psychologe Robert B. Cialdini fand heraus, dass sich Menschen für eine positive Leistung revanchieren wollen, wobei die Höhe des Rückgeschenks keine Rolle spielt. So beschert nicht die Attraktivität des Preises Folgekäufe, sondern die Kunst, eine Zusatzleistung zu erbringen, ohne dafür eine direkte Gegenleistung zu erwarten.

Regel 6: Mit Informationen locken

Die Hauszeitschrift berichtet über Markttrends und stellt neue Produkte ausführlich vor. Ein Newsletter aus Ihrer Firma bringt für Ihre Kunden komprimiert auf zwei bis vier Seiten Tipps, Trends und Gelegenheiten. Eine Videokassette stellt in Wort und Bild technisch anspruchsvolle Novitäten vor. Der Chefbrief setzt den i-Punkt auf alles.

Regel 7: Im Dreieck verkaufen lernen

Beim Dreiecksverkauf gewinnt der Verkäufer eine Person, die ihn wiederum weitervermittelt. Autokäufer beispielsweise fragen den Händler nach einer günstigen Versicherung, und Computerkäufer suchen Adressen für Spezialzubehör.

Regel 8: Hartnäckig bleiben

Bevor ein Kunde sich zum Kauf entschließt, vergehen bis zu sieben Kontakte. In Unkenntnis des 7xKontaktsystems scheitern Verkaufsbemühungen praktisch fünf Minuten vor dem Ziel.

Regel 9: Klaren Linien folgen

Die beiden naheliegendsten Wege, um Menschen zu erreichen, gehen über das Sehen und das Hören. Dementsprechend überlastet sind diese Kanäle. Alles, was ein Kunde anfassen kann, spricht seine rechte, die emotionale Gehirnhälfte an. Der optimale Verkauf gewinnt deshalb Kunden über ein vernetztes System. Etwas zum Anfassen und Fühlen löst beim potenziellen Kunden die intensivsten Impulse aus. (Quelle: Handel heute)

6.

Verkauf

6.1 Neuland für Verkäufer

Die richtige Denkwelt

Man weiß heute, dass die wirklich entscheidenden Erfolgsfaktoren eines Unternehmens nicht Gewinn und Umsatz sind, sondern Image, Sympathie, Zuverlässigkeit und Vertrauen – alles so genannte weiche Faktoren.

Diese Erkenntnis lässt sich auch auf den *Erfolg im Verkauf* übertragen. Nur selten werden Aufträge nach rein logischen Regeln vergeben. Stets spielt die Psychologie dabei eine bedeutende Rolle. Gefragt sind deshalb Verkäufer, die über viel Einfühlungsvermögen im Umgang mit dem Kunden verfügen und im Einvernehmen mit sich selbst sind.

Erfolg oder Niederlage hängen heute im Verkauf mehr denn je davon ab, ob ein Verkäufer seinen Erfolgswillen in Einklang mit den Wünschen und Problemen des Kunden bringt. Wie ein Verkäufer denkt, so handelt er auch und erzielt entsprechende Ergebnisse. Das heißt: *Will er die Nummer 1 sein,* wird er anders denken und handeln und damit zu anderen Ergebnissen kommen als ein Verkäufer, der nur im Strom mitschwimmt, weil er ganz andere Ziele verfolgt.

Die richtige Denkwelt

**Erfolge entstehen im Kopf,
nirgendwo sonst**

2004, Geffroy Business Akademie GmbH, Düsseldorf

Sprechen Sie das Unterbewusstsein des Kunden an!

Obwohl heute eindeutig bewiesen ist, dass Verkaufserfolge zu einem wesentlichen Teil auf psychologische Faktoren zurückzuführen sind, wird im Verkauf immer noch viel mehr Wert auf Logik und rationales Denken gelegt. Beweist aber die klassische Werbung nicht jeden Tag aufs Neue, dass *wirkliche Erfolge durch eine Ansprache des Unterbewusstseins erzielt werden?*

Unser Gehirn ist ein Apparat, der sehr komplex und vernetzt denken und handeln kann. Aber *nur 10 % unseres Gehirns setzen wir bewusst ein. 90 % aller Handlungen laufen unbewusst ab.* Diese Tatsache muss sich der Verkäufer zunutze machen, wenn er seine Erfolge optimieren will. Es muss ihm gelingen, praktikable Hilfen in der Überzeugungskunst einzusetzen, die gezielt das Unterbewusstsein des Kunden ansprechen. Welche Auswirkungen hat dies auf die Praxis?

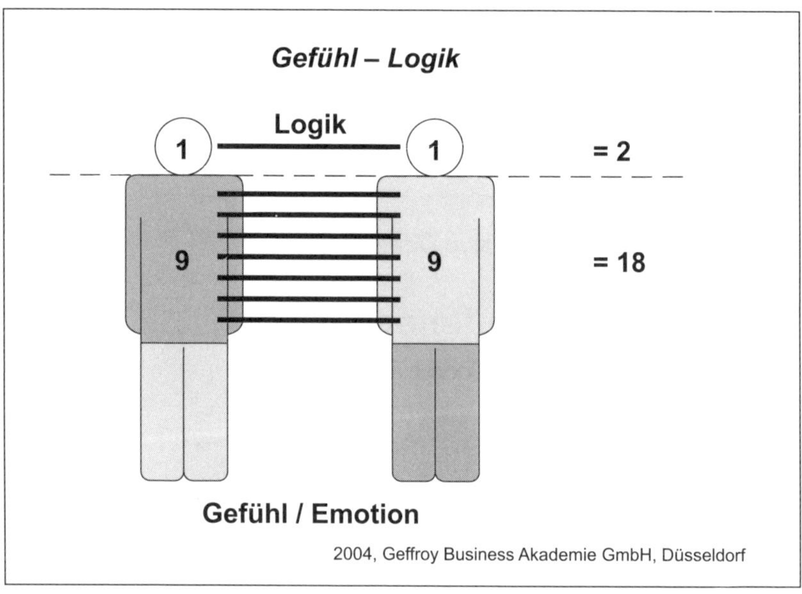

Es bedeutet z. B., dass Ihre unbewussten Körpersignale (Mimik, Gestik) in Einklang stehen müssen mit dem, was Sie sagen und tun. Und Sie müssen unterschwellige Signale und Wirkungen psychologisch geschickt mit dem Unterbewusstsein des Kunden verknüpfen. Sie müssen die psychologischen Wechselwirkungen beachten, die zwischen Ihnen und Ihrem Kunden stattfinden. Wie wirken Sie auf den Kunden, wie reagiert dieser darauf, und wie nehmen Sie Ihrerseits die Reaktion des Kunden auf? Wenn Sie sich nach diesen psychologischen Grundprinzipien verhalten, werden Sie Ihre Verkaufserfolge nachhaltig steigern können.

Programmieren Sie Ihren Erfolg mental vor!

Als weiterer entscheidender Faktor für den Erfolg beim Kunden erweist sich heute immer mehr *die mentale Vorbereitung vor der Verkaufsverhandlung.* Führende Wissenschaftler, wie z. B. Professor Fritz Stemme, haben nachgewiesen, dass sich Gehirn und Körper schon vor dem Vollzug einer bestimmten Handlung auf die Bewegungsabläufe einstellen. Man kann ganze Situationen im Geist wie in einem Film vorerleben und trainieren und sich für gewünschte Erfolge damit selbst programmieren.

Damit gewinnt die Einstellung des Verkäufers zu seinem Erfolg beim Kunden und zu seinem Beruf ganz allgemein eine immer größere Bedeutung. Der Glaube an den eigenen Sieg oder an die eigene Niederlage bewirkt maßgeblich, ob der Verkäufer erfolgreich aus einer Verkaufsverhandlung herausgeht oder nicht.

Hier einige Empfehlungen, wie Sie Ihren Erfolg mental vorprogrammieren können:

- Trainieren Sie regelmäßig, einfach als Denksportübung, im Geist einzelne Abläufe von Verkaufsverhandlungen oder ganze Verkaufssituationen, z. B. den Preisverkauf. Die Vorstellungskraft muss dazu führen, dass Sie bereits den Ernstfall durchleben.
- Prüfen Sie Ihre Einstellung vor dem nächsten Besuch beim Kunden. Haben Sie eher ein positives Gefühl oder eher ein negatives? Fragen Sie sich, warum welches Gefühl überwiegt, und leiten Sie daraus die richtigen Schritte ab. Wer positiv denkt, wird auch positiv überzeugen.
- Gehen Sie Ihre Verhandlung in Gedanken vorher durch. Ihr Unterbewusstsein kann sich damit bereits jetzt auseinander

setzen, und Sie werden eine sicherere Verhandlung führen, als wenn Sie einfach „reinspringen".

- Bringen Sie sich in eine positive Stimmung. Ein bekannter Verkaufsprofi spielt z. B. auf dem Weg zu einem schwierigen Kunden immer sein Lieblingslied auf Kassette ab - ein guter Weg, um mit einfachen Mitteln in eine positive Stimmung zu kommen. Vermeiden Sie andererseits das Denken an ärgerliche Dinge, denn dies beeinflusst Ihr späteres Verkaufsgespräch nur nachteilig.

Erforschen Sie systematisch die Motive Ihrer Kunden!

Wer heute als Verkäufer erfolgreich sein will, muss sich auch mit der Denkwelt seiner Kunden intensiv auseinander setzen. Ohne die Kenntnis der wirklichen Antriebsfedern für die Nachfrage nach einem Produkt ist Verkaufen ein reines Glücksspiel. Entsprechend lautet auch eine der häufigsten Antworten, warum ein Auftrag verloren wurde: „Ich habe die Motive meines Kunden nicht richtig erkannt."

Versuchen Sie deshalb, die Kaufmotive Ihrer Kunden richtig einzuordnen. Dabei ist es hilfreich, wenn Sie die Grundstrukturen typischer Käufer kennen. Anerkannte Fachleute, wie z. B. Professor Werner Corell oder Rolf W. Schirm, haben Menschen nach Motivationstypen eingestuft und leiten daraus Verhaltensmuster ab. Einige Beispiele:

- *Der Prestigetyp.* Ihn spricht alles an, was andere noch nicht haben. Das Neueste zählt. Das Produkt muss ein Unikat sein oder eine Revolution. Deshalb muss ihm ein Produkt als einmalig und etwas ganz Besonderes präsentiert werden. Oft erkennt man den Prestigetyp bereits an seiner Kleidung.
- *Der Sicherheitstyp.* Seine Einstellung lautet: „Nur nichts tun, was auffällt." Er kauft Bewährtes. Neuigkeiten gegenüber ist er weniger aufgeschlossen, denn er will kein Versuchskaninchen sein. Ihn überzeugen Beweise in Form von Referenzen, ein unbefristetes Rückgaberecht oder verlängerte Garantien.

- *Der Gewinntyp.* Er ist eher ein Zahlenmensch. Profitabilitätsrechnungen, Return-on-Investment-Ermittlungen sind seine Lieblingsthemen. Zahlen zählen. Von allen Motivationstypen ist er der rationalste (falls Menschen überhaupt rational sind). Er will stets ins Detail gehen und über Fakten informiert werden. Entspricht der Verkäufer seiner „Rechteckigkeit", hat er gute Chancen.

Nutzen Sie erfolgserprobte Einflusshilfen!

Motivationskünstler beherrschen die Kunst, andere Menschen für ihre Sache zu gewinnen. Sie nutzen dabei psychologische Erkenntnisse, die erstaunlich treffsicher sind. Der amerikanische Psychologe Robert B. Cialdini hat herausgefunden, worauf die überwältigenden Erfolge dieser Überzeugungsprofis beruhen. Die dabei festgestellten Grundprinzipien kann jeder anwenden:

- *Schenken Sie Ihrem Kunden etwas.* Sie werden dafür ebenfalls etwas bekommen, denn jeder Mensch meint, sich für Gefälligkeiten revanchieren zu müssen. Das ist wie ein innerer Zwang.
- *Bitten Sie Ihre zufriedenen Kunden, sich schriftlich zu äußern,* z. B. durch ein Referenzschreiben. Die Schriftlichkeit festigt auch die positive Einstellung des Kunden Ihnen gegenüber und ist ein Dokument gegenüber anderen.
- Kunden schätzen das positiv ein, was sich bei anderen bereits bewährt hat und von diesen akzeptiert wird. *Bringen Sie Ihren Kunden deshalb Beweise.* Haben Sie das meistverkaufte Produkt, sind Sie der älteste Meisterbetrieb in Ihrer Stadt?
- Je einmaliger ein Produkt ist, desto größer ist die Kauflust. *Bieten Sie Ihre Produkte deshalb nur zeitbegrenzt oder in limitierter Menge an,* denn knappe Waren lassen sich besser und teurer verkaufen. In vielen Fällen fängt der Kunde erst dann an, sich für ein Produkt wirklich zu interessieren, wenn es nicht oder fast nicht mehr zu bekommen ist. So werden z. B. Autos wie der Ferrari oder der Mercedes 500 SL zu erheblichen Überpreisen verkauft.

Die richtige Verhandlung

Der Verkäufer von heute ist in der Regel mit den nötigen Verkaufstechniken gut vertraut. Umdenken und weiterdenken muss er vor allem in zwei Bereichen: im Menschen und in der Methode.

„Mensch gewinnt Mensch", so lautet die wichtigste Regel für zukünftige Verkaufserfolge, und mit ihrer Bedeutung muss sich jeder Verkäufer heute intensiv auseinander setzen. Es genügt längst nicht mehr, nur den Namen des Kunden zu wissen. Alles muss von ihm bekannt sein: seine Stärken und Schwächen, vor allem aber seine Motive.

Der zweite Erfolgsfaktor heißt: strategisches Verkaufen. Die Notwendigkeit dafür ergibt sich aus der Komplexität der heutigen Verkaufsaufgaben: Waren früher für eine Kaufentscheidung ein oder zwei Gesprächspartner auf der Kundenseite zu überzeugen, so sind es heute fünf und mehr.

Der Verkäufer wird zum Gebietsmanager und erfüllt zukünftig Aufgaben, die heute noch vom Verkaufsleiter wahrgenommen werden. Dabei wird seine Arbeit in den nächsten Jahren durch die Informationstechnologie stark beeinflusst werden. Auf den Punkt gebracht bedeutet dies, dass planendes Handeln und klare strategische und systematische Aktivitäten den Verkauf der nächsten Jahre prägen werden. Daraus ergibt sich ein erheblicher Weiterbildungsbedarf, weil derartige Aufgaben vielen Verkäufern erst nahe gebracht werden müssen.

Gewinnen Sie Ihren Kunden als Menschen!

Der Kunde als Mensch muss im Mittelpunkt aller Aktivitäten stehen. Dies erfordert allerdings ein noch viel intensiveres Eingehen auf seine Motive und Bedürfnisse, als es bisher üblich war.

Entscheidend dabei ist, dass der Verkäufer die Auffassungen und Einstellungen des Kunden akzeptiert. Und er muss dem Kunden glaubhaft machen können, dass er genauso denkt wie dieser – natürlich vorausgesetzt, dass er dies im eigenen und im Unternehmenssinn akzeptieren kann. Das bedeutet z. B. in der Praxis, dass er den Kunden davon überzeugen kann, dass er das empfohlene Produkt bei einem Rollenwechsel selbst kaufen würde. Aus Verhandlungspartnern werden so „Gedankenpartner" – eine fundamentale Basis für den Verkaufserfolg.

Sorgen Sie für einen optimalen ersten Eindruck!

Der erfolgreiche Verkäufer legt großen Wert auf seine Wirkung beim Kunden. Vom Haarschnitt über die Brille bis zur Uhr und Kleidung überlässt er nichts dem Zufall. Er kennt *die Wirkung des ersten Augenblicks*, in dem die subjektive Kaufentscheidung bereits zu einem großen Teil getroffen wird. Der „Strahlemann", der selbstsicher, aber ohne jegliche Arroganz auftritt, wirkt auf den Kunden sympathisch. Einen Beweis für eine solche positive Wirkung gibt Robert B. Cialdini in seinem Buch *Einfluss*. Hier geht er auf die Beobachtung ein, dass sympathisch wirkende Menschen bei Bußgeldverfahren besser wegkamen als finster dreinblickende Zeitgenossen. Einige Empfehlungen, wie Sie die Sympathie Ihrer Kunden gewinnen:

- *Passen Sie Ihre Optik an.* Bei einem Handwerker ist eine andere Kleiderordnung angebracht als bei einem Industrieeinkäufer. Das Vertauschen von Blouson mit Jackett bewirkt oft schon Wunder.
- *Trainieren Sie, mehr zu lächeln.* Jeder Profifotograf wird Ihnen bestätigen, dass schon ein Sekundenbruchteil zwischen zwei Fotos genügt, um ganz anders auszusehen. Trainieren Sie Ihr Lächeln vor dem Spiegel, genauso wie es Profimodels machen.
- *Setzen Sie Sympathiegesten ein.* Beginnen Sie das Gespräch bei Ihrem Kunden mit einem ehrlich gemeinten Kompliment. Im Büro des Kunden gibt es in der Regel genügend Anlässe.
- *Halten Sie Blickkontakt.* Ein noch so guter Anzug nützt Ihnen nichts, wenn Sie am Kunden vorbeiblicken, denn das ist ein nonverbales Fluchtsignal und reduziert das Vertrauen. Da dieses in kürzester Zeit aufgebaut werden muss, ist die Kontaktaufnahme über das Auge des Kunden entscheidend.

Reagieren Sie sekundengenau!

Verkaufsverhandlungen müssen mit System geführt werden, damit der Verkäufer das Gespräch führt, nicht der Kunde. Die traditionellen Verkaufstechniken ermöglichen die Gesprächsführung mit einem Kunden mit wenig Erfahrung. Doch welcher Kunde ist heute noch unerfahren und hat nicht selbst bereits an Verhandlungsseminaren teilgenommen?

Der Verkäufer muss also zusätzliche Erfolgsfaktoren einsetzen, die der veränderten Situation auf der Käuferseite gerecht werden. Bei empirischen Untersuchungen über die Gründe für erfolgreich geführte Verkaufsgespräche haben wir festgestellt, dass in den meisten Fällen eine Sekunde im Verkaufsgespräch über den Auftragserhalt entscheidet. Die Kenntnis und Anwendung von Verkaufspsychologie und -techniken ist nur die Voraussetzung, um zu diesem optimalen Zeitpunkt zu kommen. Es ist der Moment, in dem der Kunde den aus seiner Sicht wesentlichen Grund für einen möglichen Kauf erzählt, wobei dies oft beiläufig erfolgt.

Häufig geht dieses entscheidende Kaufmotiv in der Vielzahl der besprochenen Dinge unter. Verkäufer und Kunde überreden den optimalen Kaufzeitpunkt, ohne dies zu merken. Wenn der Verkäufer den optimalen Zeitpunkt im Verkaufsgespräch jedoch erkennt, kann er durch eine gezielte Argumentation und geeignete Maßnahmen die spezielle Vorstellung des Kunden nutzen und vertiefen. Gelingt es ihm, die Bedeutung dieses Aspektes als unabdingbares Muss für eine Kaufentscheidung zu dramatisieren, hat er gewonnen. Der Kunde sieht seinen jetzt auch von ihm so eingeschätzten wichtigsten Anforderungspunkt erfüllt und hat nun im Verkäufer den optimalen Lieferanten.

Was können Sie tun, um den optimalen Zeitpunkt im Verkaufsgespräch sicher zu erkennen?

- *Setzen Sie die Verhandlungsprioritäten anders.* Weniger präsentieren und reden, dafür mehr Konzentration auf den entscheidenden Moment durch aktives Zuhören ist hier der geeignete Weg.
- Der optimale Kaufzeitpunkt kommt meist erst im letzten Drittel des Verkaufsgesprächs. Bis dahin müssen Sie *Vertrauen und Sympathie* aufgebaut haben, damit sich der Kunde „öffnet“.
- Gibt der Kunde von sich aus einen wichtigen Kaufgrund, z. B. einen hohen Rabatt, schon vorher preis, müssen Sie prüfen, ob es

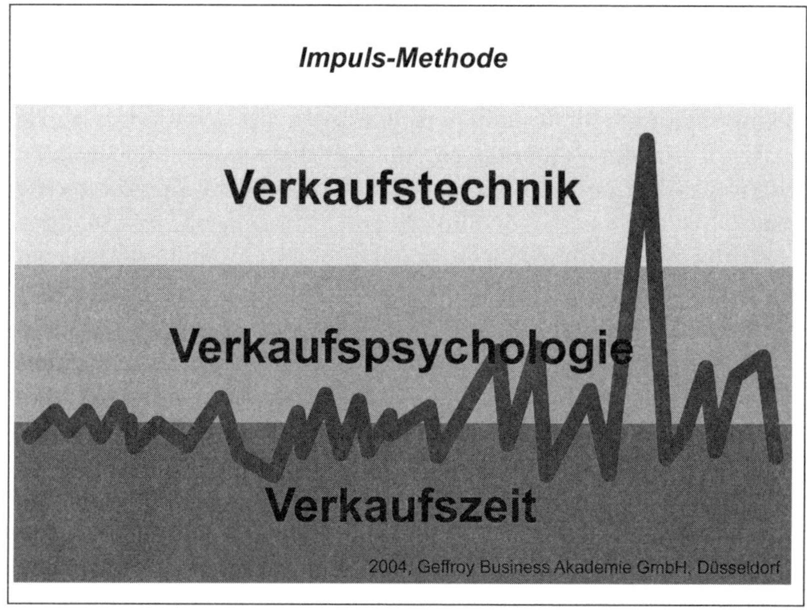

dieser Punkt wert ist, so von Ihnen dramatisiert zu werden, dass der Kunde seine Erfüllung zu einem kaufentscheidenden Kriterium macht. Denn eines sollten Sie sicherstellen: Der Wettbewerber sollte dieses Kaufmotiv möglichst nicht genauso gut erfüllen können wie Sie. Deshalb ist z. B. der Preis kein geeigneter Punkt, weil der Wettbewerb schnell nachziehen kann. Eine Sonderlackierung, die nur Sie anbieten, wäre da schon besser geeignet.

- Oft wird das entscheidende Kaufmotiv erst durch eine intensive Diskussion über dieses Thema im Gehirn des Kunden verankert. Seien Sie deshalb in diesem Punkt besonders *diskussionsfreundlich* und auskunftsbereit. Je mehr Zeit für diesen Punkt verwendet wird, desto sicherer wird der Auftrag.

Machen Sie Nägel mit Köpfen!

Häufig gehen Aufträge verloren, weil der Verkäufer sich nicht hartnäckig genug dafür einsetzt, noch während der Verhandlung eine Teilentscheidung vom Kunden mitzunehmen. Selten unterschreibt ein Kunde sofort, und man vertagt sich auf ein weiteres

Treffen oder Angebot. Damit beginnt die Risikophase, weil Verkäufer eines Konkurrenzunternehmens den Auftrag wegnehmen können.

Entscheidend ist deshalb das Verhalten des Verkäufers in der letzten Phase der Verhandlung. *Kann er den Kunden moralisch zur Treue verpflichten und so dem Wettbewerber einen Riegel vorschieben?*

So können Sie dieses Ziel erreichen:

- *Lassen Sie kein Gespräch ohne Ergebnis zu.* Legen Sie bei jedem Gespräch fest, was der Kunde und was Sie bis zum nächsten Termin zu erledigen haben. Sie können z. B. einen Termin vereinbaren, bis zu dem der Kunde Ihnen eine Skizze zusendet oder eine fehlende Information nachliefert. Je mehr Zeit er für Ihre Firma investiert, desto weniger Zeit hat er, Ihren Wettbewerber kennen zu lernen.
- *Stellen Sie bei jedem Gespräch Abschlussfragen.* Wenn noch kein Auftrag möglich ist, fragen Sie z. B.: „Wie hoch ist die Chance, den Auftrag zu erhalten?“ oder ganz direkt: „Wenn wir diesen Punkt lösen, erhalten wir dann den Auftrag?“ Abschlussfragen müssen auf den Punkt treffen, da Sie sich jetzt auf die Reaktion konzentrieren müssen.
- Nehmen Sie moralisch Einfluss auf den Kunden, und setzen Sie sich selbst als Trumpf in Verhandlungen ein. Fragen Sie den Kunden: „Kann ich sichergehen, dass Sie aufgrund unserer guten Beziehung den Auftrag in der Zwischenzeit nicht an andere vergeben werden?“ Sie haben damit zwar keine Garantie für einen Auftragserhalt, aber Sie können eine Kurzentscheidung verhindern.
- Bauen Sie sich eine Hintertür ein. Lassen Sie durchblicken, dass Sie mit einem Zugeständnis eines Zulieferers rechnen oder dass es eine Sonderaktion geben könne. So beugen Sie der Gefahr vor, dass sich der Kunde für einen Wettbewerber entscheidet, ohne vorher noch einmal mit Ihnen gesprochen zu haben.

Die Kaufmotive

Die großen 3 Kaufmotive sind stärker als alle anderen.

- **Furcht:** vor Schaden, Verlust, Krankheit
- **Eitelkeit:** das Bemühen um Anerkennung durch Freunde, Nachbarn, Kollegen, Mitbewerber
- **Gewinnsucht:** zur wirtschaftlichen Sicherung oder Erweiterung der finanziellen Möglichkeiten

In 90 von 100 Verkaufssituationen können Sie sich auf mindestens eines der drei Hauptmotive beziehen. Wo der Bezug möglich ist, ist dieses Argument Ihr stärkstes.

2004, Geffroy Business Akademie GmbH, Düsseldorf

Die richtige Systematik

Das neue Jahrtausend ist ein Jahrtausend der Zeit. Zeit wird in der Zukunft noch wertvoller sein als Geld. Denn während Geld heute bei den meisten in ausreichendem Maße verfügbar ist, wird das nutzbare Zeitbudget durch die Fülle neuer Aufgaben und die gestiegenen Anforderungen immer knapper. Insbesondere aus drei Gründen muss der Verkäufer zukünftig für eine optimale Zeitnutzung sorgen:

1. Die aktive Verkaufszeit, d. h. die Zeit vis-à-vis zum Kunden, ist mittlerweile in vielen Unternehmen unter die kritische Grenze von 15 % gerutscht. Das bedeutet einen Zeitverlust von 85 % für vergleichsweise unbedeutendere Tätigkeiten, die z. B. delegiert werden könnten.
2. Bedingt durch den Trend zur Freizeitgesellschaft akzeptiert der Verkäufer nicht mehr klaglos eine Regelarbeitszeit von 50 bis 60 Stunden.

3. Die Kosten für einen Kundenbesuch sind mittlerweile auf 200 bis 400 Euro gestiegen. Unrentable Kundenbesuche schlagen voll auf den Gewinn durch.

Trotzdem ist das systematische, zeitlich effiziente Verkaufen nicht für jeden Verkäufer eine Selbstverständlichkeit. Denn welcher Verkäufer ist schon in den Vertrieb gegangen, um zu planen, sich zu organisieren und mit hoher Disziplin und Konsequenz, am besten noch mit einem *PDA*, seine Aufgaben zu meistern? Gerade die große Freiheit war ja für viele der Beweggrund, den Verkäuferberuf zu ergreifen. Deshalb muss erst das Selbstverständnis im Kopf der Mitarbeiter geändert werden, bevor spezielle Zeit- und Persönlichkeitsmanagementseminare Nutzen bieten können.

Wenn allerdings die Chancen einer systematischen Zeitplanung erkannt sind, sind die Auswirkungen enorm: Zweistellige Umsatzzuwachsraten, bessere Profite und kürzere Arbeitszeiten sind dann keine Seltenheit mehr. Oft bringen schon geringfügige Änderungen der eigenen Arbeitsweise und etwas mehr Systematik erhebliche Verbesserungen. Dazu ist allerdings Konsequenz unumgänglich.

Konzentrieren Sie sich auf das Wesentliche!

Die von dem Italiener Pareto aufgestellte Erfolgsregel: *„20 % des Einsatzes bringen 80 % des Ergebnisses“* ist auch im Verkauf gültig.

Auf ihn angewendet bedeutet diese Regel, dass mit etwa 20 % der Kunden oder in 20 % der Zeit bereits 80 % des Umsatzes erzielt werden. Eine Konzentration auf die wirklich interessanten A-Kunden – schon vorhandene sowie auch potenzielle – bringt deshalb eine erhebliche Umsatzsteigerung mit sich. Die übrigen Kontakte können mit Brief oder Telefon gepflegt oder auf den Innendienst übertragen werden.

Allerdings setzt eine gezielte Konzentration der Kräfte die Fähigkeit voraus, *Prioritäten zu setzen* – eine Gabe, die bei vielen Verkäufern noch unterentwickelt ist und erst einmal erlernt werden muss. Denn die meisten neigen dazu, alle Kunden und Aktivitäten als gleich wichtig einzustufen. Doch das ist ein aussichtsloses Unterfangen.

Erhöhen Sie die aktive Verkaufszeit!

Die aktive Verkaufszeit bei den richtigen, d. h. umsatzstärksten Kunden zu erhöhen bringt die sichersten Aufträge. Folgende Maßnahmen haben sich hierzu bestens bewährt:

- Reduzieren Sie die Anwesenheit in der eigenen Firma, indem Sie sich Ihr mobiles Büro bestehend aus Laptop, Handy, PDA, Videokonferenzpaket und Navigationssystem einrichten. Stellen Sie Ihre Online-Erreichbarkeit mit UMTS, GPRS, Wireless LAN und DSL sicher.
- Führen Sie *kürzere Kundenbesuche* zu ungünstigen Zeiten für den Kunden durch – vor dem Mittagessen oder vor dem Feierabend. Die Gespräche werden automatisch kürzer.
- *Verbessern Sie Ihre Tourenplanung.* Ein Besuch mehr pro Tag ist fast immer möglich.
- *Besuchen Sie mehrere Abteilungen bei einem Kunden.* Gehen Sie auch einmal eine Etage höher oder tiefer.
- *Laden Sie an einem Tag mehrere Kunden zu einem Informationsseminar in Ihr Haus ein.* So verdoppeln Sie an einem Tag Ihre aktive Verkaufszeit.
- Schaffen Sie sich eine CRM-Software (Customer Relationship Management) an, mit dem Sie Ihre gesamte Kundenkartei und die Verkaufsverfolgung elektronisch organisieren können.

Installieren Sie ein systematisches Gebietsmanagement!

Nur durch das richtige Verhältnis zwischen kurz-, mittel- und langfristigen Aktivitäten können Sie ein Verkaufsgebiet optimal ausschöpfen. Deshalb müssen geplante Aktivitäten, z. B. zur Neukundengewinnung oder Einführung neuer Produkte, bereits am Jahresanfang feststehen.

Eine systematische Gebietsplanung gründet sich auf folgende Maßnahmen:

- Räumen Sie einem bestimmten Gebietsziel, unabhängig vom Jahresumsatzziel, oberste Priorität ein.
- Erarbeiten Sie dafür ein gezieltes Maßnahmenpaket.
- Ermitteln Sie Ihre aktiven Kunden und deren Verteilung, und erstellen Sie eine monatliche Top-Ten-Liste der besten Kunden.
- Überprüfen Sie, welche Neukunden Sie gewonnen haben und welche verloren wurden. Welches waren die Gründe dafür? Welche der verlorenen Kunden müssen auf jeden Fall zurückgewonnen werden?
- Stellen Sie fest, welche zusätzlichen Absatzreserven noch in Ihrem Gebiet stecken.

Perfektionieren Sie Ihre Angebotsverfolgung!

Viele Kontakte gehen verloren, weil sie nicht hartnäckig genug nachverfolgt werden. Diesem Problem können Sie durch einige Maßnahmen leicht Abhilfe verschaffen:

- Halten Sie alle Projekte auf einer Angebotsliste schriftlich fest.
- Legen Sie Kontakttermine zur Nachverfolgung persönlich fest. Das macht Eindruck.
- Sparen Sie im Verkaufsgespräch bewusst ein bis zwei wichtige Punkte aus. So haben Sie später eine gute Möglichkeit zur erneuten Kontaktaufnahme.
- Arbeiten Sie in Ihre Angebote Entscheidungstermine für den Kunden ein. Dadurch erhöhen Sie Ihre Kontaktchancen.
- Laden Sie den Kunden zu einer Werksbesichtigung ein, oder besuchen Sie mit ihm gemeinsam Referenzkunden.
- Verabreden Sie bei jedem Termin gleich den nächsten Zeitpunkt für ein Treffen. So wird der Kontakt nie unterbrochen.

Die richtige Kundenbetreuung

Das Tempo des Wandels, das heute alle Lebensbereiche beherrscht, hat auch vor den Märkten nicht Halt gemacht. Die Erwartungen und Wünsche der Kunden ändern sich schneller als je zuvor und haben diese unkalkulierbar gemacht. Was gestern noch als absolutes Erfolgsrezept galt, kann deshalb schon heute ein Unternehmen in den Ruin führen.

Die Geschwindigkeit der Veränderungen im Nachfrageverhalten stellt Unternehmen und Verkäufer vor eine besondere Herausforderung: Denn wie sollen sie einschätzen können, was der Kunde heute und in der Zukunft verlangt? Umsatzvorgaben zu erreichen kann damit für den Verkäufer zum Roulettespiel werden.

Welche Lösungen gibt es für dieses schwierige Problem?

Meine Erfahrungen bei vielen Unternehmen zeigt, dass häufig noch ein Frontendenken vorhanden ist: Hier wir, dort der Markt. Eine enge Abstimmung auf und eine konsequente Zusammenarbeit mit den Kunden wird kaum realisiert. Die strategische Reserve „Kunde" und eine systematische Kundenbetreuung kommen zu kurz. Dabei liegen hier enorme Chancen, denn ein betreuter Kunde ist ein zufriedener Kunde, der gerne bereit ist, seine Aufträge zu erhöhen und bei anderen Kunden Empfehlungen auszusprechen. Nachweislich ist eine aktive Kundenbetreuung der schnellste und einfachste Weg, um an neue Kunden zu kommen. Deshalb sollten Unternehmen und Kunde im gemeinsamen Interesse eng zusammenarbeiten.

Geben und Nehmen

Menschen neigen dazu, nach bestimmten Verhaltensmustern zu reagieren. So wurde bereits an früherer Stelle darauf hingewiesen, dass Gefälligkeiten in der Regel vom Kunden durch eine Gegenleistung belohnt werden – eine „Gesetzmäßigkeit", die von Robert Cialdini eingehend untersucht wurde. Er fand heraus, dass sich Menschen für eine positive Leistung revanchieren wollen, wobei die Größe des Geschenks für das Gegengeschenk keine Rolle spielt. So verdankt mancher Spitzenverkäufer seinen Aufstieg der Tatsache, dass kleine Gefälligkeiten oft zu großen Aufträgen führen.

Damit ist eine wichtige Verhaltensempfehlung für den Umgang mit dem Kunden herauskristallisiert: *Erst geben, ohne gleich nehmen zu wollen*, darin besteht die Kunst der Kundenbindung. Die Bereitschaft, eine Zusatzleistung zu erbringen, ohne dafür eine unmittelbare Gegenleistung zu erwarten, beschert Folgeaufträge – nicht die Attraktivität des Preises. Mancher Verkäufer ist schon fürstlich belohnt worden, wenn er seinem Kunden den so dringend benötigten Installateur besorgt hat!

Bauen Sie einen regelmäßigen Informationsdienst auf!

Kundenbesuche oder Telefonate allein reichen für eine langfristige Kundenbindung nicht aus. Ein wirksames Instrument ist dagegen der Aufbau eines *systematischen Informationsdienstes*. Verstärken Sie Ihre Kundenbeziehungen durch regelmäßige Informationen über Ihr Unternehmen und Ihre Aktivitäten. Folgende Möglichkeiten bieten sich hierzu an:

- Geben Sie eine monatliche Hauszeitschrift heraus, in der Sie über aktuelle Markttrends berichten und Ihren Kunden nützliche Informationen bieten.
- Richten Sie ein Kundenportal ein, mit dem Sie Ihre Kunden über neue Produkte informieren, für bereits gekaufte Produkte Support anbieten und sie durch das Zuschalten weiterer Serviceleistungen dazu animieren regelmäßig Ihre Web-Site aufzusuchen.
- Durch die Herausgabe einer CD-ROM nutzen Sie die neuen Möglichkeiten der visuellen Technik – ein zeitgemäßer Weg, um z. B. über technisch anspruchsvolle Novitäten zu berichten.

Organisieren Sie Veranstaltungen für Ihre Kunden!

Die Durchführung von Veranstaltungen für die Kunden ist ein erprobter Weg, ein prägnantes Unterscheidungsmerkmal gegenüber der Konkurrenz zu schaffen. Solche Veranstaltungen ermöglichen den direkten Kontakt zum Kunden und machen die Bereitschaft eines Unternehmens deutlich, Zusatzleistungen über das Produkt hinaus anzubieten. Einige Beispiele hierzu:

- Auf einer Kundenakademie informieren Sie Ihre Kunden kostenlos oder zu Vorzugspreisen über die neuesten Entwicklungen auf einem Gebiet. Diese Variante wird häufig in der Computerindustrie praktiziert.
- Im Rahmen einer Abendveranstaltung informieren Sie Ihre Kunden in zeitlich komprimierter Form über für sie interessante

Themen. Ein Unternehmen der Baubranche führt derartige Veranstaltungen mit großem Erfolg durch.
- Ein Tag der offenen Tür bietet Ihnen nicht nur die Möglichkeit, das eigene Unternehmen vorzustellen, sondern verstärkt auch die Kundenbindung.
- Eine Hausmesse, aus aktuellem Anlass veranstaltet, dient der Absicht, die eigenen Leistungen ungestört von der Konkurrenz zu präsentieren. Sie ist gleichzeitig eine hervorragende Chance zur Neukundengewinnung.
- In Kundenseminaren, die regelmäßig durchgeführt werden, lassen Sie Experten zu Wort kommen, stellen neue Entwicklungen vor und ermöglichen den Teilnehmern einen Erfahrungsaustausch unter Kollegen.

Bieten Sie mehr Zusatzaktivitäten an!

Der Kunde ist das beste Kapital einer Firma. Deshalb ist es sinnvoll, viel Zeit und Ideen in eine systematische Kundenbetreuung zu investieren – noch mehr als bisher. Bei nüchterner Kalkulation wird sofort ersichtlich, dass die Durchführung derartiger Aktivitäten günstiger ist als eine Neukundengewinnung über den klassischen Weg. Nachfolgend einige Ideen:

- Lassen Sie die Geburtstage von allen wichtigen Entscheidern im Kundenunternehmen erfassen, und gratulieren Sie persönlich oder schriftlich. Lassen Sie sich hier ebenfalls von einem CRM-Tool unterstützen.
- Prüfen Sie, ob Sie einen Kundenbeirat gründen können, bei dem ein Kunde unter bestimmten Voraussetzungen Mitglied werden kann.
- Geben Sie für Ihre Kunden eine Mitgliedskarte heraus, die bestimmte Vorteile oder einen Prestigegewinn sichert.
- Führen Sie Incentive-Reisen für Ihre Kunden durch, an denen diese nach Erfüllung eines bestimmten Verkaufsziels teilnehmen können. Der Vorteil hierbei ist, dass sich Incentive-Reisen gewissermaßen von selbst bezahlen, da die Reise erst bei der Erfüllung der Vorgabe mit einkalkuliertem Gewinn von Ihnen veranstaltet wird.

- Bieten Sie ein Angebot des Monats speziell für Ihre Kunden an. Dieses können Ihre Kunden zu Vorzugskonditionen erwerben.

Die richtige Akquisition

Zielsetzung der Akquisition

kurzfristige Absatzsteigerung
langfristige Absatzsicherung
Versorgungsmanagement
Investition in die Zukunft
Bekanntheitsgradsteigerung
Eroberung von Wettbewerbskunden
Verbesserung der Loyalitätsrate
mehr Einkommen

2004, Geffroy Business Akademie GmbH, Düsseldorf

Die systematische Akquisition versteht sich heute als ein Netzwerk verschiedener Einzelbausteine aus den Bereichen Marketing und Verkauf. Neue Kombinationen aus Methode und Technik prägen das Bild erfolgreicher Neukundengewinnung: In Zukunft werden die Unternehmen erfolgreich sein, die das gesamte Potenzial der Kommunikationstechnologien ausschöpfen.

Wichtig dabei ist die Kombination. Nur Telefonmarketing bringt genauso wenig wie Direkt-Mailing allein. Erst die geschickte Kombination zwischen Verkaufsförderung, Kundenbetreuung, Empfehlungsgeschäft, Telefon-, Marketing-, Briefwerbung und Öffentlichkeitsarbeit sowie Kooperationen mit anderen Firmen entscheiden über die Verkaufserfolge der Zukunft.

So kann das langwierige Neukundengeschäft bis zum kritischen Punkt der Kaufbereitschaft des Kunden optimal vorbereitet werden, und der Verkäufer braucht seine wertvolle Zeit nur auf die chancenreichsten Neukontakte zu konzentrieren.

Dabei sind Mammutaktionen out. Die Umsetzung der Maßnahmen erfolgt vor Ort durch die jeweiligen Vertriebspartner. Agentu-

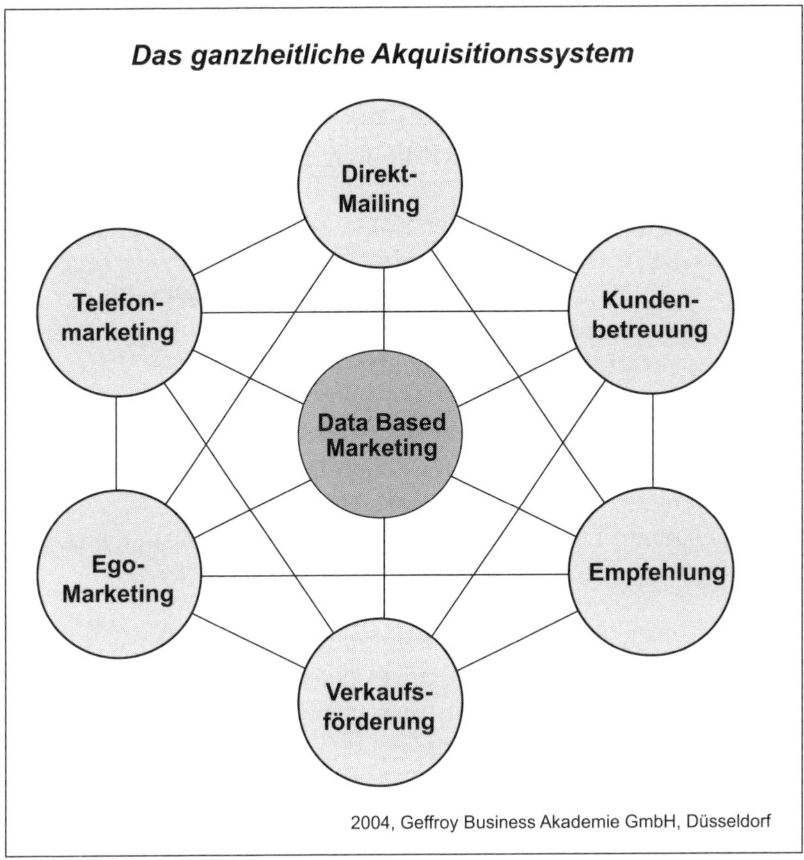

ren, Niederlassungen oder Händler entscheiden sich für den jeweils sinnvollsten Mix an Aktivitäten und setzen ihn mit eigenem Zeitplan und eigenem Controlling um.

Bauen Sie ein leistungsfähiges Kontaktsystem auf!

Neukundengewinnung ist ein zunehmend schwieriges Unternehmen, denn der umworbene potenzielle Kunde ist in aller Regel gut ausgebildet, erfahren und im Umgang mit Verkäufern versiert.

Da auch die Entscheider auf der Einkaufsseite heute unter Zeitdruck leiden, kommen viele Angebote entweder gar nicht mehr auf ihren Tisch oder werden aus Zeitmangel nicht gelesen. Ähnlich scheitern persönliche Kontaktversuche. Untersuchungen bei vielen Unternehmen haben ergeben, dass heute ein möglicher Kunde siebenmal kontaktiert werden muss, bevor er sich zum Kauf entschließt. Erst im Laufe eines mehrstufigen Vertrauensprozesses wächst beim Gesprächspartner die Bereitschaft, über einen neuen Lieferanten nachzudenken.

Dabei ist nicht die Form des Kontaktes erstrangig, sondern die Dauerhaftigkeit. In Unkenntnis des *7xKontakt-Systems* scheitern deshalb viele Akquisitionsbemühungen gewissermaßen fünf Minuten vor dem ersehnten Ziel. Bitte beachten Sie in diesem Zusammenhang auch folgende Tatsachen:

- Der erste Kontakt bringt, von wenigen Ausnahmen abgesehen, fast immer ein Nein des potenziellen Kunden.
- Die teuerste Form der Kundenansprache ist ein persönlicher Besuch, dann folgt an zweiter Stelle das Telefongespräch und an dritter erst der schriftliche Weg.

Daraus ergibt sich als logische Folgerung: Bereiten Sie zuerst einen potenziellen Interessenten geschickt per Direktwerbung auf, legen Sie dann ein zweites Mal schriftlich nach, und vereinbaren Sie erst beim dritten Mal einen Termin.

Wenn Sie nach dieser Regel vorgehen, treffen Sie auf einen weitaus kaufwilligeren Interessenten und haben viel Zeit und Kosten gespart.

Nutzen Sie den Dreiecksverkauf!

Hierbei geht es um die interessanteste, schnellste, sicherste und erfolgversprechendste Form der Kundengewinnung: *das Empfehlungsgeschäft*. Es erlebt heute in vielen Unternehmen eine Renaissance ohnegleichen, aus einleuchtenden Gründen: Wenn ein Kunde ein angebotenes Produkt oder eine Dienstleistung, wie z. B. eine Versicherung oder eine Anlageform, nicht allein in aller Konsequenz überblicken kann, nimmt er Abstand davon, oder er verlässt sich auf den Rat von Vertrauenspersonen.

Deshalb können Sie den halben Erfolg schon für sich verbuchen, wenn Sie einen Kunden dazu bringen können, dass er Ihnen den

Namen eines potenziellen Kunden nennt und auch bereit ist, Sie persönlich anzukündigen.

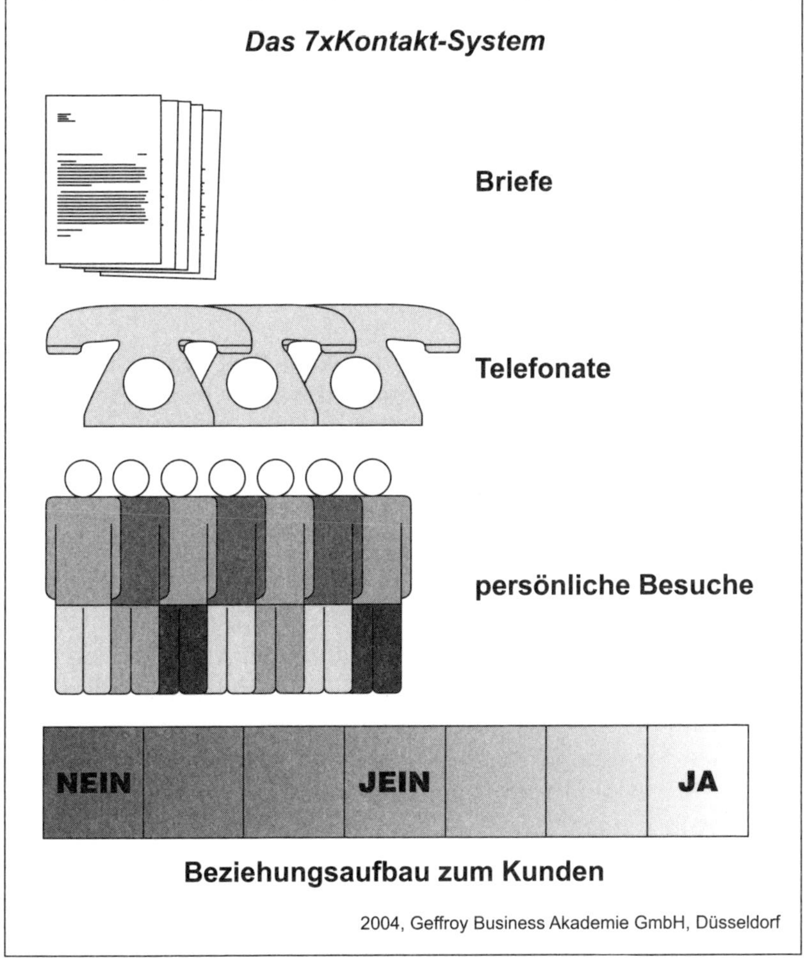

Profis, z. B. in der Finanzdienstleistung, erzielen auf diese Art der Kundenwerbung Umsatzsteigerungen von 200 % und 300 % pro Jahr.

Dem Dreiecksverkauf liegt das Prinzip zugrunde, dass der Verkäufer eine Person gewinnt, die ihn wiederum weitervermittelt.

Dieses System ist nicht nur bei schon vorhandenen Kunden erfolgversprechend:

- Fragen Sie auch Ihre Interessenten, wer noch für Ihre Produkte infrage kommen könnte. (Diese Form sollten Sie allerdings nur nutzen, wenn der Interessent selbst zu diesem Zeitpunkt nicht kaufbereit ist. Sonst könnte eine nicht kaufbereite dritte Person das ganze Geschäft zerstören.)
- Denken Sie auch an alle anderen Personen, die Kontakt zu der Sie interessierenden Zielgruppe haben. Bauen Sie sich ein Empfehlungsnetz mit Alliierten auf. Architekten, Steuer- und Unternehmensberater z. B. haben häufig Kontakte, die für Sie wichtig sein könnten.
- Verbünden Sie sich mit einem Hersteller oder dessen Händlern, die sich an die gleiche Zielgruppe wie Sie wenden. Wenn Sie Luxusartikel verkaufen, kann z. B. eine Kooperation mit einem ortsansässigen Porsche-Händler durchaus erhebliche Synergieeffekte bringen.

Kombinieren Sie Brief plus Telefon!

Erfolgreiche Unternehmen beweisen es: Die Tendenz geht heute weg von isolierten hin zu vernetzten Lösungen. Frederic Vester gilt als Vorreiter des vernetzten und ganzheitlichen Denkens, das auch im Verkauf der Trend der Zukunft ist.

Suchen Sie deshalb nach *erfolgreichen Verknüpfungen.* Kombinieren Sie z. B. Ihre Marketingaktionen immer mit einer Info-Mail. Einige Anregungen:

- Bei Produkten mit hohem Investitionsvolumen für den Privat- oder Geschäftskunden bietet sich ein 2-B-1-T-System an. Dabei schreiben Sie einen potenziellen Kunden mit einem interessanten Erstbrief an, der Interesse für einen zweiten Brief weckt. Dieser kommt etwa zehn Tage später. Im zweiten Brief wecken Sie durch eine Beilage wiederum das Interesse des Kunden und weisen auf ein nachfolgendes Telefonat hin.

- Ein beigefügtes Geschenk soll einen kreativen Bezug zu Ihrem Produkt ermöglichen. Z. B. könnten Sie, wenn Sie Produkte aus den USA anbieten oder Investitionen in den USA offerieren, eine Original-1-Dollar-Note beilegen. Falls Europa im Zentrum Ihres Angebots steht, verschenken Sie einen kleinen Holzzug mit dem Motto: „*Springen Sie auf den Europazug auf.*"
- Bei preiswerten Produkten sollte ein Teil der Mailing-Kosten direkt durch ein in dem Brief befindliches Sonderangebot abgedeckt werden.
- Bieten Sie potenziellen Interessenten bei Erstkontakten auf schriftlichem Weg immer einen Sondervorteil für Erstkäufer an, wobei Sie konsequent der Linie „Erst geben, dann nehmen" folgen. Bauen Sie einen Dialog mit dem potenziellen Kunden auf. Wenn er Ihnen einen beigefügten Fragebogen zurückschickt, erhält er eine Sonderleistung oder einen Sondervorteil, z. B. ein handsigniertes Bild eines bekannten Malers in limitierter Auflage.

So kann durchaus auf schriftlichem Weg der Kontakt zu einem Neukunden aufgebaut und intensiviert werden, ohne dass ein Telefonanruf oder persönlicher Besuch zu früh und damit kostenintensiv und risikoreich erfolgt. Erst nach mehrmaligen schriftlichen Kontakten sollte bei ausgewählten A-Interessenten ein Telefonanruf erfolgen.

Planen Sie Aktionen langfristig!

Aktionen sind die aktivste Form des Verkaufens. Ohne ihre Durchführung ist die Neukundengewinnung ein reines Zufallsgeschäft. Doch in vielen Unternehmen wird durch Aktionen nur reagiert, nicht geplant agiert. Deshalb ist eine bereits am Jahresanfang feststehende Aktionsplanung für das ganze Jahr von größter Wichtigkeit.

„*Wer macht was bis wann?*" ist dabei die zentrale Frage. Möglichkeiten für erfolgreiche Aktionen gibt es genug, doch sie müssen sorgfältig abgestimmt und planmäßig umgesetzt werden. Eine

Aktion ist nur bei konsequenter Zielsetzung, Planung, Durchführung, Steuerung und Kontrolle lohnend. Welche Aktionen bieten sich an?

- Neuprodukteinführungen bieten gute Chancen, neue Interessenten zu gewinnen.
- Messen dienen nicht nur dem Kontakt mit „guten alten Freunden“, sondern ermöglichen auch den gezielten Aufbau von Neukontakten. Damit sind sie eine interessante Plattform zur Neukundengewinnung, wenn sie richtig geplant und vorbereitet sind.

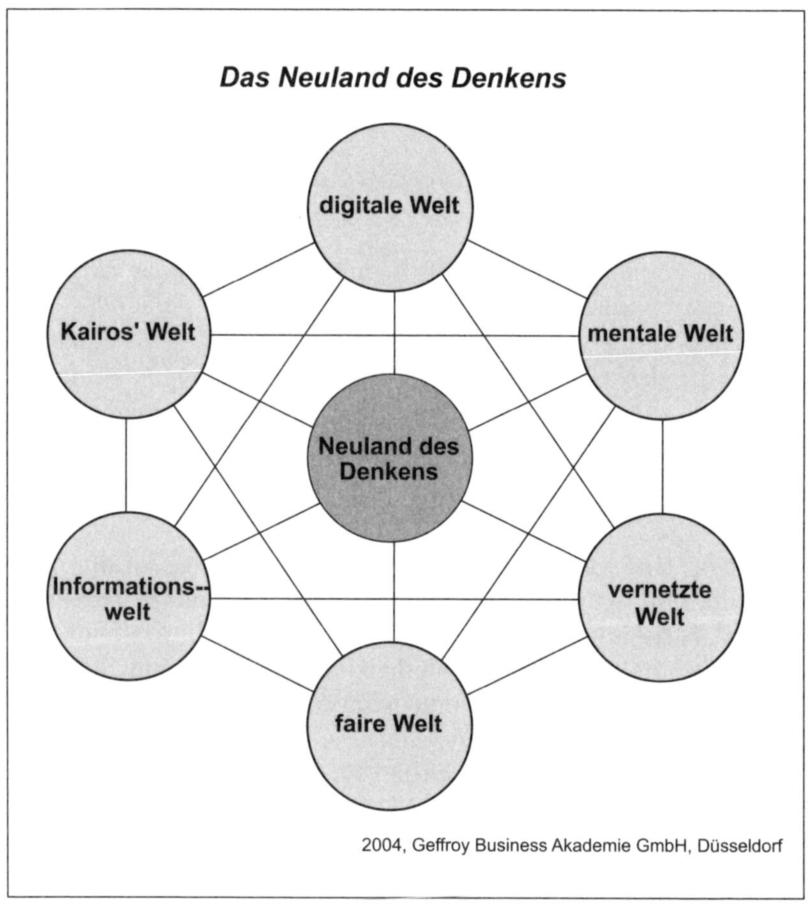

- Auch eine Kundenrückgewinnungsaktion kann eine interessante Maßnahme sein, wenn in letzter Zeit Kunden abgesprungen sind.
- Eine gezielte Aktion zur Neukundengewinnung als eine in sich abgeschlossene Aktivität gehört ebenfalls in diesen Maßnahmenkreis.

Unter dem Aspekt des vernetzten Denkens lassen sich die hier beschriebenen Beispiele zur Erfolgssteigerung gut miteinander kombinieren. Zum Beispiel kann eine Neuprodukteinführung durch eine Kundenveranstaltung in Form eines Kundenseminars erfolgen, zu dem Neukunden per Brief und Telefon sowie mit Unterstützung persönlicher Verkäuferbesuche eingeladen werden. Falls Sie diese Veranstaltung dann nutzen, um über Aufträge hinaus auch Empfehlungen zu bekommen, haben Sie alle Synergieeffekte genutzt.

Individualität schlägt Zeit

Ein Manager erklärt: „In Zukunft besiegen nicht mehr die Guten die Schlechten, sondern die Schnellen die Langsamen."

Fragt sein Kollege zurück: „Ein Zitat von Aristoteles?"

„Nein, von Mika Häkkinen!"

Der Witz war ernst gemeint, jedenfalls im letzten Jahrhundert. Inzwischen ist klar, dass sich der schnelle Formel-1-Star Häkkinen geirrt hat. Vielmehr erinnert die Wirklichkeit des neuen Jahrtausends an die Fabel vom Hasen und Igel. Sieger ist nicht mehr der Schnellste. Sieger sind jene, die mit List und Verstand an den Start gehen. Nicht Zeitdruck beherrscht die Märkte. Der Entwicklungsdruck gibt den Takt an. Zeit ist keine Frage von Geschwindigkeit mehr. Zeit ist eine neue Qualität. Entscheidend ist, wie viel Fortschritt in welcher Zeit erreicht wird. Und Fortschritt sieht heute anders aus als noch in den 90er Jahren.

Nehmen wir als Beispiel den Einzelhandel. Anfang vergangenen Jahrhunderts war das Ladengeschäft ein kleines, spezialisiertes Unternehmen. Die Theke trennte Personal und Waren von den Kunden. Die standen Schlange und warteten geduldig auf die Bedienung. Dann, in den 60er Jahren, ereigneten sich grundlegende Veränderungen. Die Massenproduktion erweiterte die Produktpalette. Die ersten Selbstbedienungsländen wurden eröffnet. Ein Einkaufserlebnis neuer Art hielt Einzug: ohne trennende Theke, fast ohne Verkaufspersonal. Die Nachfrage stieg mit wachsendem Wohlstand. Einkaufszentren entstanden. Mit zunehmender Motorisierung wuchsen Kaufzentren an den Stadträndern, wo das Warenangebot neue Dimensionen erreichte. Und der Kunde? Dem blieb die Qual der Wahl, jede Menge Arbeit und Anstrengung. Hinfahren, anschauen, aussuchen.

Inzwischen kündigen sich abermals tiefgreifende Veränderungen an. Je höher die Marktsättigung, umso wichtiger wird die Dienstleistung. Die besteht aus Beratung, Wartung und sinnlichem Erlebnis. Der „harte Kern" der Produkte tritt zurück hinter der Servicehülle. Nur sie kann eine anspruchsvolle Kundschaft beeindrucken. Für eine Tasse Kaffee im hippen Star-Bucks-Café zahlt der Kunde auch mal das Doppelte, allein für die Atmosphäre. Einkaufen wird immer deutlicher zum emotionalen, sinnlichen Erlebnis. Espressobar und Kinderspielecke, Kostprobenstände und Entspannungszonen sind die Rastplätze der Einkaufstour. Die Zukunft des Einkaufens erinnert weit mehr an die uralte Vergangenheit des Handels auf kleinen, überschaubaren Marktplätzen. Sie hat immer weniger zu tun mit dem seelenlosen Geschäft des Massenkonsums, als sich Käufer und Verkäufer darauf beschränkten, sich gegenseitig Geld und Ware in die Hand zu drücken.

Der Markt wandelt sich vom Anbieter- zum Käufermarkt. Vorbei sind die Zeiten selbstherrlicher Produkt-Distributoren. Die Zukunft gehört den cleveren, wohl informierten Kunden, die sich aussuchen, mit wem sie Geschäfte machen. Nach Jahrzehnten beliebig austauschbarer Produkte, austauschbarer Mitarbeiter und austauschbarer Konsumenten erleben wir das Zeitalter des austauschbaren Anbieters.

Das schafft Entwicklungsdruck. Und je schneller, konsequenter und durchdachter Sie sich dieser Entwicklung anpassen, umso besser sind Ihre Chancen auf den neuen Märkten. Vergessen Sie dabei allerdings nie, dass allein der Kunde über Ihren Erfolg entscheidet.

Der Kunde?

Für den Kunden neuen Typs sind Märkte keine Produkte, sondern Gespräche. Und Gespräche führen Menschen. Also sind die neuen Märkte Menschen. Der neue Kunde beobachtet, aber er wartet nicht. Er weiß: Ein Anbieter, der ihm nicht genügend Aufmerksamkeit entgegenbringt, wird ersetzt. Er wird ersetzt durch einen anderen Anbieter, der aufmerksamer ist, interessierter und mit dem zu spielen mehr Spaß macht. Der neue Kunde lässt sich nicht länger einklemmen zwischen Werbebotschaften und Ladenschlusszeiten.

Diese Beschreibung des neuen Kunden wurde, in 95 Thesen zusammengefasst, von einer weltweiten Netz-Gemeinde unter www.cluetrain.com im Internet veröffentlicht. Nachzulesen ist diese Story auch in dem Buch *The Cluetrain Manifesto* oder in der deutschen Fassung *Das Cluetrain Manifest.* Vor einigen Jahren von Publizisten und Software-Leuten im Silicon Valley gegründet, hat sich diese Online-Community inzwischen zu einer millionenstarken Interessengemeinschaft entwickelt. Ihr geht es nicht mehr so sehr um die alte Behauptung, dass wirtschaftliches Handeln grundsätzlich zur menschlichen Natur gehöre. Sie macht deutlich, dass die internationale Gemeinschaft der Kunden längst auf jede Frage eine Antwort, für jeden Bedarf einen Lieferanten findet und sich keineswegs damit abfinden muss, dass Wirtschaften keinen Spaß macht.

Der Umgang mit den neuen Märkten ist deshalb keine Zeitfrage mehr. Die Disziplin eines Terminkalenders garantiert noch lange keine Qualität. Ebenso wenig kann der Stundenplan in der Schule gute Noten bestimmen. Das Thema Zeitmanagement ist ein Kind des technischen Fortschritts: Weil die Technik galoppierte, glaubte man, durch organisierte Zeiteinteilung Schritt halten zu können. Doch inzwischen ist klar, dass es nicht auf den Galopp, sondern auf die Richtung zu den neuen Märkten ankommt.

Dort ist der Kunde neuen Typs vor allem Individuum. Das internationale Zusammenwachsen der Märkte und der Zufluss ausländischer Arbeitskräfte genügen bereits, um die Mitarbeiterstruktur immer heterogener werden zu lassen. Zu den Unterschieden von Alter, Geschlecht und Bildung kommen auch noch verschiedene Nationalitäten, Hautfarben und Kulturen. Kunden werden immer unterschiedlicher, wechselhafter und kapriziöser. Nischenmärkte werden immer kleiner und kurzlebiger. Die Leistungsangebote werden immer spezifischer. Man denke nur daran, welche Bedeutung das Wort „maßgeschneidert" gewonnen hat. Mit dem 21. Jahrhundert beginnt das Zeitalter des Individuums.

Zweifellos erfordern diese Veränderungen erhebliche Anstrengungen. Vielleicht tun sich deshalb weite Teile der Old Economy so schwer mit der Änderung ihrer Unternehmensphilosophie. Dabei hat die leider immer noch anhaltende Entlassungswelle zwar manchen Unternehmsberater reicher, die Unternehmen selbst aber bestimmt nicht innovativer gemacht. Die alten Regeln sind überholt. Der Neo-Taylorismus, heute Reengineering genannt, ist nur eine letzte Anstrengung, die Menschen in fest gefügte Strukturen zurückzuzwingen. Die ISO-Regeln für Kundenorientierung durch Standardisierung sind nichts als eine Behauptung, durch Qualität könne man neue Jobs schaffen. Den meisten dieser Managementmethoden ist ein zentraler Nachteil gemeinsam: Sie nehmen keine Rücksicht darauf, dass sich die Gesellschaft verändert hat. Die Menschen wehren sich längst gegen betriebliche Anpassungspropaganda, gegen Institutionen, gegen bloße Identifikation.

Es gibt offenbar eine heimliche Sehnsucht vieler Manager, Menschen ähnlich behandeln zu können, wie man Auto fährt. Gas geben, bremsen, lenken, defekte Teile austauschen. Genauso sollen Menschen vordefinierte Stellen besetzen und den Erfordernissen der Organisation gehorchen. Diese Herrschaftsmuster haben sich während der Jahrhunderte so tief eingegraben, dass sie nur schwer aufzugeben sind. In vielen Firmen wird in der Vorstandsetage zwar schon über die Globalisierung diskutiert, aber in den Abteilungen darunter noch immer kleinkariert regiert. „Viele haben Angst, die Kontrolle zu verlieren", sagte mir ein Manager über die Hemmschwelle auf dem Weg ins neue Zeitalter.

Nichts stört so sehr wie Unkalkulierbarkeit des Individuums. Dabei liegt die Logik auf der Hand: Wenn man den technologischen Wandel ernst nimmt, bleibt nichts anderes übrig, als auch den Bewusstseinswandel der daran beteiligten Menschen ernst zu nehmen. Da genügt es nicht, die Fotos neuer Mitarbeiter an das schwarze Brett zu hängen oder im Intranet zu veröffentlichen. Es geht um mehr. Es geht darum, Unternehmen flexibler zu machen, sie auf „Realtime-Business" einzustellen.

Wie das geht, kann man bereits überall sehen. Kleine Business-Pioniere zeigen großen Unternehmen, wo's langgeht. Hoch begabte Mitarbeiter mit Unternehmermut verlassen die Betriebe, in denen sie sich nicht ausleben können. Gute Leute haben immer weniger Lust auf Anpassungszwänge in Großfirmen. Unter Druck treten viele Schwächen unerfahrener Gründerteams gnadenlos zutage. Damit jedoch den Einstieg in die neue Wirtschaftsära niederzureden wäre so, als würde man alle Führerschein-Neulinge vom Straßenverkehr fernhalten.

Vor allem zeigt sich an der Zurückhaltung der Old Economy, dass für sie bei den beiden deutlichsten Trends erheblicher Nachholbedarf besteht: Flexibilität und Offenheit. Flexibilität beweisen etwa gestandene Manager, die jahrelang in sicheren Unternehmen arbeiteten und jetzt in die Geschäftsleitung eines jungen Startup wechselten. Die jungen Gründerteams beherrschen Risiko, Innovation und Aktivität. Die Manager der alten Generation sind erfahren in Controlling und Risikoabsicherung. Die Internet-Ökonomie erweist sich also auch durch die Verbindung von Jung und Alt als konkurrenzlos flexibel.

Unternehmen, die den Einstieg in die digitale Welt wagen, bleibt eine Erfahrung nicht erspart: Es kommt auf die Qualität, nicht auf die Geschwindigkeit ihrer Entscheidungen an. Denn das Web ist nicht einfach ein zusätzlicher Vertriebskanal. Es bedeutet für jede Firma eine Revolution. Und diese Revolution wird mit Informationen ausgetragen. Jeder mit jedem, sofort und überall verfügbare Informationen, immer betriebsbereite Vermittlung, das sind die Schlagworte der neuen Dimension. Der zentrale Marktplatz, um den Konsumenten und Lieferanten satellitenförmig kreisen, löst die bisherige Punkt-zu-Punkt-Kommunikation ab. Die Struktur einer Firma, die online präsent ist, muss ganz anders aussehen als die eines traditionellen Unternehmens. Das Internet zwingt dazu, über Kundenbeziehungen ständig nachzudenken, und verlangt immerzu neue Lösungen. Kontinuierliche Beziehungspflege statt sporadischer Aktionen sind angesagt, um den Kunden zu binden. Warum? Weil Internet-Kunden kaum noch Loyalität, sehr wohl aber ihren

Nutzen kennen. Diesen Nutzen in gegenseitige Loyalität umzusetzen, darin liegt der Kern der neuen Märkte. Und deshalb ist es billiger, einen alten Kunden zu halten, als nach neuen zu suchen.

Doch nicht nur nach außen verändert der digitale Trend das Selbstverständnis der Firmen. Auch sind keineswegs nur Online-Firmen von diesem Trendwandel betroffen. Neue Prozesse und Strukturen bestimmen die gesamte Wirtschaft. Einer der Eckpunkte: Firmen werden zum offenen Buch. Marktdaten werden immer mehr zum Gemeingut. Und der Wert dieser Daten verfällt schnell.

Das bedeutet in der Praxis, dass der Point of Sale tot ist. Die Kaufentscheidung eines Kunden und der Zeitpunkt, zu dem er sie in die Tat umsetzt, liegen im Internet-Zeitalter häufig weit auseinander, räumlich wie zeitlich. Wer Reiseangebote oder Maschinenteile in aller Ruhe auf dem Bildschirm seines Computers studieren und die Kaufentscheidung wochenlang verschieben kann, ist für Verkaufsprozesse bisheriger Art unerreichbar. Darüber hinaus lässt die Elektronik keine Geheimnisse mehr zu. Die Zahl der Käufer, ihre Motive, der Zeitpunkt, die Art der Bezahlung: Alles ist für jeden nachvollziehbar. Was nützt es beispielsweise einem Online-Buchhändler, wenn er weiß, wie oft ein Titel aus welchen Gründen geordert wird? Bis ihm eine passende Strategie dafür einfällt, ist die Karawane wahrscheinlich schon weiter gezogen.

Was ihm als Reaktion bleibt, sind überzeugende Serviceleistungen. Rund zehnmal mehr Ertrag lässt sich durch Service erwirtschaften, behaupten Prognosen, im Vergleich zum reinen Verkauf. Kunden, die im Internet shoppen, treffen zu über 50 % ihre Kaufentscheidung nicht nach dem Preis, sondern nach Kriterien wie Service und Lieferbedingungen. Umgekehrt klickt jedoch über ein Drittel aller Internet-Kunden, die einmal schlechte Erfahrungen mit einer Web-Seite gemacht haben, diese nie mehr an.

Service und Kundenbeziehung werden damit zu den zentralen Schwerpunkten der neuen Ökonomie. Auf einem Manager-Forum machte einer der Teilnehmer seinen Kollegen den Vorschlag, sie sollten sich doch einmal überlegen, was passieren würde, wenn sie den Verkauf von Produkten kurzerhand einstellen und sich nur noch auf besondere Serviceleistungen konzentrieren würden.

Wenn auch dann noch ihre Firma überleben könne, dann wären sie auf dem richtigen Weg.

6.2 Der Kunde findet Sie

In den USA gibt es das Handelshaus Land's End. Diese Firma hatte eine ganz besondere Idee. Jedes Produkt wird bei Nichtgefallen umgetauscht. Der Kunde muss keine Begründung liefern. Das Unternehmen gewährt seinen Kunden ein lebenslanges Umtauschrecht und stellt auch bei Umtausch nach Jahren keinerlei Fragen.

Können Sie sich das vorstellen? Sogar völlig abgelaufene Kinderschuhe werden anstandslos umgetauscht. Aber bei Land's End weiß man, dass nur etwa 3 % der Kunden das Angebot missbrauchen. Ich nenne das: Kundenerfolge jenseits des Egoismus.

Natürlich werde ich gelegentlich mit dem Vorwurf konfrontiert, dass es ja auch nicht ohne Egoismus sei, wenn man dem Kunden im täglichen Leben hilft, dadurch mehr Abschlüsse erzielt und letztlich mehr Gewinn macht. Doch ich finde, damit kann man leben. Wenn Sie einem Kunden helfen, erfolgreicher zu werden, und als Gegenleistung höhere Abschlüsse machen, gilt das Prinzip des beiderseitigen Gewinnens. Wenn beide Seiten bei einem Geschäft ihren Vorteil haben, dann sind sie Partner. Und genau das ist der springende Punkt: Partnersysteme müssen Verkaufssteigerungsprogramme ablösen oder massiv unterstützen.

Früher gab es in jedem Ort einen Marktplatz, auf dem die Händler ihre Waren anpriesen. Wer etwas kaufen wollte, musste sich auf den Weg dorthin machen. Dieses System hat lange Zeit gut funktioniert. Doch dann haben wir angefangen, es auf den Kopf zu stellen. Nicht der Kunde hat uns gefunden, sondern wir haben mit allen Mitteln den Kunden gesucht. Auch das hat einige Zeit ganz gut funktioniert. Aber inzwischen ist es damit vorbei. Kunden wollen heute nur noch selten einfach ein Produkt kaufen. Sie erwarten Spaß, Service, individuelle Ansprache, Erlebnis – ja, und schließlich auch noch das Produkt.

Marktplätze der Zukunft werden Live-Veranstaltungen über das Internet sein: Musikkonzerte, Live-Web-Kundenberatung, Videofilme und Kundenportale, die ganz nebenbei auch noch Produkte anbieten. Daneben werden Chatrunden und Unterhaltung angeboten, interessante Ratschläge und Call-back-Buttons für Anfragen.

Das bedeutet, dass der Kunde Sie findet. Die Ladentüre, ob real oder im Internet, muss 24 Stunden am Tag geöffnet bleiben. Viele Unternehmer glauben immer noch, es komme nur darauf an, einen Kunden an seine Firma zu „binden". Ihnen ist „Kundenbindung" ein wichtiges Anliegen. Sie übersehen, dass diese Art von Beziehungspflege nur vom Unternehmen ausgeht. Das ist so, als würde ein Ehepartner den anderen an sich binden, um zu verhindern, dass er fremdgeht. So versuchen auch diese Manager den Kunden daran zu hindern, dass er fremdgeht und bei einer anderen Firma einkauft.

Dabei geht es in Wahrheit um viel mehr. Es geht nicht um Bindung, sondern um Verbundenheit. Fühlt sich ein Kunde einer Firma verbunden, ist er von deren Leistungen überzeugt. Er ist ein zufriedener Kunde, vielleicht sogar ein sehr zufriedener Kunde. Er hat Vertrauen zu der Firma. Mit solchen Kunden kann die Firma zusammenarbeiten. „Auf diese Firma kann ich mich verlassen. Sie hat mir schon oft geholfen." Dieser Satz ist häufig zu hören, wenn es um Verbundenheit geht. Das bedeutet, dass beide Seiten voneinander lernen und sich so immer stärker einander verbunden fühlen.

Und wie bringt man einen Kunden so weit, dass er diese Partnerschaft eingeht? In Hongkong wurden in den meisten Hochhäusern Internet-Anschlüsse verlegt. Der Supermarkt, unten im Haus, gibt seine täglichen Sonderangebote ins Netz, die Hausfrau bestellt via Internet, und die Ware wird vom Supermarkt direkt in die Wohnung geliefert. Mittlerweile gibt es multimediale Kühlschränke mit eingebautem Computer. Ausgehende Lebensmittel werden registriert und sofort per Internet im Supermarkt neu bestellt. Es geht also um die Schaffung immaterieller Werte und immaterieller Anziehungskraft. Im Kern steht damit immer wieder die Frage: Wie attraktiv, wie spannend ist Ihr Unternehmen? Was passiert in Ihrer Firma über das Angebot von Produkten und

Service hinaus? Welches ist Ihre Idee? Verkaufen Sie immer noch „nur" Produkte?

Verabschieden Sie sich vom Produktdenken! Verabschieden Sie sich vom Servicedenken. Verabschieden Sie sich von der Hoffnung, Kundenorientierung und Kundenzufriedenheit würden Ihnen den gewünschten Erfolg bringen. Sie müssen hinterfragen, wo Sie wirklich hinwollen. Und Sie müssen herausfinden, ob Sie dafür bereit sind, radikal umzudenken und neue Wege zu gehen.

Ich habe einmal einen erfolgreichen Autoverkäufer getroffen. Seine Besonderheit war, dass er sich bei der gesamten Familie seiner Kunden rund ums Auto verantwortlich fühlte. Wenn das Auto der Tochter zur Inspektion musste, hat er sich darum gekümmert, obwohl die junge Dame gar nicht seine Automarke fuhr. Er hatte keine Einzelkunden, er hatte Familien als Kunden. Der Fahrer ist nur eine Person. Familien sind aber häufig drei oder vier Personen. Einige davon sind Kinder, die erwachsen werden und selbst wieder Autos kaufen und Familien gründen. Ich frage mich, wie viele Autoverkäufer hierzulande die Namen der Familienangehörigen ihrer Kunden kennen und dem Ehepartner oder den Kindern ihres Kunden zum Geburtstag gratulieren. Dabei ist das so einfach. Die Amerikaner nennen so etwas „Love Selling", Verkaufen mit Liebe, weil es sich um ein partnerschaftliches Konzept handelt.

Partnersysteme haben den Charakter einer dauerhaften Beziehung, die sich im Laufe der Zeit vom eigentlichen Grundprinzip des Produktverkaufs abkoppelt. Anfang der 90er Jahre sagte mir der eine oder andere Jaguar-Fahrer, dass er gerne einmal die Automarke wechseln würde. Allerdings hätte er dann keinen Anspruch mehr auf den Jaguar Owner's Club, dessen jährliche Mitgliederversammlung im Hotel Bayrischer Hof in München immer einen gesellschaftlichen Höhepunkt darstellt. Jaguar hat es also geschafft, die Qualität der Beziehung über die Produkte zu stellen.

Ein Partnersystem kann nur funktionieren, wenn die Summe an Leistungen den Wert einer Geschäftsbeziehung übersteigt. Deshalb ist es ja auch ein Partnersystem. Es ist ein System, von dem beide Seiten profitieren.

Stellen Sie sich einmal vor, der Umsatz läuft von alleine, weil höchst motivierte Kunden bei Ihnen kaufen. Und sie kaufen, weil sie an den Gewinnen Ihres Unternehmens beteiligt sind, etwa in Form von Aktien. Auch Ihre Lieferanten produzieren Qualität und haben fortgesetzt neue Ideen, um die Partnerschaft mit Ihnen sowie zwischen Ihrer Firma und den Kunden noch weiter zu verbessern. Auch Ihr Lieferant ist an Ihrer Firma in Form von Aktien beteiligt. Und da sind noch Ihre Mitarbeiter, hoch motiviert, weil sie ebenfalls an Ihrer Firma beteiligt sind. Es gibt bereits solche Modelle. Bei Microsoft beispielsweise arbeiten viele Mitarbeiter nicht nur für ihr Gehalt, sondern auch für den Aktienkurs. Ähnliches gilt für die Beziehung zum Kunden. Wenn Ihnen ein Kunde treu bleibt, belohnen Sie ihn dafür. Das Beispiel unserer Bäckerei ist mir immer noch im Gedächtnis. Von der bekamen wir ein Rabattmarkenheft, damit wir beim zehnten Mal ein Brot umsonst bekamen.

Ein gutes Beispiel ist das Mandarin Oriental Hotel in Hongkong. Als wir dort nach einem langen Flug ankamen, war unser Zimmer noch nicht vorbereitet. Als Ausgleich für diese Unannehmlichkeit lud uns die Hotelleitung in das Dachgartenrestaurant ein und übernahm die Kosten für Essen und Getränke. Natürlich kann man einwenden, dass es sich um guten Service handelte. Aber ich sehe darin mehr. So würde man auch einem Freund helfen und dafür selbstverständlich kein Geld verlangen.

Zu einem guten Teil steckt in dieser Form von ungewöhnlicher Zuwendung eine Art Lebenshilfe. Eine erfolgreiche Firma muss sich aktiv als Lebenshilfepartner seiner Kunden betätigen. Je einfacher, schöner, bequemer, kuscheliger, interessanter, überraschender Sie Ihrem Kunden etwas bieten, umso eher sind Sie sein Partner. Sie müssen lernen, in Kategorien von Kundenerfolgssteigerung zu denken. Es geht darum, dem Kunden das Gefühl von Erfolg im täglichen Leben zu vermitteln. Dafür sind Produkt- oder Problemlösungen nicht geeignet. Diese Fähigkeiten sind von Menschen abhängig.

Häufig höre ich den Satz: Das machen wir schon. Diesem Kunden helfen wir jeden Tag. Aber diese Art von Hilfsbereitschaft meine ich nicht. Daran hat sich ein Kunde schnell gewöhnt. Wichtiger sind jene Dinge, die ihn verblüffen, die er bisher noch nicht erlebt hat. Das sind jene zwischenmenschlichen Qualitäten, die wir alle aus unserem Privatleben kennen, die aber seltsamerweise bisher nur selten in unsere Arbeitswelt übertragen werden.

Wie aber soll ein Wirtschaftsunternehmen seine Planung auf menschlichen Werten aufbauen? Die Firma Xerox, sie vermarktet weltweit eine umfassende Palette an Produkten, Lösungen und Dienstleistungen sowie Verbrauchsmaterialien und Software, hat dieses nachweisen können. Xerox hat über 100.000 Menschen, Mitarbeiter, analysiert und ist zu einem sehr interessanten Ergebnis gekommen. Das Unternehmen konnte nachweisen, dass neben Kundenorientierung und Profit etwas ganz Entscheidendes fehlt – die Mitarbeiterzufriedenheit. Die richtige Formel muss heißen: Mitarbeiterzufriedenheit -> Kundenzufriedenheit -> Profitabilität. Anders ausgedrückt, nur zufriedene Mitarbeiter schaffen zufriedene Kunden. Also ist die zentrale Aufgabe, sich mit dem Faktor Mensch intensiver zu beschäftigen.

Gewiss, ohne Kundenzufriedenheit geht gar nichts. Aber Kundenzufriedenheit kann bestenfalls am Anfang helfen. Und ein unzufriedener Kunde bedeutet ohnehin, dass Sie gar nicht erst weiterdenken brauchen, bevor nicht die Schularbeiten gemacht wurden. Kundenzufriedenheit wird zunehmend zu einer Art Hygienefaktor. Das bedeutet, Kundenzufriedenheit wird zur Marktnotwendigkeit. Weil sich aber alle an ihr orientieren, bedeutet sie keinen Wettbewerbsvorteil. Es ist ähnlich wie mit der Qualität. Der Kunde erwartet einfach, dass Qualität geliefert wird. Sie ist eine Grundvoraussetzung. Um bei den Grunderfordernissen der Branche mitzuschwimmen, reicht die Kundenzufriedenheit vielleicht aus. Aber mehr gibt sie nicht her.

Und nur auf die Kunden zu hören, kann auch in die falsche Richtung führen. Kunden können schließlich nicht über etwas entscheiden, das sie nicht kennen. Ein bekanntes Beispiel dafür ist das heute übliche Trockenkopierverfahren. Die Firma Rank Xerox hatte es entwickelt, das Verfahren patentieren lassen und dann IBM angeboten. IBM befragte daraufhin Kunden, ob sie statt damals üblicher Kopierverfahren das neue Trockenkopierverfahren akzeptieren würden. Die Kunden lehnten ab. Sie hielten Kopierarten wie etwa Durchschlagpapier für sinnvoller. Rank Xerox behielt also das Patent und entwickelte sich zu einem Milliardenunternehmen.

Kundenbefragungen bieten also keineswegs eine sichere Basis. Aber sie deshalb rundweg abzulehnen ist ebenso wenig sinnvoll, wie das Beispiel der Rothmann Akademie, deren Leiter ich bin, zeigt. Die Rothmann Akademie ist ein Trainingscenter für Rothmann Vertriebspartner und freie Finanzdienstleister. Rothmann-selbst ist ein Emissionshaus für geschlossene Fonds. Wir hatten die Seminarteilnehmer gefragt, welche Seminarthemen für sie am wichtigsten seien und daraufhin das Weiterbildungsangebot gestaltet. Mit großem Erfolg, wie die Leistungsbilanz der Firma Rothmann zeigt. Im letzten Jahr konnte der Umsatz um 30 % gesteigert werden.

Oft sagt uns der Kunde nicht so eindeutig, was er sich wünscht. Zumindest kann er artikulieren was er nicht will. Grundsätzlich lassen sich aber durch Kundenaussagen wichtige Informationen für eine Produkt- oder Serviceentwicklung ableiten. Auf der anderen Seite gibt es Innovationen die uns selbst der Kunde nicht mitteilen kann. Der Sony Walkman wäre nie erfunden worden, wenn man nur den Kunden gefragt hätte.

Den Kunden negativ zu verblüffen ist ganz einfach. Sie brauchen nur nicht zuverlässig zu liefern, die Preise nicht einzuhalten oder unbrauchbare Ware zu verkaufen. Und schon ist Ihr Kunde verblüfft. Allerdings nur einmal, denn anschließend haben Sie keinen Kunden mehr. Weit schwieriger, aber auch lohnender ist der umgekehrte Weg. Einen Kunden so zu verblüffen, dass er überaus angenehm von Ihrer Firma beeindruckt ist, legt den Grundstein für alle Möglichkeiten einer erfolgreichen Partnerschaft. Sie erinnern sich doch bestimmt an einen schönen Urlaub? Oder an ein beeindruckendes Restaurant, das Sie mit Freunden besucht haben? Und davon haben Sie dann drei, fünf oder vielleicht sogar zehn Leuten berichtet? Kompliment. Damit sind Sie zum besten Verkäufer des Hotels oder Restaurants geworden.

Erreichen lässt sich das nur durch eine klare Zukunftsorientierung. Ohne sie kann keine Firma überleben. Das klingt zwar selbstverständlich, doch gibt es starke Kräfte in vielen Unternehmen, die den Blick nach vorne behindern. Da sind zunächst die

Skeptiker, die so genannten „Bedenkenträger". Sie sind es, die mich fragen, woher ich denn die Gewissheit nähme, dass sich alles ändern würde. Hinter solchen Fragen steht der Wille, dass man am besten alles so lässt, wie es ist.

Und dann ist da noch der Macher, den ich den „Heute-Typ" nenne. Ihn interessiert weder das Gestern noch das Morgen. Er packt einfach an. Für ihn gilt das Gesetz des „Ärmel-Hochkrempelns". Er kann erfrischend sein, denn er bewegt viel. Nur fehlt ihm der Blick in die Zukunft. Er ist ein operativer Hektiker. Wenn ihm jemand zur Seite steht, der die generelle Richtung vorgibt, klappt vielleicht sogar alles. Wenn nicht, dann trifft auf ihn der Satz zu: Als wir unser Ziel aus den Augen verloren, verdoppelten wir unsere Anstrengungen.

Das alles zeigt, dass die Zukunft nicht planlos angesteuert werden sollte. Dieser Plan sollte sich an den Wünschen, Problemen und Motiven der Kunden orientieren. Verbunden mit Ihren eigenen Vorstellungen und Zielen ergibt sich die richtige Spur.

7.

Trendbrüche

7.1 Informationsmacht schlägt Geldmacht

Die neuen digitalen Informationstechnologien überschwemmen den Markt. Jetzt hat die Technologie begonnen, alle Lebensbereiche zu erfassen und damit nachhaltig zu verändern. Unternehmen wollen und müssen sich der digitalen Veränderung anpassen. Viele Unternehmen stellen sich nun die gleichen Fragen: Wie kann mein Unternehmen flexibler und in Echtzeit auf Veränderungen reagieren? Wie kann ich mein Unternehmen an die digitalen Herausforderungen anpassen? Nun wird auch deutlich, warum die These stimmt, dass sich in den nächsten Jahren etwas Wesentliches verändern wird. Die schnellere oder bessere Information wird wichtiger sein als Geld. Die Wissensgesellschaft erweist sich der Finanzgesellschaft als weit überlegen. Hier bekommen digitale Netzwerke mit Kunden enorme Bedeutung, denn es gibt keinen schnelleren und wirksameren Weg, Kunden zu informieren, als durch Just-in-time, also sofort und zum richtigen Zeitpunkt. Hinzu kommt die zweite große Chance des digitalen Clienting: der echte schnelle und ungefilterte Dialog mit dem Kunden:

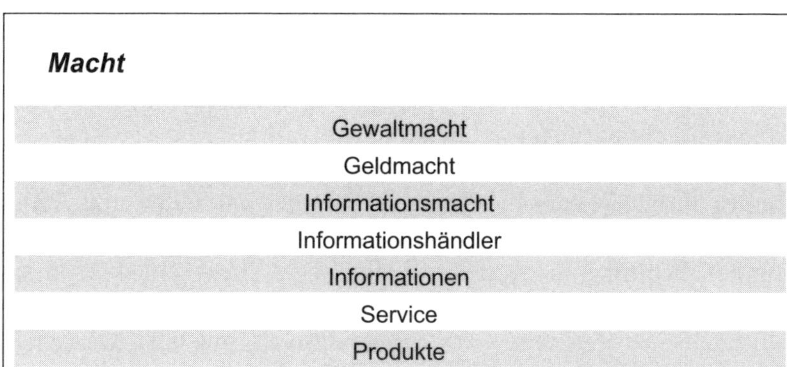

Macht

Gewaltmacht
Geldmacht
Informationsmacht
Informationshändler
Informationen
Service
Produkte

2004, Geffroy Business Akademie GmbH, Düsseldorf

Kunden geben ihre Meinung in Internet-Kundenportale ein und sind damit maßgeblich an der Entwicklung von Neuprodukten beteiligt. In einigen Netzwerken produzierender Unternehmen wird der einzelne Kunde und dessen Wissen tatsächlich direkt in die

Produktion eingebunden. Darüber hinaus beeinflussen Kunden durch ihr verändertes Konsumentenverhalten die klassischen Verkaufsstrategien ganzer Branchen und entscheiden so über die Existenz von Unternehmen.

Andererseits übernehmen Kunden in der heutigen Zeit immer mehr die Verantwortung für Produkte und Dienstleistungen. Sie vernetzen sich in Communities. Unternehmen sollten diesem Kundenbindungsfaktor in Zukunft entscheidende Bedeutung beimessen.

Möglich macht diese Art der Kundenbeziehung der Faktor Information. In einem anderen Kapitel bezeichne ich das auch als MindWare. Hier kurz die Erklärung. Es gibt Hardware, im übertragenen Sinne ist das Ihr Produkt selbst. Erfahrungsgemäß wird es immer schwieriger, sich über das Produkt alleine zu profilieren. Dann kommt die Software, im übertragenen Sinne ist das der Service für Ihren Kunden, also verlängerte Garantien, Hotline, 24-Stunden-Service und was sonst noch dazugehört. Auch in diesem Umfeld wird es immer schwieriger, wirkliche Unterscheidungsmerkmale herauszuarbeiten. Damit bekommt der Faktor MindWare, im übertragenen Sinne Ihr Know-how, Ihr Wissen, Ihre Erfahrung, eine große Bedeutung. Fragen Sie sich, wie Sie Ihr Wissen auf elektronische Art und Weise Ihren Kunden 24 Stunden zur Verfügung stellen können. Es gibt genügend Möglichkeiten, wenn Sie nur länger darüber nachdenken.

Der Interaktivität sind heute keine Grenzen mehr gesetzt. Sie können Kunden heute live über das Internet mit Video und Audio beraten. Sämtliche Finanzportale bieten dem Kunden eine 24-Stunden-Beratung an. Hier kann er sich sogar direkt seinen gesamten Finanzierungsplan errechnen lassen. Mittlerweile bieten alle Automobilhersteller so genannte Car-Configurator an, mit dem Kunden in Echtzeit ihr Wunschauto zusammenstellen können und gleichzeitig die Finanzierung dazu erhalten. Wenn Sie es nicht tun, macht es ein anderer. Viele Internet-Seiten bieten diese Dienste bereits an. So können Sie sich beispielsweise heute schon informieren, welcher Anbieter im Bereich der Telekommunikation für Ihre Anforderungen der preiswerteste ist. Oder Sie tauschen sich mit anderen Kunden über die Qualität eines Produktes oder einer Bedienungsanleitung aus, z.B.

auf der Seite von www.ciao.com. Auch die Seite reiseplanung.de wird Ihnen sicherlich bekannt sein, mit der Sie Ihr Hotel nach einer Vielzahl von Kriterien aussuchen können.

Informationen sind mittlerweile überall. Wenn Sie diese Chance noch weiter steigern und nicht nur Informationen, sondern sogar Informationsvorsprünge für Ihre Kunden liefern, von denen sie echt profitieren können, haben Sie Sog statt Druck erreicht und keine Vergleichbarkeit. Und nur darauf wollen wir hinaus. Mit Sog statt Druck durch Kundenportale können Sie Ihre Werbekosten halbieren oder sogar ganz einstellen, weil Ihre Attraktivität automatisch weitere Kunden anzieht.

James Brian Quinn, einer der führenden Zukunftsdenker in den Vereinigten Staaten, sieht in den Produkten nur noch die physische Hülle der darin eingebundenen Dienstleistungen in Form von Wissen und Know-how. Wo produziert wird, spielt eine untergeordnete Rolle. Information wird zum alles entscheidenden Wettbewerbsvorteil und der Kundenbeziehungswert der aktivste Posten der Firmenbilanz. „Keine Netzwerke – keine Gewinne", wird bald die Devise sein.

Netzwerke mit Kunden

Wer ist überhaupt Kunde?
- Bestandsadressen
- aktive Adressen

Wo finde ich ihn?
- bei mir
- Verkaufsgebiet

Wann hatte ich Kontakt?

Wen kennt der Kunde?

Was habe ich für ihn getan?

Wozu habe ich ihn eingeladen?

Wie kann ich ihn besser binden?

2004, Geffroy Business Akademie GmbH, Düsseldorf

Die Datenautobahnen sind heute flächendeckend ausgebaut. Mit UMTS, DSL und Breitband ist der schnelle Zugriff auf Informationen von fast jedem Haushalt und jedem Ort aus möglich. Zur Zukunftssicherung Ihres Unternehmens müssen Sie, wenn Sie es nicht bereits getan haben, Ihren Aktivposten Informationen überprüfen und auf Kundentauglichkeit hin durchchecken. Das fängt aber bereits im eigenen Unternehmen an.

Haben Sie bereits Ihre Informationen systematisiert? Können alle relevanten Daten in Kürze und von allen Mitarbeitern abgerufen werden? Was wissen Sie über Ihre Kunden? Sind Sie abgesichert, wenn einer Ihrer führenden Mitarbeiter das Unternehmen verlässt? Haben Sie seine und das Anwendungs-Know-how Ihrer Firma in irgendeiner Art und Weise systematisiert und abrufbereit gestaltet?

Schon heute sind alle relevanten Informationen in Datenbanken abrufbereit. Wer baut diese Datenbanken bei Ihren Kunden auf? Falls Sie es dem Kunden alleine überlassen, sind Sie natürlich im Nachteil. Der erste Wettbewerber, der diese Chance konsequent nutzt, wird wie eine Spinne im Netz sitzen. Der Nachzügler hat es, wenn überhaupt, ungleich schwerer und teurer. In welcher Form digitales Clienting, d. h. elektronische Netzwerke, mit Kunden, installiert wird, wird separat beschrieben.

Bleiben wir noch bei dem entscheidenden Erfolgstransmitter Information. Weltweit stellt das Internet bereits jede durch den menschlichen Verstand vorstellbare Information zur Verfügung. Und jeden Tag werden es mehr Daten, ob technische Informationen, z. B. Produktpatente, oder die Suche nach Partnern. Datenbanken und so genannte Infobroker, die nach Ihren Vorgaben recherchieren, besorgen Ihnen und Ihrem Kunden fast jede Information in kürzestmöglicher Zeit. Ihr Kunde wäre Ihnen bestimmt dankbar, falls Sie seine Informationen beschaffen. Kostenlose Suchmaschinen wie Google oder Yahoo bieten mittlerweile schon gute Unterstützung. Jedoch sind auch hier die Suchtreffer viel zu groß und meist mit viel Werbung bestückt. Die Suche nach der richtigen Information wird immer schwerer. Die Lösung sind intelligente und hoch entwickelte „Findmaschinen“, mit denen wir uns in meinem Unternehmen schon lange beschäftigen. Nun wird deutlich, dass das schlimmste Horrorszenario der Zukunft sicherlich wäre, nur

Produkte, vielleicht noch zu hohen Preisen, an Kunden ohne Kundenbindung zu liefern. So gut kann in Zukunft kein Verkäufer mehr sein, dass er diese strategische Fehlorientierung langfristig auffangen könnte.

Sehen wir es positiv. Noch ist der wirkliche Wert der Information als Unterscheidungsmerkmal zum Wettbewerb bei den meisten Unternehmen nicht angekommen. Noch befinden sich viele Firmen im reinen Produktqualitätsdenken. Nur einige sind den Weg der konsequenten Serviceorientierung gegangen. Und diejenigen Unternehmen, die Produkt, Service und Information miteinander verknüpft haben, haben ihre mentale Einstellung zur intensiven Vernetzung mit Kunden noch nicht vollzogen. Dafür ist das Denken in Beherrschungsstrategien noch zu ausgeprägt.

Es ist wirklich verblüffend zu sehen, wie viele Unternehmen sich heute mit dem Thema Wissensmanagement beschäftigen.

Untersuchungen zeigen, dass dieses Thema auf der Managementebene auf großes Interesse stößt und es in der Top-5-Themenliste rangiert. Es haben jedoch bisher nur die wenigsten Unternehmen ein vollständiges Wissensmanagement umgesetzt. Bieten Sie also Ihrem Kunden Ihr Wissen strukturiert an. Das ist Ihre Chance!

7.2 Kopfstand für Marktregeln

Wann hatten Sie das letzte Mal verrückte Ideen? Nein, nicht nur privat, ich meine beruflich und für Ihre Firma. Querdenken zu wollen und zu können wird eine wichtige Erfolgseigenschaft in der Zukunft sein. Stellen Sie einmal bewusst Ihre Firma und Ihre Produkte infrage.

Überlegen Sie einmal genau, wer Ihr Wettbewerber ist. Wenn Sie jetzt nur an Ihren Konkurrenten denken, der die gleichen oder ähnliche Produkte herstellt, liegen Sie mit hoher Wahrscheinlichkeit falsch. Heute kommen bereits die meisten Wettbewerber aus Bereichen und Branchen, die Ihnen bis vor kurzem weder namentlich noch produktmäßig bekannt waren. Damit verliert auch eine jahrzehntelang gepflegte so genannte Wettbewerbsstrategie an

Bedeutung, welche die Orientierung am Konkurrenten sehr deutlich in den Vordergrund stellte.

Sehen wir uns einige Beispiele an, welche die Grundregeln einer ganzen Branche entweder schon verändert haben oder es in Zukunft tun werden. Ein hochinteressantes Beispiel ist das Thema Videokonferenzen. Konnten sich früher nur große Konzerne teure und komplizierte Videokonferenzsysteme leisten, um wichtige Konferenzen über mehrere Standorte hinweg durchzuführen, so gibt es nun dank der schnellen Breitbandtechnologien kostengünstige Internet-Systeme für jeden. Das Einzige, was Sie dazu brauchen, ist eine Web-Cam, ein Headset und einen PC mit Internet-Anschluss. Per Software werden Sie mit Ihren Gesprächspartnern weltweit verbunden. Alle Kommunikationsprozesse können reibungslos und komfortabel gestaltet werden – ohne dass Sie ihr Büro verlassen müssen. In Zukunft ist es nicht mehr nötig, ständig von A nach B zu reisen. Überraschende Situationen, wie sie immer wieder zu den unpassendsten Zeiten auftauchen, verlieren ihren Schrecken. Die Organisation spontaner Meetings wird kinderleicht, und Sie können in Echtzeit reagieren. Ein Weg der Kommunikation, den man bisher noch nicht gehen konnte. Eine Idee, die zusätzlichen Erfolg in Geschäftsbeziehungen verspricht.

Ein weiteres Beispiel ist die Trainingsbranche. Mein Partner und ich hatten vor Jahren eine Kreativsitzung, in deren Verlauf wir als „Schnapsidee" Training ohne Trainer als ein zentrales Zukunftsthema betrachteten. Jetzt ist aus dieser Idee in meiner Firma und auch im Weltmarkt ein feststehender Begriff geworden.

Ich habe hier bewusst den Begriff Online-Learning statt E-Learning gewählt. Der Begriff E-Learning ist mittlerweile negativ belastet und hat sich in dieser Form nicht oder noch nicht durchsetzen können. Online-Learning ist eine wesentlich lösungsorientiertere Form der Wissensvermittlung. Hier geht es eher um die Schnelligkeit und Flexibilität der Wissensvermittung statt um die teuer produzierten und meist am Kunden vorbeientwickelten klassischen E-Learning-Module. Die Geffroy Business Akademie beschäftigt sich seit Jahren mit dieser Thematik und widmet sich verstärkt der Kombination aus klassischen Seminaren und Online-Kursen.

Online-Learning heißt, Training schneller, kostengünstiger und wiederholbarer mit dem Einsatz von Computern und neuen Techniken interaktiv durchzuführen. Diese Entwicklung wird einige Trainer ihren Job kosten. Wiederum neue Trainingsformen werden entstehen und Kostensenkung mit Erfolgssteigerung kombinieren.

Doch ganz so dramatisch muss es nicht immer sein. Nicht nur Produkte oder Dienstleistungen können durch andere Entwicklungen grundsätzlich verändert werden, sondern auch die Art des Vertriebes. Banken geben ihren Kunden die Möglichkeit, via Internet 24 Stunden am Tag Überweisungen zu tätigen oder Aktiengeschäfte zu erledigen. Der Vorteil liegt für beide auf der Hand: Flexibilität und Zeitersparnis für den Kunden und eine bessere Kundenorientierung und damit mehr Kunden für die Bank.

Die Beispiele sind deutlich genug. Keine Branche ist mehr durch einen Angriff von hinten oder von der Seite sicher. „Raus aus der Vergleichbarkeit" sollte Ihr erster Schritt sein, den Sie gehen. Das geht oft ohne großen Mehraufwand. Die nachfolgende Liste gibt Ihnen Anhaltspunkte, womit Sie sich schnell von Ihrem Wettbewerb unterscheiden können.

Checkliste: Raus aus der Vergleichbarkeit

- Serviceleistungen
- optisches Aussehen
- technische Unterstützung
- Bequemlichkeit
- Sicherheit
- Verfahrens-Know-how
- Außendienst im In- und Ausland
- Kundenorientierter Internet-Auftritt
- qualifiziertes technisches Personal
- finanziell starkes Unternehmen
- schneller Ersatzteildienst
- Liefertreue/schnellere Beantwortung von Kunden-
- E-Mails

• Vereinfachung der Arbeitsabläufe	• verlängerte Garantien
• Umweltschutz	• flächendeckender Vertrieb/ Beratung
• technische Vorteile	• detaillierte Auftragsdokumentation
• betriebswirtschaftliche Vorteile	• interaktive Beratung
• kürzere Montagezeiten durch Vormontage und Baukastensystem	• Kundenkurse
• Marktführer: Anzahl Referenzanlagen	• Wartungs- und Serviceverträge
• Unterstützung bei Finanzierung	• Verkaufsvermittlung von Altgeräten
• Lebensdauer	• übersichtliche Ersatzteil- und Zubehörkataloge
• eigene Entwicklungsabteilung	• Installation ohne Berechnung
• verkehrsgünstige Lage	• alles aus einer Hand
• wartungsarme und energiesparende Anlagen	• spezieller After-Sales-Service
• hoher Prestigewert	• kundenspezifische (maßgeschneiderte) Problemlösung
• Privatunternehmen	• Leasing
• individuelle Behandlung der einzelnen Kunden	• Beteiligung an Aktionen
• Flexibilität in den Konditionen	• 24-Stunden-Reparaturdienst
• kurze Lieferzeiten	

Der nächste Schritt sollte eine Kreativsitzung sein, bei der Sie bewusst Branchenfremde einladen. Versammeln Sie fünf bis sieben Menschen um sich herum, die querdenken können, und stellen Sie nur die Fragen:

- Wenn wir ganz frei wären, womit würden wir unser Produkt kombinieren?
- Wenn wir ganz frei wären, wodurch würden wir unser Produkt ersetzen?
- Wenn wir ganz frei wären, was würden sich unsere Kunden wünschen?

Als nächsten Schritt schaffen Sie sich eine Minimarktforschung an, d. h., Sie lesen eine ganze Menge Zeitschriften quer oder lassen sie lesen. Lesen Sie nicht nur Fachzeitschriften aus Ihrer Branche, sondern bewusst auch aus anderen Branchen. Wann haben Sie das letzte Mal eine Computerzeitschrift gekauft? Natürlich sollten Sie zu Recherchezwecken auch das Internet intensiv nutzen.

Es gibt schon eine Tendenz. Die meisten Marktgrundregeln werden zurzeit durch die Kombination von alter und neuer Technik geändert. Die neue Technik ist alles, was mit Information, Computertechnik oder Elektronik zu tun hat. Es gibt „intelligente" Toiletten, sprechende Computer und interaktives Fernsehen. Hätten Sie vor 20 Jahren geglaubt, dass man bald Geld aus einem Automaten an der Straßenecke bekommt? Heute ist das für uns selbstverständlich.

Was wird in zehn Jahren selbstverständlich sein?

Auch hier besteht die beste Chance für Sie darin, das Ohr am Markt zu haben, selbst Markt zu sein, also Netzwerke und Beziehungen mit Kunden zu haben, die Ihnen ihre Wünsche und Träume erzählen, bevor es andere mitbekommen. Wie bereits gesagt: Die besten Gelegenheiten ergeben sich immer dann, wenn man die Grundregeln ändert, also einen Kopfstand für Marktregeln wagt.

8.

Zeitwettbewerb

8.1 Tempo des Wandels

Nicht erst der 11. September 2001 hat uns die Grenzen der Planbarkeit unserer dauerhaften Unternehmensstrategien vor Augen geführt. Die traumatisierende Wirkung des 11. September hat bis heute weit reichende Folgen. Mit einem Mal wurde die Verwundbarkeit der weltweiten Wirtschaftskonjunktur deutlich. Auch im Verhältnis zwischen Staat und Wirtschaft deutet sich ein grundlegender Wandel an. Ich spreche hier von einem tief greifenden Bewusstseinswandel, den die Welt in den nächsten Jahren durchmachen wird. Die Situation, in der wir uns heute befinden, zeigt, dass wir in sämtlichen Bereichen des menschlichen Lebens – auf politischem, wirtschaftlichem, wissenschaftlichem und sozialem Gebiet – neue Strukturen schaffen müssen, wenn wir erfolgreich bleiben wollen. Die alten Grundregeln des wirtschaftlichen Erfolgs haben heute endgültig ausgedient.

Wandel und Innovation beherrschen auch unsere Arbeit, und nur das rasche Anpassen an Veränderungen sichert unsere Überlebenschance. Wer auch in der Zukunft noch erfolgreich sein will, muss deshalb Wandlungsfähigkeit besitzen. Er muss in der Lage sein, frühzeitig neue Trendimpulse aktiv in seine Strategie einzubeziehen. Ja, mehr noch:

Das Unternehmen des neuen Jahrtausends muss das Tempo des Wandels selbst bestimmen können!

Wissen Sie, dass weltweit in jeder Minute eine neue chemische Formel entwickelt wird? Dies liegt darin begründet, dass etwa 90 % aller Wissenschaftler, die je forschten, dies in der Gegenwart tun. Wer sagt Ihnen, dass nicht weltweit schon eine bessere Produktlösung entwickelt worden ist als Ihr bisheriges Produkt?

Nachfolgend möchte ich Ihnen einige Überlegungen vorstellen, wie wir heute Entwicklungen frühzeitig erkennen und entsprechend unsere Prioritäten setzen können, wie wir mit dem Tempo des Wandels auf dem Markt, bei unseren Mitarbeitern und bei uns selbst Schritt halten können und über welche Fähigkeiten wir verfügen müssen, um selbst Wandler des Erfolges zu sein.

Zuerst soll die Frage im Vordergrund stehen, welchen grundsätzlichen Anforderungen ein Unternehmen gerecht werden muss, um sich dem Tempo des Wandels stellen zu können. Anschließend möchte ich Ihnen drei Trends präsentieren, die in ihrer Konsequenz unser Leben und unsere Arbeit auf den Kopf stellen werden.

Voraussetzungen für den Unternehmenserfolg in einer Zeit des Wandels

1. *Ein Unternehmen muss in Echtzeit denken und handeln können. Schnelle und flexible Anpassungen werden nötig sein. Der Wandel wird so zentral und beständig, dass wir vom permanenten Wandel sprechen.*
   Folgt man dieser Grundidee, ist man in einer Geschäftswelt, die in Echtzeit reagiert und handelt. Schnelle Reaktionen sind notwendig, um den ungeduldigen und fordernden Kunden gerecht zu werden. Der moderne Kunde verlangt Service an 24 Stunden 7 Tage die Woche und will sich nicht an Ladenöffnungszeiten halten. Er will aktiv sein und seine Angebote mitgestalten. Er verlangt nach Mitsprache und Interaktion. Das Internet wird dabei zum Überlebensfaktor jedes Unternehmens. Ist ein Anbieter nicht erreichbar, macht er kein Geschäft mehr. Niemals zuvor wurden so viele Geschäfte online abgewickelt. Dabei will der Kunde schnell zum Punkt kommen, gewünschte Informationen auf Zugriff haben und direkt entscheiden können. Es entwickelt sich eine ganz neue Generation der Kommunikation.
   Jetzt und erst recht in Zukunft wird das Einkaufen im Netz so selbstverständlich wie das Kaufen im Shopping-Center um die Ecke. Die Technik kann das heute leisten und wird die nächste Sensation im Kundenbusiness einläuten.

   - Haben Sie Ihr Unternehmen bereits auf Realtime-Business umgestellt?
   - Haben Sie sich bereits intensiv mit der neuen Generation der Kommunikation befasst?

2. *Ein Unternehmen, das trotz rascher Veränderungen auf Erfolgskurs bleiben will, muss bereit sein, neues Denken konsequent umzusetzen.*
   Wir sind derzeit Beobachter einer dramatischen Wendezeit. In Europa werden die nationalen Grenzen immer weiter eingeebnet. Doch zumindest im Unterbewusstsein spielen die Grenzen noch immer eine Rolle. Wir wissen, dass es im Kopf vieler Manager eine Gedankenmauer gibt – nicht real, aber sie ist da. Und sie verhindert, dass neues Denken konsequent umgesetzt wird. Doch was wir heute nicht mit Konsequenz machen, können wir morgen bleiben lassen. Denn dann ist es bereits zu spät. Das heißt, wir müssen radikal umdenken.
3. *Ein Unternehmen muss über ein professionelles Informationsmanagement verfügen.*
   Uns allen stehen die gleichen Grunddaten, sprich die gleichen Informationen, zur Verfügung. Doch der Unternehmenserfolg wird erst durch die Sammlung, richtige Interpretation und Umsetzung verwertbarer Informationen bestimmt. So können auf der einen Seite Firmenlösungen mit fantastischen Erfolgen entstehen, während bei anderen Unternehmen in ein paar Jahren vielleicht gerade noch der Name existiert.
4. *Ein Unternehmen muss durch eine ganzheitliche Betrachtungsweise gekennzeichnet sein.*
   Wir wissen heute, dass es in der Zukunft immer mehr Netzwerke geben wird, d. h., Firmenlösungen sind schon längst keine Insellösungen mehr. Ein Unternehmen muss im Verkauf, in der Administration und in der Fertigung gleichermaßen hoch produktiv sein. Wenn Sie heute versuchen, eine Umsatzsteigerung zu erreichen, dürfen Sie sich nicht mehr auf einen einzigen Bereich konzentrieren. Sie benötigen eine ganzheitliche Betrachtungsweise.
5. *Ein Unternehmen muss Zeit als den strategischen Faktor des neuen Jahrtausends erkennen.*
   Bereits heute befinden sich die meisten Unternehmen in einer Problemsituation, die sich in den nächsten Jahren weiter verschärfen wird: Der Markt stellt immer höhere Erwartungen und Ansprüche an die Leistungen eines Unternehmens und seine

Mitarbeiter. Nur durch gezielte Zeitlösungen und ganz neue Wege in der Mitarbeitermotivation wird es möglich sein, dieser schwierigen Situation gerecht zu werden.

Welche drei Trends sind es nun im Besonderen, die ein neues Denken und Verhalten von uns verlangen? Und wie können wir uns darauf einstellen?

Der erste Trend: der Trend des inneren Wandels

In den letzten Jahren hat sich in den Einstellungen und Erwartungen der Menschen ein starker Wertewandel vollzogen. Es ist heute out, als Lohnsklave in einem Unternehmen zu arbeiten. Es entspricht auch nicht mehr dem Zeitgeist, Geld als Motivationsfaktor Nummer 1 zu sehen. Doch bei vielen Unternehmen herrscht immer noch die Ansicht vor, dass die Mitarbeiter in erster Linie wegen des Geldes arbeiten. Dies trifft allerdings nicht mehr zu. Denn wenn ein bestimmter Lebensstandard erst einmal erreicht ist, nimmt die Motivationskraft des Geldes ab.

Selbstverwirklichung, Lebensgenuss, Emanzipation von Autoritäten und Partizipation, so genannte Entfaltungswerte, haben heute enorm an Bedeutung gewonnen. In der Bedeutung zurückgegangen sind dagegen Erhaltungswerte wie Anpassung, Unterordnung und Leistung. Das persönliche Umfeld, wie Familie und Freunde, wird heute viel höher bewertet als in früheren Jahren. Und der Begriff Freizeit hat einen höheren Stellenwert erfahren als jemals zuvor.

Eines ist sicher: Wenn wir unseren Mitarbeitern nicht die Gelegenheit geben, gut in der Firma zu sein, werden sie auf den Sportplätzen gut sein. Fragen Sie doch einmal Mitarbeiter, die Sie als freizeitorientiert einstufen, was sie in ihrer Freizeit tun. Sie spielen Squash, sie gehen schwimmen, sie joggen dreimal in der Woche. Sie unternehmen vieles, aus dem sie sich vielleicht das holen, was sie in einer Firma nicht bekommen können. Die Lebensqualität wird also eine sehr wichtige Rolle in der Zukunft spielen, und zwar unabhängig davon, ob es in der Freizeit ist oder in der Arbeitszeit.

Vorschläge für ein zeitgemäßes Führungskonzept

Wie wir gesehen haben, ist das Tempo des Wandels ein Wertewandeltempo, das in einem veränderten Wertesystem begründet ist. Hieraus ergeben sich drei wesentliche Aufgaben für ein zukünftiges Führungskonzept:

1. *Bringen Sie positive Aspekte der Freizeit in die Firma hinein.* Wenn Ihre Mitarbeiter auf dem Sportplatz erfolgreich sein können, können sie es auch in der Firma sein.
2. *Bringen Sie positive Aspekte der Familie in die Firma hinein.* Die positiven Aspekte von Anerkennen, Stützen, Helfen und vielen anderen Dingen, die in unserem Privatleben für uns wichtig sind, müssen in der Firma wieder eine größere Rolle spielen.
3. *Bringen Sie positive Aspekte des Glaubens in Ihre Firma hinein.* Bieten Sie Ihren Mitarbeitern eine Vision, damit man an Sie glaubt, an Ihre Ziele. Heute arbeitet niemand mehr, nur weil er Geld in einer Firma machen will.

Vertiefende Hinweise zu diesen Punkten lesen Sie in meinem Beitrag „Mitarbeitermotivation".

Der zweite Trend: der Trend von außen

Der Trend von außen betrifft den Kunden der Zukunft. Wir wissen, dass der Kunde der Zukunft zu einem widersprüchlichen Verbraucher wird, dass die Unkalkulierbarkeit des Kunden zunimmt. Er geht heute bei McDonald's essen und diniert morgen in einem Toprestaurant.

Wir haben erst den Yuppie-Boom erlebt, jetzt zeichnet sich der Trend der neuen Bescheidenheit ab. Es gab den Trend des papierlosen Büros, der durch den Einsatz des Computers bedingt war. Heute hat die Papierindustrie ihren Boom! Diese Entwicklung bedeutet für uns, dass unser Kunde immer unkalkulierbarer wird. Damit haben wir das Tempo des Wandels auf ein nächstes Spielfeld gebracht: auf das Spielfeld des Marktes.

Mit dem Tempo des Wandels auf dem Markt kann nur ein wandlungsfähiges Unternehmen Schritt halten, das in allen Abteilungen gleichermaßen hoch produktiv ist. Das bedeutet auch, dass es mit der Wendigkeit eines Schnellbootes auf die veränderten Anforderungen der Kunden reagieren muss und nicht mit der eines Ozeandampfers.

Verabschieden Sie sich vom Massenmarkt!

Den Massenmarkt wird es in der Zukunft nicht mehr geben. Das brennendste Problem der Unternehmen in der heutigen Zeit lautet: Wie stelle ich mein Unternehmen auf Realtime-Business ein? Rasche Reaktionen auf Marktveränderungen sind die größten Herausforderungen eines Unternehmens. Damit haben wir einen weiteren strategischen Erfolgsfaktor für die nächsten Jahre. Es ist die Fertigung. Wir brauchen Maschinen, Anlagen und Prozesse, die das Tempo des Wandels auf dem Markt mithalten können. Das bedeutet, es müssen schnellere Rüstzeiten möglich werden, und bereits die Arbeit in Kleinserien muss profitabel sein. Das lässt sich nur verwirklichen, wenn Unternehmen ihr virtuelles Netzwerk ausbauen und ihre Arbeitsabläufe weitestgehend automatisieren.

Es leuchtet ein, dass jetzt auch die Maschinen dem Tempo des Wandels angepasst werden müssen. Wenn die Kalkulierbarkeit des Bedarfs immer geringer wird, muss die Fertigung mitziehen und die Produktion Flexibilität ermöglichen. Die Herstellung der Swatch-Uhren ist übrigens ein sehr gutes Beispiel hierfür. Sie werden in Just-in-time-Fertigung hergestellt. Produziert wird erst dann, wenn Aufträge vorliegen. Das Unternehmen muss schnell sein, damit es auf Trends sofort reagieren kann. Das ist Einstellung auf das Tempo des Wandels. Es geht also in den Fabriken nicht mehr nur um Rationalisierung und Automatisierung, sondern auch um Flexibilisierung, um den Marktanforderungen gerecht zu werden. Wir sprechen heute von „On Demand Business“, von der Fähigkeit, schnell auf sämtliche Kundenanforderungen und Marktveränderungen reagieren zu können. Der Erfolg eines Unternehmens ist also abhängig von seiner Flexibilität. Mit dem Slogan „Business on Demand“ hatte IBM diese Anpassungsfähigkeit glänzend getroffen.

Und bedenken Sie die Konsequenz: Wenn Sie es nicht machen – Ihr Wettbewerber macht es bestimmt. Denn der Markttrend ist nicht mehr aufzuhalten. Er heißt: Kleinserien, Produktdifferenzierung und Sortimentsvervielfachung. Die sich daraus ergebenden Aufgabenstellungen sind mit Sicherheit nur noch mit entsprechenden Maschinen lösbar.

Produktindividualität ist gefragt

Neuwagen von heute gibt es schon längst nicht mehr von der Stange. Der Kunde kann sich beispielsweise sein Auto individuell zusammenstellen. Von zig verschiedenen Motorvarianten über das vielfältige Angebot an Lackierungen bis hin zum reichhaltigen Angebot an Innenausstattung kann sich der Kunde sein Unikat zusammenstellen.

Neue Anforderungen stellen sich deshalb an Marketing und Verkauf. Bisherige Wege, das Verbraucherverhalten zu analysieren, sind höchst gefährlich geworden. Man weiß z. B., dass bei Umfragen der Befragte so reagiert, wie er meint, dass es von ihm verlangt werde. Kaufen würde er das Produkt sowieso nicht. Das hat beispielsweise dazu geführt, dass Mitarbeiter der japanischen Firma Toyota eineinhalb Jahre in amerikanischen Haushalten mitgelebt haben, bevor die erfolgreiche eigenständige Automarke Lexus in den USA vorgestellt wurde. Es ging darum, die Frage zu beantworten: Was erwarten die Kunden von einem Auto? Der Erfolg gibt Toyota Recht. 2003 zog der Gewinn der Unternehmensgruppe auf Rekordhöhe an. Zu Toyotas Erfolgsfaktoren gehören Effizienzsteigerungen bei der Produktion, neue Fertigungsstrukturen und Kundenorientierung.

All dies gilt nicht nur für die Fertigung. Auch Dienstleister, Banken, Versicherungen – alle werden sich damit auseinander setzen müssen, dass die Anforderungen der Zielgruppen immer individueller werden. Wenn Sie nicht individuellere Lösungen anbieten, werden Ihnen in der Zukunft Ihre Wettbewerber davonziehen.

Fazit: Durch zeitgemäße Fertigungsmethoden und individuelle Zielgruppenlösungen werden Sie zum Tempomacher, denn Sie sind derjenige, der die Nachfrage früh genug erkennen und erforschen kann und erst dann produziert.

Der dritte Trend: Unternehmen und Kunde sind eine Einheit

Dieser Trend stellt sicherlich unser ganzes bisheriges Denken auf den Kopf. Er ist gleichzeitig auch der Lösungsweg für die vorgenannten Entwicklungen. Wenn das Tempo des Wandels eine Eigendynamik hat, wenn wir zu einer Freizeitgesellschaft und einer Wertewandelgesellschaft werden, wenn die Zeitnutzung und Zeitflexibilität entscheidend sind, dann gibt es nur eine dauerhafte Lösung, um vom Tempo des Wandels nicht überrollt zu werden: Unternehmen und Kunde verschmelzen zu einer Einheit, um gemeinsame Ziele zu erreichen. Das Unternehmen handelt zum Nutzen des Kunden und der Kunde zum Nutzen des Unternehmens.

Es kommt einer Revolution gleich. Heute müssen wir uns nicht mehr mit Frontendenken auseinander setzen: hier wir, dort der Markt. Vielmehr werden wir uns mit der Frage beschäftigen müssen, wie Unternehmen und Kunde zu einer Einheit zusammenwachsen können. Gefragt ist eine Strategie, bei der beide gewinnen können.

Der erste Schritt besteht darin, den Kunden durch zusätzliche Dienstleistungen an das Unternehmen zu binden. Sie können z. B. eine Kundenakademie gründen. Sie können Ihre Kunden ausbilden, wie es immer mehr Unternehmen bereits praktizieren. Sie können statt einer bloßen Lieferung von Produkten Ihren Kunden auch Alltagsunterstützung bieten. Sie können Ihren Kunden bessere Konditionen für Drittprodukte besorgen und ein Gesamtpaket zusammenstellen.

Im nächsten Schritt müssen wir uns damit auseinander setzen, dass der Verbraucher aktiv mitgestalten will. Das eröffnet sehr interessante Perspektiven. So gibt es z. B. für den Kunden in Japan bereits eine Möglichkeit, sich durch Hightech- und Roboterproduktion eine eigene individuelle Mode herzustellen. Der Kunde ist nicht mehr auf die Mode von der Stange angewiesen, er kann sie sich inzwischen selbst produzieren. In Teilbereichen ist es somit bereits Realität geworden, dass Unternehmung und Verbraucher eine Gemeinschaft zum gegenseitigen Nutzen bilden. Und dieses Verhalten wird sich gerade deshalb durchsetzen, weil das gemeinsame Vorgehen für beide Beteiligte Vorteile bringt.

Dynamische Netzwerke sind das Gebot der Stunde

Nur wenn Sie in der Zukunft das Tempo des Wandels aktiv mitgestalten, laufen Sie nicht Gefahr, in wenigen Jahren von den Veränderungen überrollt zu werden. Sie müssen deshalb im Rennwagen sitzen und nicht auf der Zuschauertribüne. Markt und Unternehmen, Mitarbeiter und Kunde müssen zu einem System zusammenfließen, das sich selbst steuert und trägt. Es entstehen Informationssysteme zwischen Kunden und Unternehmen. Es muss ein alles umspannendes Verknüpfungswerk entstehen, ein Netzwerk, das sich dynamisch selbst weiterentwickelt. Wir alle sind gefordert, denn unser bisheriges Denken baut auf Frontenbildung auf.

Gefordert wird ein Denken in neuen Dimensionen. Doch all dies geht nur mit System. Sie müssen Ihren einzelnen Firmenzellen, wie Niederlassungen, Profit Centern und Abteilungen, mehr Eigendynamik und Eigeninitiative zugestehen. Eine Dezentralisierung der Macht und der Entscheidungen ist notwendig. Wer an bisherigen Machtstrukturen festhält, wird scheitern.

Wir entwickeln beispielsweise für die Automobilindustrie Händlersysteme, für die Industrie Niederlassungssysteme und für den Dienstleistungsbereich Bürosysteme. Das Ziel ist natürlich, mehr Umsatz oder Marktanteile zu erreichen, aber insbesondere mehr Marktkontakt, Kundenkontakt und Interessentenkontakt.

Das geht nicht vom Elfenbeinturm aus. Die Erfolge sprechen für sich: Umsätze werden verdoppelt. Image und Bekanntheit werden entscheidend verbessert. Ich sehe in dieser Vorgehensweise die Lösung der Zeitfrage.

Der Erfolgsansatz für die Zukunft

Natürlich zeige ich hier die Ziellinie, wo wir hinwollen. Natürlich sind viele Unternehmen davon weit entfernt. Aber die großen Erfolge der Zukunft werden so erzielt werden. Netzwerksysteme werden überall entstehen. Das Vernetzen mit den Mitarbeitern, mit der Umwelt und mit den Kunden wird ungeahnte Möglichkeiten aufzeigen. Es müssen Schritte nach vorne gegangen werden. Stufen sind zu erklimmen.

Natürlich sind Sie als Unternehmen genauso individuell wie die Kunden und Verbraucher. Deshalb kann es auch keine Patentlösung geben. Aber gerade darin liegt auch die Chance für Ihr Unternehmen, die Sie nutzen müssen. Durch den Einsatz der richtigen Instrumente sichern Sie sich Ihren zukünftigen Erfolg.

Der Erfolgsansatz für die Zukunft heißt:

- Wie systematisiert sich der Verkauf optimal?
- Wie systematisiert sich die Organisation optimal?
- Wie systematisiert sich die Fertigung optimal?
- Wie systematisiert sich die Marktnähe optimal?

Worin besteht der Engpass, der am meisten eine Weiterentwicklung behindert? Es ist die mangelnde Fähigkeit, das Tempo des Wandels mitzugestalten. Es ist die unzureichende Fähigkeit, Systeme und Gesetze, nach denen wir funktionieren, zu erkennen und einzusetzen.

Der Computer, auf den viele hoffen, wird diese Aufgaben alleine nicht lösen können. Es muss ein Umdenken in unserem Kopf stattfinden, dass Zeit unser wichtigster Faktor ist.

Erst wenn ein neues Zeitdenken ein neues Wertesystem bringt, erst wenn das Tempo des Wandels positiv verstanden wird, wird Just-in-time mit dem Erfolg Realität sein.

8.2 Zeit als Wettbewerbsvorteil

Vor uns liegen die wichtigsten Jahre in der Geschichte der Zivilisation. Es ist eine Periode überwältigender technischer Innovationen, großer ökologischer Chancen und nie für möglich gehaltener politischer Reformen. Viele Dinge, ob beruflich oder privat, werden sich nur durch einen bewussteren Umgang mit dem Faktor Zeit erfolgreich lösen lassen. Der Zeit wird die Bedeutung zukommen, die Geld in den 80er Jahren hatte. Denn während Geld als Kapital heute in genügendem Ausmaß verfügbar ist, wird Zeit immer knapper.

Das Thema Zeit gewinnt heute eine solche Bedeutung, dass z. B. ein Augenarzt in Florida 90 Dollarauf die Rechnung schreibt, wenn ihn ein Patient eine Stunde warten lässt. Auch im Immobilienbereich gibt es einen ähnlichen Trend. Dort lässt man sich bereits die Zeit allein für die Besichtigung einer zu vermietenden Wohnung vergüten. Immer mehr Frauen engagieren Helferinnen, die für sie einkaufen gehen, und heute sitzen wir in unserem mobilen Büro, unserem mit den neuesten Kommunikationstechniken ausgestatteten Auto, in dem auch die vielen Stunden Fahrtzeit zu Kunden und Geschäftspartnern sinnvoll genutzt werden können.

Warum das Thema Zeit heute besonders so entscheidend ist und welche Chancen sich für eine effektive Zeitnutzung anbieten, soll Gegenstand dieses Beitrages sein. Ich möchte Ihnen dazu einige Herausforderungen und Perspektiven der nächsten Jahre aufzeigen, die Ihnen als Anregung für einen neuen Umgang mit der Zeit dienen sollen.

Der Widerspruch der heutigen Zeit

Es erscheint als das Paradoxon unserer Zeit: Auf der einen Seite hat sich heute die Lebensarbeitszeit im Vergleich zur Durchschnittsarbeitszeit im 19. Jahrhundert reduziert. Doch damit sind wir nicht zu mehr Muße gekommen, sondern genau das Gegenteil ist eingetreten: auf der einen Seite der relative Zeitgewinn, auf der anderen Rastlosigkeit, Zeitnot und Stress.

Hierfür sind mehrere Gründe ausschlaggebend: So haben z. B. die technologischen Entwicklungen den Menschen einerseits die Arbeit erleichtert und ihnen viele Routinetätigkeiten abgenommen. Auf der anderen Seite haben sie jedoch auch viele Neuerungen und Möglichkeiten mit sich gebracht, welche die Menschen immer mehr nutzen wollen – und das kostet Zeit. (Deshalb jedoch eine Verlangsamung des Fortschritts zu verlangen, um wieder zur Muße zurückzufinden, würde mit Sicherheit nicht zur Lösung des Problems führen. Denn wissenschaftliche Untersuchungen haben erwiesen, dass es in der Natur des Menschen liegt, sich eine Welt aufzubauen, die stets genügend Spannung für ihn bereithält.)

Auch möchte ich hier die Behauptung aufstellen, dass wir auf dem besten Weg zu einer neuen Zweiklassengesellschaft sind – nicht was den Faktor Geld betrifft wie in früheren Jahren, heute entwickeln wir uns zu einer Zweiklassengesellschaft in Bezug auf den Faktor Zeit.

Zurzeit befinden wir uns in Deutschland in einer heftigen Diskussion über die Verlängerung der Arbeitszeiten, zurück von der 35- auf die 40-Stunden-Woche. Aber gilt diese Auseinandersetzung für jeden von uns? Mit Sicherheit nicht. Die meisten Führungskräfte und Unternehmer werden auch in der Zukunft nicht zu den zeitlich bevorzugten Zielgruppen gehören.

Die neuen Herausforderungen spielen sich nicht nur auf virtuellen Marktplätzen ab. Sie verändern auch Einstellungen und Mentalitäten. Eine neue Unternehmenskultur ist die Folge. Die neue Devise lautet: Kooperation anstelle Ellenbogenkonkurrenz. Die Innovationen der neuen Märkte sind nur noch im Verbund zu bewältigen. Das bedeutet Kooperation zwischen Menschen, Firmen, Produkten.

Dazu muss auch das persönliche Umfeld stimmen. Der Job muss Spaß machen. Wer in das neue Business investiert, tut es laut Umfragen zu über 80 % in erster Linie aus „Spaß". Mit der alten deutschen Einstellung, Hosenträger und Gürtel gleichzeitig, macht man keine Karriere mehr. Teamgeist ist gefragt. Die Kontakte zu Dienstleistern und Kunden, die Ausgestaltung von Verträgen, Organisation und Controlling sind Schlüsselfaktoren. Hier muss sich der „Spirit" wiederfinden, der alle Beteiligten antreibt. Hierarchien bröckeln in vielen Unternehmensetagen. Wichtig sind selbstverantwortliche Mitarbeiter statt angepasster Befehlsempfänger. In diesem Milieu jenseits von Misstrauen und Ellenbogenmentalität sollen sich persönliche Fähigkeiten entfalten können. Wieder zu entdecken gelte es, wie es ein Manager formulierte, „die Liebe zum Leben oder die Fähigkeit, in den Tag hineinzuleben, bis man etwas bewegt oder bewegt wird". Die Arbeitszeitdiskussion spielt für diese Menschen keine Rolle. Oder doch? Wer Spaß an seinem Job hat, legt den Stift nicht nach der Uhr gerichtet beiseite.

Ich möchte hier keineswegs die Notwendigkeit eines intensiven Arbeitseinsatzes von Führungskräften in Abrede stellen. Doch ist wirklich immer der Zwang der äußeren Umstände an unserer Überlastung und Hektik schuld, oder tragen wir auch selbst dazu bei? Überlegen Sie doch einmal folgenden Widerspruch in unserem Verhalten: Wenn uns jemand Geld aus der Tasche stehlen würde, würden wir uns mit Sicherheit aufregen und alles tun, um es wiederzubekommen. Doch was tun wir, wenn uns ein *Zeitdieb* eine halbe Stunde, eine Stunde, ja sogar Tage raubt? Gehen wir oft nicht sogar noch zu ihm hin und bedanken uns dafür – während wir anschließend wieder über unsere Zeitnot klagen?

Konzentration auf das Wesentliche

Basis der zu trainierenden Fähigkeit ist wieder die Erkenntnis des Italieners Vilfredo Pareto: Mit 20 % des Einsatzes erzielen wir 80 % der Ergebnisse. Er hat bereits zu einer Zeit, die noch lange nicht durch die Hektik der heutigen Tage gekennzeichnet war, erkannt, dass wir durch richtige Konzentration bereits einen Großteil unseres Erfolges mit relativ wenig Aufwand erreichen können. Wenn Sie akzeptieren, dass relativ wenig Wesentliches (20 %) den Hauptteil des Erfolges (80 %) ausmacht, haben Sie das Schlüsselgesetz für ein wirksames und effizientes Handeln gefunden. Leider gilt natürlich auch der Umkehrsatz der Regel: Mit 80 % unserer Aktivitäten erzielen wir nur 20 % unserer Ergebnisse. Das heißt, der allergrößte Teil bringt uns nicht zu dem Ziel, zu dem wir hinwollen.

Damit sind wir bei der typischen Tagessituation: Wir wollen einen riesigen Wust von Aufgaben möglichst schnell vom Tisch bekommen, dabei am liebsten alles selber machen und alles natürlich hundertprozentig. Da die Aufgaben immer mehr werden, versuchen wir, sie immer schneller abzuarbeiten. Dabei sollten wir nur das praktizieren, was die Natur uns vormacht: *Konzentration auf das Wichtige.*

Ein Beispiel zur Veranschaulichung: Wenn im Garten ein Grashalm versucht, zwischen den Platten der Terrasse zu wachsen, ärgert uns das meistens. Doch was würden wir tun, wenn wir statt des Grashalms unter dem Stein wären und gerne ein bisschen vom schönen Sonnenlicht sehen würden? Vielleicht die ganze Platte hochdrücken? Oder mit weniger Aufwand zwischen den Platten den Weg zum Sonnenlicht suchen? Die Antwort ist klar: Konzentration auf das Wesentlich ist gleichbedeutend mit dem geringsten Aufwand.

Deshalb lautet der erste Schritt: Wir müssen akzeptieren, dass es nicht immer darum geht, alle Aufgaben nur selbst und hundertprozentig richtig zu erledigen. Viel wichtiger ist es, sich auf die wirklich entscheidenden Dinge zu konzentrieren.

9.

Heterarchie

9.1 Projekte statt Produkte

Um eine dem Clienting entsprechende Firma zu werden, sind in den meisten Unternehmen erhebliche Organisationsänderungen erforderlich. Das führt zu einer völlig neuen Form der Zusammenarbeit. Die Projektorganisation wird die uns bekannte Art des hierarchischen Systems auflösen. Karrieren finden nicht mehr in Hierarchien statt, sondern in Projekten. Das erfordert auch in den Unternehmen bisher nicht überschaubare, dramatische Veränderungen. Was machen beispielsweise Gewerkschaften, wenn ein Großteil der zukünftigen „Mitarbeiter" eines Projekts aus selbstständigen Unternehmern besteht? Was machen die Mitglieder, deren Projekt abgeschlossen ist, deren neues Projekt jedoch noch nicht akut ist? Die neue Organisationsrevolution wird noch für viel Gesprächsstoff sorgen. Trotzdem geht kein Weg daran vorbei. „Think big" hat ausgedient. Nur die Projektorganisation ermöglicht Schnelligkeit und Kundennähe. Doch das ist nicht alles und geht auch nicht von heute auf morgen. Nur anfangen müssen Sie jetzt. Deshalb habe ich nachfolgend einige zum Teil provozierende Thesen zum Thema Organisation zusammengestellt. Sie brauchen und werden sie sicher nicht alle übernehmen, aber kennen müssen Sie sie. Und mindestens ein Drittel davon sollten Sie auch umsetzen.

Organisationsgrundsätze

- Es gibt keine Hierarchien mehr.
- Es gibt kein Management mehr.
- Karriere ist eine Aneinanderreihung von erfolgreich gelösten Projekten (EDS, McKinsey-Vorbild), Projekt = horizontale Karriere. Teams sind der wesentliche Kern. Diese Teams formieren sich immer wieder neu und suchen sich ihre Teammitglieder selbst.
- Entscheidend ist der Aufbau von Netzwerken mit Menschen, Beziehungsmanagement in Reinkultur.
- Es gibt keine Vorgesetzten mehr.

- Es gibt dafür eine/n Projektleiter/in, der/die die volle Ergebnisverantwortung und die spezialisierte Jobverantwortung innerhalb eines Teams hat, klar und unmissverständlich.
- Prokura, Handlungsvollmacht und alle Titel sind überholte Relikte der Steinzeit. Für zukünftige Erfolge machen sie keinen Sinn mehr, weil sie nur eine Bereichsmacht schaffen, die zukünftig tödlich im Wettbewerb der besten und schnellsten Ideen ist.
- Wer die Symbiose zwischen Projekten, Menschen und Netzwerken schafft, ist der Sieger der Zukunft.
- Vom Aufbau von Netzwerken wird der Zukunftserfolg im Wesentlichen abhängen.
- Wer im Team bleibt und wer dazugehört, entscheidet das Team selbst.
- Jegliche Nicht-Kernarbeit wird an Außenstehende delegiert, z. B. Controlling, Buchhaltung, Finanzen, Rechtsfragen etc.
- Die Projektorganisation ist atmend, d. h. je nach Projektverlauf mit entsprechend vielen oder wenigen Teammitgliedern besetzt.
- Die Zusammenarbeit mit externen Netzwerkpartnern, Free Lancern, ist entscheidend.
- Das Team ist am Erfolg des Projektes direkt beteiligt, jeder im Team.
- Das Team darf nicht größer sein als maximal zwölf Leute. Sieben wird eher besser sein.
- Das Team ist selbstverantwortlich und selbstorganisiert. Feste Arbeitszeiten gibt es nicht.
- Das Vertrauen ist sehr hoch. Bei Missbrauch folgen sofort Konsequenzen.
- Im Team bewertet man sich gegenseitig, um Transparenz für eigene Stärken und Schwächen zu schaffen.
- Das Team weiß, dass sein eigentliches Ziel die Zellteilung, also das Wachstumsprinzip der Natur, ist – neben der Existenzsicherung durch Geld.
- Sog statt Druck ist das Prinzip. Keiner wird gezwungen, in Projekten mitzuarbeiten, die er nicht will.
- Will ihn allerdings keiner, Sog statt Druck umgekehrt, gehört er nicht in diese Firma.

- Bosse, Chefs, Manager sind Begriffe der Schornsteinindustrie, nicht mehr gültig und neu zu definieren.
- Probieren, Experimentieren und Fehlermachen geht vor Planen und Systematisieren.
- Wer nur Fehler macht, „fliegt raus".
- Der/die Leiter/in ist zukünftig Unternehmer/in im Unternehmen, Motivator seines/ihres Teams und projektverantwortlich.
- Jedes Projekt wird schriftlich definiert, die Wege dorthin nicht. Sie ändern sich sowieso permanent.
- Jeder ist am Erfolg der Firma finanziell direkt beteiligt.
- Eine Firma kann entweder ein Projekt oder mehrere Projekte sein.
- Ein Projekt ist die Erzielung eines finanziell positiven Ergebnisses einer Geschäftsidee oder einer klar umrissenen Aufgabenstellung für das Gesamtunternehmen, z. B. Serviceleistung Marketing.
- Dabei sind schnell, schlank und sparsam, die drei S, immer die Maxime.
- Bei drei Wegen ist nun einer zu viel, z. B. Top-Management, Middle-Management, Basis. Direkt heißt das Zauberwort der Zukunft.
- Erfolgreiche Projektmanager erzielen positive finanzielle und qualitative Ergebnisse wie Image, Kundenbegeisterung etc.
- Netzwerke mit Kunden sind eine unabdingbare Voraussetzung für Erfolg. Projektmanager müssen wissen, wie ihr Kunde „atmet".
- Erfolgreiche Projektmanager/innen erhalten entweder eine eigene Firma oder werden an der bestehenden Firma als Partner beteiligt.
- Hier gilt, nicht als Partner einzusteigen – wer weiß, ob es klappt, sondern als Partner aufzusteigen: durch Projekterfolg.
- Juristisch gesehen ist ein/e Geschäftsführer/in erforderlich. Geschäftsführer/in zu sein macht aber unter Projektgesichtspunkten keinen Sinn.
- Es gibt zwei Möglichkeiten für zukünftige Geschäftsführer/innen:

  - Entweder ist eine Geschäftsidee auch eine Firma; bei Geschäftsideen ist das gut möglich: Geschäftsidee = Firma = Projektleiter = Geschäftsführer – Teilhaber. Bei Serviceideen wie Marketing etc. ist das schwieriger.
  - Oder der Geschäftsführer wird bei mehreren Projekten innerhalb einer Firma von allen gewählt, für drei Jahre. Bewährt er sich, kann er wieder gewählt werden. Falls er eklatante Fehler macht, erfolgt ein Misstrauensvotum.
- Der/die Geschäftsführer/in hat auch weiterhin mindestens ein Projekt zu verantworten, damit er/sie nicht zum Administrator wird.
- Falls jemand zeitlich begrenzt aussteigen will, ist das möglich. Eine Projektgarantie gibt es nicht. Allerdings kann an neuen Projekten wieder mitgewirkt werden.
- Falls jemand wechselt, werden alle erworbenen Vorteile wie Partneranteile, Gewinnbeteiligung und weitere Boni zurückgegeben.
- Jeder hat Zugriff auf alle relevanten Informationen.
- Die Strategie wird durch das Projekt gemacht.
- Allerdings existiert eine Vision, ausformuliert und schriftlich, über die Kernphilosophie und Ausrichtung des Unternehmens in zehn Jahren. Wo wollen wir in zehn Jahren stehen?
- Erzielt ein Projektteam innerhalb eines Jahres nach der Aufbauphase kein finanziell positives Ergebnis, wird es durch andere Projekte gestützt. Hier funktioniert die Firmengruppe quasi als Bank. Es ist ein Kredit.
- Wird auch im zweiten Jahr noch kein positives finanzielles Ergebnis erzielt, entscheidet die Firmengruppe, alle Projektleiter, über den Fortbestand.
- „Schuster, bleib bei deinem Leisten." Man sollte um Gottes willen nicht in Gebiete expandieren, die mit dem Stammgeschäft nichts zu tun haben.
- Eine Geschäftsidee ist die Lösung eines brennenden Problems einer klar umrissenen Interessengruppe (mehr als Zielgruppe).
- Nicht das Produkt zählt, sondern die Gruppe von Menschen, die das Problem hat und gelöst haben will.

- Produziert wird am besten nicht mehr. Das können andere, Japaner, Chinesen etc., besser.
- Die völlige Konzentration liegt auf dem Mehrwert, d. h., Serviceleistungen oder/und Informationsvorsprünge für Kunden werden vermittelt.
- Kooperationen und Allianzen sollten geschaffen werden, wo es geht.
- Die Informationsmacht gehört allen im Team. Informationen werden nicht gehortet, sondern für alle abrufbereit gestaltet. Computer sind so selbstverständlich wie das Telefon.
- Wo der Arbeitsplatz ist, ist nicht mehr wichtig. Das Ergebnis und das Teamfeeling zählen.

9.2 Der Kunde ist der beste Verkäufer

In den 90er Jahren konzentrierte sich vor allem der Handel auf ein System nach dem Grundsatz „Wachstum durch Teilung“: Franchise. Es ging um ein möglichst dichtes Verteilungssystem in Form eines festen Handelsnetzes oder loser Verbundstrukturen. Solche Systeme nutzen den Vorteil der Aufgabenteilung zwischen der überregionalen Zentrale und den Spezialisten, die sich voll der Kundenorientierung widmen. Jeder tut, was er am besten kann!

Doch dann wurden Schwachpunkte erkennbar. Alle diese Unternehmenskonzepte sind an der traditionellen Vorstellung ausgerichtet, dass man nur für den Kunden sichtbar genug am Markt präsent sein müsse, um Verkaufserfolge zu erzielen. Die Firma steht bei dieser Auffassung im Mittelpunkt. Der Kunde wird nur als notwendiges Übel betrachtet. Dass in Wahrheit der Erfolg allein vom Kunden und seinen Interessen abhängt, bleibt bei diesen Konzepten nachrangig. Das aber ist der springende Punkt. Der Kunde wird zunehmend kritischer und unberechenbarer. Unternehmen sind deshalb mehr denn je darauf angewiesen, den Kunden nicht nur zufrieden zu stellen, sondern dauerhaft mit ihm zusammenzuarbeiten.

An diesem Punkt setzt Clienting an. Die drei Säulen des Clienting-Konzepts (Kundenorientierung, auf den Kunden ausgerichtete Organisation und Kundenzufriedenheit) sind nicht nur die Basis dafür, dass ein Unternehmen kundenfreundlich denkt. Das tun viele Firmen, obgleich es häufig an der praktischen Umsetzung mangelt. Wenn ein Kunde beispielsweise am Freitag kurz nach fünf anruft, der Mitarbeiter aber für halb sechs einen Tennisplatz gebucht hat und deshalb nicht mehr ans Telefon geht, dann ist das Ergebnis letztlich eben doch ein verärgerter Kunde. Deshalb sind die drei Säulen des Clienting-Konzepts der zentrale Ansatz für die Analyse der Frage: Wie schafft es das Unternehmen, nicht nur Kunden zufrieden zu stellen, sondern die Kunden durch Leistung immer wieder zu verblüffen und zu überzeugen?

Ein Unternehmen, das beispielsweise durch zahlreiche Filialen am Markt vielfältig präsent ist, setzt den Kunden unter Druck. Ein Unternehmen, das hingegen den Kunden begeistert, weil auf seine Wünsche und Interessen eingegangen wird, erzeugt einen Sog – der Kunde ist aufgrund seiner guten Erfahrung von sich aus an dem Unternehmen interessiert. Wie aber kann man Druck durch Sog ersetzen? Die Antwort ist eindeutig: durch den Aufbau von Kundennetzwerken, also durch die langfristige Zusammenarbeit mit jedem einzelnen Kunden.

Dass jeder Kunde Teil eines Netzwerkes ist, zeigt sich besonders deutlich immer dann, wenn es um Beschwerden geht. Ein begeisterter oder sogar verblüffter Kunde beeinflusst etwa drei andere Kunden positiv. Dagegen verbreitet ein unzufriedener Kunde seine Kritik bei mindestens zehn anderen Kunden. Jeder Kunde speist also seine Erfahrungen in das Netzwerk seiner unmittelbaren Umgebung – Familie, Freunde, Kollegen – ein.

Ein verblüffter Kunde ist der beste Verkäufer!

Aber der Kunde ist nicht nur Teil eines Netzwerkes. Er ist zugleich ein individuelles Wesen mit ganz persönlichen Ansprüchen und Neigungen. Einem kundenfreundlichen Unternehmen muss es deshalb darum gehen, auf dieses „Kundenindividuum" einzugehen und ihn als Partner zu behandeln.

Stellen wir uns doch einmal einen ganz gewöhnlichen Marktplatz vor, wie es ihn seit Hunderten von Jahren gibt. Dort geht es bekanntlich nicht nur um Kaufen und Verkaufen. Wichtiger sind die Beziehungen. Jeder Händler lebt davon, dass der Kunde immer wieder von alleine zu ihm findet, weil man seine Bedürfnisse kennt und Wünsche erfüllt. Wenn das gelingt, wird der Kunde zum Partner. Für einen Händler, der eine dauerhafte Beziehung zu einer ausreichenden Zahl von Kunden aufgebaut hat, ist Marketing uninteressant.

Wie aber bringt man diesen kritischen, gut informierten, unberechenbaren Kunden dazu, dass er sich als Partner akzeptiert fühlt?

Die Antwort ist einfach: Indem man auf seine Bedürfnisse und Eigenarten eingeht. Unternehmen verkaufen nicht länger ausschließlich Waren, sondern Lebenshilfe.

Und wie erfährt das Unternehmen von diesen Bedürfnissen rechtzeitig genug, um den Kunden gezielt zufrieden zu stellen?

Antwort: durch ein geeignetes Beziehungsmanagement.

Die Zeiten sind vorbei, da der Kontakt zwischen einem Unternehmen und seinen Kunden alleine auf die wenigen Augenblicke beschränkt blieb, da sich der Kunde im Laden aufhielt. Im Medienzeitalter steht der Kunde virtuell ununterbrochen im Laden.

Vor allem: Nicht nur das Unternehmen verdient an dieser Partnerschaft. Der Kunde ist als Partner an dem Unternehmen beteiligt, bei dem er kauft. Er hat Vorzugsrechte, Boni, Einmaligkeiten, die andere nicht haben.

Der Kunde wird zum Partner – und mit Partnern geht man anders um als mit Kunden

Und wie organisiert man ein solches Partnersystem?

Mithilfe der drei Cs: Clubs, Cards und Communities.

Alle drei Systeme beruhen auf demselben Prinzip. Es geht darum, die Merkmale und Wünsche des kaufenden Partners so transparent zu machen, dass der verkaufende Partner gezielt darauf eingehen kann.

Ein dafür geeignetes Mittel sind beispielsweise Kundenkarten. In Deutschland gab es zur Jahrtausendwende rund 33 Millionen Kundenkarten, 2003 waren es bereits 62 Millionen, bis zu 102 Millionen, so eine Studie der Unternehmensberatung Roland

Berger, könnten es bis 2007 werden. Im europäischen Ausland ist die Kundenkarte noch weit stärker verbreitet. Mit gutem Grund. Denn zunächst einmal soll die Karte den Kunden darin bestärken, immer wieder zu kommen. Die Plastikkärtchen sind eine stete Erinnerung an eine Geschäftsbeziehung, die besondere Vorteile wie Rabatte, Sonderangebote oder eine Kundenzeitschrift bietet. Zunehmend verbünden sich außerdem die Handelskonzerne mit Dienstleistern wie Energieversorgern, Telekommunikationsunternehmen, Finanzfirmen, Verkehrsbetrieben, Online-Diensten oder Verlagen und Zeitungsunternehmen, die den Kartenkunden ebenfalls günstige Konditionen einräumen.

Doch das ist nur die eine Seite.

Die Merkmale von Kunden werden dem Händler nur dann bekannt, wenn er sich deren Interessen fortgesetzt annimmt. Diese sprechen auf Höflichkeit und freundliches Auftreten von Verkäufern ebenso kritisch an wie auf Alternativangebote. Wie schnell reagieren Verkäufer auf Anfragen, wie flexibel? Sind sie motiviert, glaubwürdig? Hinzu kommt die schlichte Tatsache, dass Kunden keineswegs immer faire Partner sind, sondern ein und dasselbe Angebot des Händlers ganz unterschiedlich beurteilen. Was gestern noch ganz in Ordnung war, wird heute von derselben Person als Mangel empfunden.

Dank der Kundenkarte, über die Umsätze registriert und Einkäufe bezahlt werden, lassen sich solche Informationen gewinnen und ein Einkaufsprofil für gezielte Angebote ableiten. Aus der Nutzung der Kundenkarte lässt sich ein Handlungs- und Interessenmuster ableiten, das die Richtung zu einem bedarfsgerechten, auf jeden Kunden persönlich zugeschnittenen Angebot weist. Millionen von Kunden gehen täglich in die großen Kaufhäuser oder stehen an Tankstellen und zücken an den Kassen ihr Kundenkarten. Je mehr von ihnen eine Karte haben, umso genauer kann ihr Kaufverhalten nachvollzogen und eine Kundenbeziehung aufgebaut werden, vom Sonderangebot bis zum Weinseminar oder einem Bastelkurs.

Kundenclubs gehen noch einen Schritt weiter. In einigen Handelsunternehmen haben solche Clubs bereits erhebliches Gewicht bei der Produktentwicklung. Die Filialleiter präsentieren neue Waren oder Serviceleistungen vor dem Kundenforum und lassen sie testen. Erst wenn solche Prototypen sich als wirklich kundengerecht erweisen, kommt die konkrete Vermarktung infrage.

Der Kunde wird zum aktiven Teilhaber der Unternehmensplanung

In dieselbe Richtung weisen die Communities im Internet, weil sie den permanenten Interessenaustausch zwischen Kunden und Unternehmen bedeuten. Der Kunde steht sozusagen rund um die Uhr „im Laden". Er kann jederzeit bestellen, kritisieren, sich mit anderen Kunden austauschen, Verbesserungsvorschläge einbringen. Und das alles als Teil des Unternehmens, das ihm Vorzugskonditionen und Preisnachlässe einräumt.

Das hat freilich Folgen. Im virtuellen Geschäft rächt sich unverzüglich jeder Fehler, weil den Kunden nichts an Reklamationen hindert. Mehr noch, sein Unmut wird in der Internet-Gemeinde sofort bekannt, was zu einer allgemeinen Frontbildung führen kann. Dann erweist es sich, ob das Unternehmen die Kundenorientierung als langfristiges Konzept pflegt. Die Mitarbeiter der Firma müssen in den Rang von Beziehungsmanagern erhoben werden. Denn besonders in der Krise kommt es darauf an, dass der verärgerte Kunde auf einen zufriedenen Mitarbeiter trifft.

Nur Mitarbeiter, die über den Kunden Bescheid wissen, können diesen zufrieden stellen

Dazu gehört auch, dass eine hohe externe Kundenzufriedenheit sich motivierend auf Einsatz- und Leistungsbereitschaft der Mitarbeiter auswirkt. Diese Beziehung wirkt somit wechselseitig, und es gehört zu einer kundenorientierten Strategie, die Mitarbeiter durch Lob und Anerkennung, Aktienoptionen oder Sonderzahlungen fortgesetzt herausfordern.

Nur allzu häufig endet die Kundenorientierung in Unternehmen an der Kasse. Zunächst einmal bleibt ein wichtiges Wertschöpfungselement auf der Strecke: die Betreuung der Kunden in der Nachkauf- und Verwendungsphase. Außerdem ist längst klar, dass mit immer günstigeren Preisen kein Kunde auf Dauer bei der Stange zu halten ist. Der Preis ist wichtig. Aber wichtiger ist, dass sich der Kunde umsorgt fühlt. Er möchte den Eindruck haben, dass sich das Unternehmen für ihn interessiert.

Fazit: Kundenorientierung im Handel

- Alle Wertschöpfungsstufen kritisch prüfen und in eine kundenorientierte Strategie einbeziehen.
- Kundenorientierung am Markt bedeutet gleichzeitig Kundenorientierung innerhalb des Unternehmens.
- Pflege der Kundenbeziehung und -zufriedenheit ist eine Daueraufgabe.
- Kundenorientierung bedeutet, das eigene Unternehmen mit den Augen des Kunden zu sehen.

10.

Information

10.1 Menschen statt Daten

Kennen Sie die kritischen Erfolgsfaktoren Ihres Unternehmens? Das sind die drei, fünf oder auch sieben zentralen Herausforderungen, die gemeistert werden müssen, um erfolgreich zu sein. Diese Faktoren sind primär handlungsbestimmend. Die Entwicklung der kritischen Erfolgsfaktoren muss ständig überwacht werden, da sie Frühindikatoren für den Unternehmenserfolg sind.

Haben Sie bereits für Ihr Unternehmen, Ihre Abteilung und für Ihren persönlichen Erfolg diese wichtigen Faktoren definiert? Falls ja, sollte an der Spitze dieser Liste das Management der persönlichen Beziehung in Ihrem sozialen Netzwerk stehen. Der Aufbau und die Pflege von persönlichen Beziehungen ist erfolgsentscheidend.

Basis für ein effektives Clienting ist eine CRM-Software. Es müssen weit mehr Informationen erfasst werden als Adressen, Telefonnummern und Geburtstage der Kunden. Erst *„weiche" Fakten* über Interessen, Motive und gemeinsame Erlebnisse erfüllen eine Datenbank mit Leben. Kultivieren Sie keinen Datenfriedhof, sondern sorgen Sie für eine lebendige Informationsdatenbank, eine Wissensdatenbank, die Ausgang für eine zielgruppenspezifische Bedürfnisbefriedigung durch Ihr Unternehmen ist.

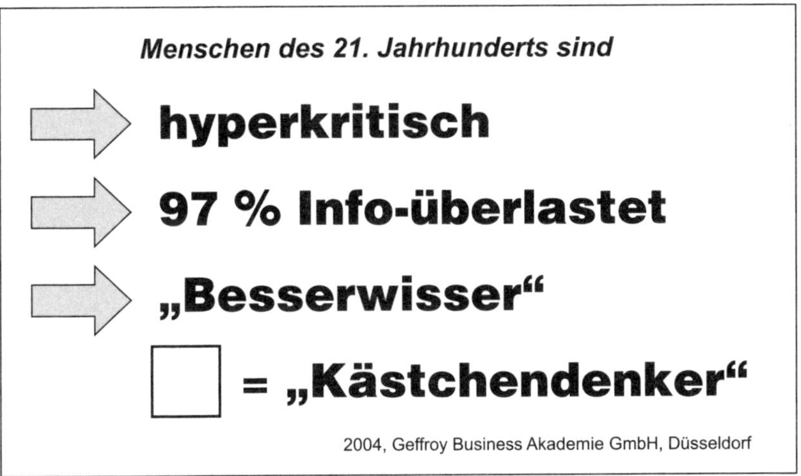

Die klassische Werbung über die Massenmedien Print, Funk und Fernsehen stößt an ihre Grenzen. In seinem Buch *Millionengrab Werbung* beschreibt Herbert Werler, wie die Werbemillionen im Übertragungskanal verpuffen können, ohne die Zielgruppen zu erreichen, geschweige denn zu überzeugen. Die Adressaten schwimmen der Werbeflut davon. Sie weichen Funk- und Fernsehspots durch Zapping aus, entmüllen ihre Zeitungen und Zeitschriften von Beilagen. Mittelfristig wird die Kundenbindung (Clienting) die klassischen Instrumente des Marketing wie Anzeigen und Prospekte überflüssig machen.

Dreh- und Angelpunkt ist anders als in der Vergangenheit die Betonung des Kundennutzens. Noch immer verwechseln viele Verkäufer und Werber den Kundennutzen mit dem Produktvorteil. Aber was hat der Kunde davon, wenn ihm eine Preiserhöhung mit gestiegenen Kosten begründet wird? Verständnisvoller wird er reagieren, wenn ihm zusätzlicher Nutzen geboten wird. Auch sprechen immer noch viele Firmen zu viel von ihren eigenen Sorgen, statt den Kunden durch Zusagen positiv zu stimmen. *Direktmarketingaktionen* haben nur noch eine Chance, wenn Sie etwas Besonderes bieten (siehe unsere Beipack-Idee) und eine quasi individuelle Ansprache gelingt. Dies ist nur mit einer aussagefähigen Kundendatenbank zu schaffen.

Die Märkte werden zunehmend atomisiert, d. h. in immer kleinere Marktsegmente zersplittert. Die Verbraucher werden ständig anspruchsvoller und haben ein starkes Abgrenzungsbedürfnis. Autos befriedigen beispielsweise schon lange nicht mehr nur Mobilitätsbedürfnisse, sondern sind unübersehbarer Ausdruck eines bestimmten Lebensgefühls: der zuverlässige Kombi für den dynamischen Familienvater, das sportliche Cabrio für den aufstrebenden Jungmanager, der flotte Einkaufsflitzer für die mobile Hausfrau und die luxuriöse Limousine mit Understatement- Charakter für die moderne Karrierefrau.

Data-Base-Clienting oder besser das Clienting Competence Center begegnet dieser Entwicklung durch die detaillierte Analyse von Käuferschichten, Marktsegmenten, Ziel- und Interessengruppen. Mit statistischen Methoden wie der Regressions- und Clusteranalyse werden einzelne Kunden zu Gruppen zusammengefasst, die sich durch ein identisches Kaufverhalten und ähnliche Entscheidungsprozesse auszeichnen. So identifizierte Zielsegmente können mit spezifischen Maßnahmen angesprochen werden. Ziel ist, das Clienting und den Verkauf konsequent auf die jeweiligen spezifischen Kundenbedürfnisse auszurichten.

Eine umfassende Kundendatenbank, die unseren Ansprüchen gerecht wird, war früher nur Spezialisten vorbehalten. Hohe Budgets waren notwendig, um die teuren Großrechner für diese Zwecke einsetzen zu dürfen. Dank des rasenden technologischen Fortschritts und der dramatisch verbesserten Preis-Leistungs-Relation der Hardware nutzen immer mehr mittelständische und Kleinunternehmen diese elektronische Hilfe. Ein leistungsfähiger PC mit moderner Software ausgerüstet bringt Ergebnisse, die vor wenigen Jahren undenkbar waren. Millionenschwere Investitionen in eine schwerfälligefroßrechnertechnologie werden von modernen vernetzen PCs infrage gestellt. Der Satz „Nicht die Großen fressen die Kleinen, sondern die Schnellen die Langsamen“ fand möglicherweise in diesem Zusammenhang seinen Ursprung.

Die jetzt verfügbare leistungsfähige Hardware hat eine Software möglich gemacht, die aufgrund ihres Funktionsumfangs und der hohen Benutzerfreundlichkeit eine enorme Anzahl an Informationen speichern und verwalten kann. In Sekundenschnelle ist die gewünschte Information über den Kunden auf dem Monitor. Eine moderne Software übt selbst auf eingeschossene Nichtanwender eine Anziehungskraft aus, der auf Dauer keiner widerstehen kann. Datenbanken waren früher der Inbegriff einer unverständlichen Geheimwelt, in der sich nur eingefleischte Anhänger der elektronischen Sekte zurechtfanden. Heute sind relationale Datenbanken mit etwas gutem Willen von jedem Interessierten zu entwickeln. Die Software unterstützt dabei den Anwender durch vorgegebene Standardlösungen und leistungsfähige Hilfesysteme, die mittlerweile genauso umfangreich sind wie das eigentliche Anwendungsprogramm.

Kennen Sie Ihre Kunden? Haben Sie eine CRM-Software, um die Beziehung zu Ihren Kunden zu pflegen und zu intensivieren? Handeln Sie, bevor der Wettbewerb Sie abhängt!

10.2 Wissenszwerge und Informationsriesen

Der Umschwung von der Produktions- zur Informationsgesellschaft hat sich bereits vollzogen. Informationsvorsprünge bedeuten bares Geld und sind die Machtquelle der Zukunft. Die modernen Gesellschaften werden nicht mehr nur durch die Geldkluft gespalten, sondern in zunehmendem Maße durch den unterschiedlichen Umgang mit Informationen.

Wir leben bereits mit der Informationsflut, die von Woche zu Woche an Stärke gewinnt. Im Unterschied zu den natürlichen Gezeiten wird die Informationsflut nicht in regelmäßigem Abstand durch eine Infoebbe abgelöst. Mehr und mehr Zeitschriften werden veröffentlicht, immer neue Fernsehstationen werden eröffnet, sogar reine Informationssender und völlig neue Informationskanäle werden erschlossen.

2004, Geffroy Business Akademie GmbH, Düsseldorf

Diese Informationsflut trennt die Menschen in zwei Gruppen: Wissenszwerge und Informationsriesen. Wissenszwerge sind der Flut nicht mehr gewachsen. Die Masse und Komplexität an Informationen überfordern ihre Kapazität, Informationen sinnvoll zu verarbeiten. Wissenszwerge lassen sich berieseln und werden unbemerkt manipuliert und zu unmündigen Konsummarionetten erzogen. Für diesen Teil der Bevölkerung kann Postmans Buch *Wir amüsieren uns zu Tode* auch mit „Wir berieseln uns zur Dummheit" übersetzt werden.

Informationsriesen können komplexe Strukturen überblicken, strukturieren die Informationsflut, nehmen eine Unmasse von Daten auf, verbinden sie mit Bekanntem und suchen die für sie wichtigen Informationen heraus. Sie gewinnen die Infoessenz mit effizienten Filtern aus der Datenflut. Ihre Erfolgsgeneratoren werden vom gewaltigen Informationsstrom angetrieben. Informationsriesen besitzen Informationsvorsprünge, die entscheidend für den Erfolg sind.

Informationsriesen zeichnet auch die Fähigkeit aus, sich von altem Wissen schmerzlos und schnell zu trennen. Informationen haben eine immer kürzere Halbwertszeit. Das Verfallsdatum für Informationen läuft schneller ab als das der Milchprodukte in Ihrem Kühlschrank. Deshalb halten sich Info-Riesen nicht an alten Konzepten, die vor Jahren vielleicht einmal funktioniert haben, fest, sondern geben neuen Lösungen eine Chance.

Selbstverständlich arbeiten Informationsriesen mit einer Vielzahl von unterschiedlichen Quellen. Der modernste, schnellste und einzig wirklich globale Informationskanal spielt dabei eine immer wichtigere Rolle: *das Internet.* Die so genannte Online-Welt erschließt jedem, der es will, die ganze Information per Mausklick. Die gewaltigen Chancen, die dieses Medium bietet, kennt jeder, der einen PC mit Internet-Anschluss hat. Über 700 Millionen Menschen weltweit haben mittlerweile einen Internet-Zugang. In Deutschland nutzen ca. 40 Millionen Menschen das Internet, gerade mal 50%. Vor allem Menschen über 50 haben das Internet noch nicht ausreichend entdeckt. Ein Grund mehr, um die Menschen bei ihrem Weg in die digitale Welt des Internets zu begleiten. Dabei leistet das Internet heute Unglaubliches. Sie rufen nicht mehr einfach nur Informationen aus riesigen Datenbanken ab, sondern Sie reden und diskutieren mit anderen Menschen mit Bild und Ton. Das Internet bietet eine ganz neue Form der Interaktivität.

Verabschieden Sie sich von allen Vorurteilen, die diesem Kommunikationsmedium entgegengebracht werden. Nur die wenigsten Internet-Nutzer sind Computerhacker und einsame PC-Freaks. Ärzte, Wissenschaftler, Manager, Hausfrauen, Autoren und Verkäufer nutzen diese Informationsplattform. Sogar der Vatikan und der Präsident der Vereinigten Staaten haben eine E-Mail-Adresse, die von jedem anderen Mitglied angewählt werden kann. Sie alle nutzen die Kommunikationsmöglichkeiten, um neue Informationen zu bekommen, Probleme mit kompetenten Partnern zu diskutieren oder neue Geschäftsbeziehungen aufzubauen. Einige haben auch ihren Ehepartner über eine ursprüngliche Verbindung per Draht kennen gelernt. Die Nutzung des Internets ist völlig zeit- und ortsunabhängig. Alles, was Sie brauchen, ist ein PC oder Laptop mit Internet-Zugang. Sie können jederzeit und von jedem Ort aus alle Möglichkeiten nutzen. So haben Sie auf den Geschäftsreisen Zugriff auf Ihren persönlichen Briefkasten und alle aktuellen Nachrichten an Sie. Vom Hotelzimmer aus können Sie Anfragen, Bestellungen und Protokolle an Ihr Unternehmen auch um zwei Uhr morgens übertragen. Internet-Nutzer helfen einander. Keiner kann alles wissen, jeder braucht irgendwann die Hilfe von anderen. Deshalb werden Informationen weitergegeben, für die unter anderen Umständen viel Zeit und Geld aufgewendet werden müssten. Egal, ob Sie einen Sportmediziner, der eine komplizierte Knieverletzung heilen kann, oder einen Anbieter von seltenen Zierfischen suchen, das Internet ist das Medium, über das man Antworten erhält.

Die traditionellen Funktionen einer elektronischen Datenbank stehen jedem Surfer selbstverständlich auch zur Verfügung. Wall-Street-Kurse, sekundenaktuelle Weltnachrichten, Wettervorhersagen für jeden Ort der Welt und mächtige Nachschlagewerke sind nur einige Beispiele. Selbstverständlich können Sie auch Ihren nächsten Urlaub planen, Flüge, Mietwagen und Hotelzimmer direkt buchen.

Wenn Sie die aktuellsten Artikel zu einem wissenschaftlichen Thema wollen, verschwenden sie in Buchhandlungen und Universitätsbibliotheken Ihre Zeit. Das globale Kommunikationsnetzwerk liefert Ihnen diese Informationen auf Ihren Schreibtisch: ein

Knopfdruck – und Ihr Bildschirm zeigt Ihnen die neuesten Trends; ein weiterer Mausklick – und Ihr Drucker bringt sie aufs Papier.

Moderne Unternehmen nutzen das Internet, um ihre Kunden über neue Produkte und Anwendungsmöglichkeiten zu informieren. Korrigierte Softwareversionen können direkt vom Hersteller auf Ihren Computer überspielt werden. Sie übermitteln Ihre Kritik direkt an die verantwortlichen Entwickler und bekommen in den meisten Fällen ein Feedback.

Es gibt zahllose Möglichkeiten, mit diesem Medium Ihren privaten und beruflichen Erfolg zu steigern. Lernen Sie von den Informationsriesen. Nutzen Sie die Möglichkeiten eines weltweiten Informationsaustauschs. Entwickeln Sie für sich und Ihr Unternehmen kreative Nutzungsmöglichkeiten. Das Internet ist ein zentraler Bestandteil, um unsere Vision des digitalen Clienting umzusetzen.

Wenn Sie von den beschriebenen Möglichkeiten profitieren wollen, brauchen Sie nur einen PC und einen Internet-Zugang. Und schon surfen Sie mit Ihrem Computer auf der vordersten Welle der Informationsflut. Willkommen im Club der Informationsriesen.

Informationsmacht

Von der Industriegesellschaft zur Informationsgesellschaft

Gewaltmacht = Agrar
Geldmacht = Industrie
Informationsmacht

2004, Geffroy Business Akademie GmbH, Düsseldorf

11.

MindWare

11.1 MindWare statt Software

Als ich Anfang der 90er Jahre den Text für die erste Auflage dieses Buches schrieb, war schon von der Informationsgesellschaft die Rede. Damals meinte man noch vornehmlich das Fernsehen, die Medien. Ein erheblicher Teil dieser ersten Fassung meines Buches nahm die Erklärung von Fachausdrücken wie Multimedia, CD-ROM oder Netzwerk in Anspruch. Eine breite Bevölkerung wusste nicht einmal etwas mit dem Begriff „Internet" anzufangen.

Inzwischen haben wir eine elektronische Revolution erlebt, die jeden bisherigen technischen Fortschritt in den Schatten stellt. Selbst die in der Politik geführte Diskussion, wie man eine Zweiteilung der Gesellschaft in Bürger mit und ohne Internet-Zugang verhindern könne, dürfte sich bald als obsolet erweisen. In Zukunft wird die Verbindung zum Internet als ebenso selbstverständlich gelten wie Führerschein und Besitz eines Autos.

Heute erleben wir eine neue Phase des Umbruchs. Das Internet gehört in Wirtschaft, Wissenschaft und Verwaltung zur täglichen Routine. Und schon wieder kündigt sich eine Revolution im Umgang mit Computer und Internet an, die alle auf ein Ziel hinauslaufen.

Informationsmacht schlägt Geldmacht

Dieser Trend lässt sich nicht alleine an der Tatsache festmachen, dass sich heute noch viele Computerbesitzer vornehmlich für die Hardware interessieren. Man ist versucht, einen Vergleich mit der Frühzeit des Automobils zu ziehen, als PS-Leistung und Zylinderzahl eine weit größere Rolle spielten als die Regelung verstopfter Straßen. Noch heute sind nicht wenige Menschen davon überzeugt, die Elektronik habe diese Entwicklungsstufe bereits bewältigt, denn schließlich gibt es immer mehr und raffiniertere Programme. Doch die Software ist nichts anderes als beim Autofahren die Handhabung von Schaltung, Bremse oder Kupplung. Wie gut und umsichtig ein Autofahrer damit umzugehen weiß, hängt von seiner Erfahrung, Intelligenz und der Anpassung an die Bedürfnisse der übrigen Verkehrsteilnehmer ab.

Auch wenn sich in der Computerwelt diese Einsicht zunehmend durchsetzt, geben noch immer die Hardware-Techniker und Software-Spezialisten den Ton an. Wer heute im Internet die Homepages von Unternehmen aufruft, wird fast durchweg mit Beispielen einer verbreiteten Programmierlust gefüttert. Es wimmelt von Links, die zu Verlautbarungen von Firmenzielen oder Aufzählungen des Produktsortiments führen, aber selten leicht aufrufbare Antworten auf konkrete Fragen liefern. In den USA spricht man bereits von einem „Computer-exzentrischen" Zustand, weil jeder Nutzer sich zunächst mit Technik und Programm befassen muss, um der PC-Welt die gewünschten Informationen zu entlocken.

Das wird sich zweifellos ändern. Die Zukunft gehört einer Entwicklung, die Hard- und Software praktisch auf Tastendruck nutzt. Man könnte von einem „nutzerfreundlichen Überprogramm" sprechen, für das ich den bereits weithin gebräuchlichen Begriff „MindWare" geprägt habe:

MindWare sorgt dafür, dass die in Computernetzen verfügbaren Informationen auf einfache Weise abgerufen werden können.

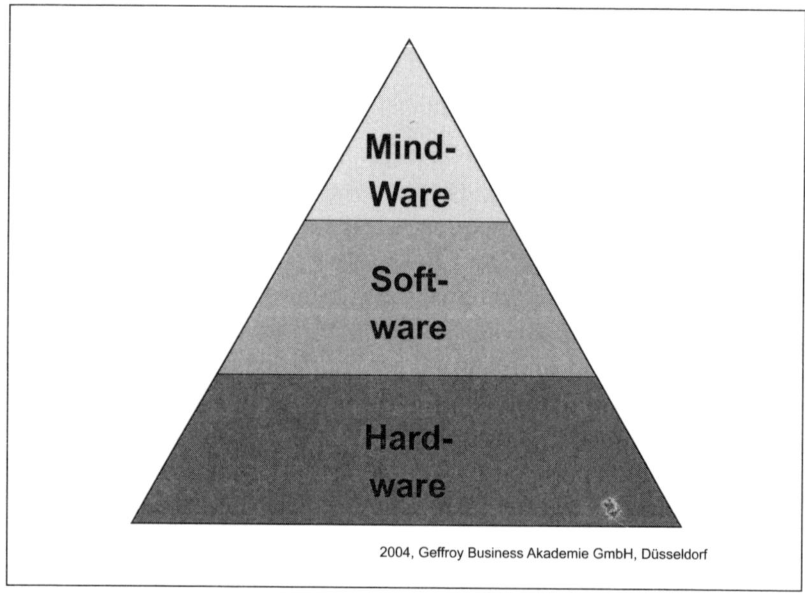

Information ist der billigste Rohstoff, der zugleich die höchste Rendite verspricht. Die MindWare ist das Transportsystem für diesen Rohstoff. Längst haben wir uns daran gewöhnt, dass man über Internet beispielsweise Bücher kaufen, Tickets buchen oder Konten verwalten kann. Firmen verbreiten auf diesem Weg ihre Ersatzteilkataloge, Preislisten, Neuprodukteinführungen oder Angebote. Innerhalb eines Jahrzehnts hat das Internet den Sprung in die Multimediawelt geschafft und Ton, Text, Bild, Grafik, Simulation, Animation sowie Video verknüpft. Was nun als nächste Etappe ansteht, ist die ausgefeilte MindWare, die dem Benutzer einen einfachen Zugang zu all diesen Informationen sichert.

Auch wenn heute die meisten Unternehmen in Deutschland einen Internet-Auftritt aufweisen, lässt doch deren Informations- und Nutzengehalt zu wünschen übrig. Entweder ist der Informationsgehalt dieser Auftritte zu mager oder komplett überladen und bietet keinen Mehrwert.

Der Ursache für solche Fehlleistungen liegt offenbar ein tief verankertes Missverständnis zugrunde. Und wer sich von diesem Missverständnis ein eigenes Bild machen möchte, muss nur im Internet die Homepages von Industriefirmen aufrufen. Dort wird er feststellen, dass das elektronische Medium noch weithin mit der alten Printtechnik verwechselt wird: Die Web-Sites sehen überwiegend so aus wie Werbeplakate an den Litfaßsäulen. Die Firmenvorstellung könnte unmittelbar aus einem Unternehmensprospekt stammen. Untersuchungen ergaben, dass vielfach fehlende Erfahrung und unzureichende personelle Ausstattung der dafür verantwortlichen Abteilungen die Gründe sind. Häufig werden einfach Produktmanager damit beauftragt, den Online-Auftritt zu realisieren. Da diesen die Erfahrung fehlt, wie Texte internet-gerecht aufzubereiten sind, werden kurzerhand Printunterlagen digitalisiert und ins Netz gestellt.

Auch Unternehmen, die mangels eigener Manpower ihren Internet-Auftritt von Spezialagenturen gestalten lassen, müssen keineswegs besser abschneiden. Ich habe bereits darauf hingewiesen, dass die von solchen Agenturen angebotenen Lösungen häufig eher durch technische Raffinesse als durch Kundenfreundlichkeit beeindrucken. Vielfach ist noch eine zweite Gruppe im Internet vertreten: Werbeleute. Ihre Web-Sites sehen häufig aus wie Vierfarbanzeigen in Magazinen. Sie sind nicht selten attraktiv gestaltet, doch für ein Clienting-Konzept untauglich.

Man sollte sich freilich davor hüten, diesen Agenturleuten einen Vorwurf zu machen, denn in der Regel erfüllen sie nur Kundenwünsche. Die meisten Firmenchefs, zumal in Deutschland, haben noch immer nicht begriffen, dass das Internet kein Werbemittel ist, sondern ein Dialog-Medium. Sie verstehen das weltweite Datennetz als Möglichkeit, ihre Werbebotschaft zwar mit hohem Streuverlust, doch preiswert unter die Menschheit zu bringen.

Als vor einigen Jahren eine Pharmafirma ihren Internet-Auftritt vorbereitete, holte sie das Angebot einer PR-Agentur ein. Diese präsentierte ein kleines, überschaubares und auf kundenfreundlichen Nutzwert konzentriertes Programm, mit zahlreichen Links zu Fragen und Antworten der Kunden. Doch die Manager zögerten. Schließlich wählten sie eine hauseigene Lösung, eine werbliche Litfaßsäule, fast ohne Clienting-Wert. Die Firmenleitung konnte sich bis heute nicht entschließen, ihren Auftritt zu einem Internet-Dialog mit den Kunden einschließlich Hotline auszubauen.

Diese Entscheidung ist durchaus logisch nachvollziehbar, auch wenn sie zu einem falschen Ergebnis führt. Herkömmliche Werbung ist teuer, das Internet hingegen billig. Für die Werbung gilt der Teufelskreis, dass sie umso schlechter wirkt, je mehr Geld für sie ausgegeben wird. Und je schlechter sie wirkt, umso mehr wird ausgegeben. Die Zahl der Internet-User steigt fortgesetzt, weshalb auch Werbebotschaften bei einer immer größeren Zielgruppe ankommen müssten. Überdies ist das Internet seit Jahren ein herausragendes Schlagzeilen-Thema, steht in hohem Ansehen und macht neugierig, was abermals günstige Voraussetzungen als Werbebasis sein müsste. Doch dabei wird übersehen, dass Internet-Nutzer überwiegend ein Frage-und-Antwort-Spiel spielen. Sie kommunizieren und wollen nicht mit vorgestanzten Botschaften nach der Art von Werbebotschaften gefüttert werden. Die Kommunikation muss vom Kunden steuerbar und damit beeinflussbar sein. Die Informationen dürfen nicht starr, sondern müssen flexibel und auf Wunsch abrufbar sein. Werbung ohne unmittelbar erkennbaren Nutzwert hat deshalb im Internet schlechte Karten.

Aber ist das Internet nicht ein Massenmedium? Sind nicht Millionen Internet-Nutzer eine ideale Plattform für werbliche Aussagen, und seien die Streuverluste noch so hoch? Diese Fragestellung ist schlicht veraltet. Denn ein Massenmedium war das Internet nur in seinen Kindertagen. Noch Anfang der 90er Jahre überwog der Reiz, sich überhaupt in das weltumspannende Netz einwählen zu können. Praktisch alles, was dort abrufbar war, genoss beträchtlichen Aufmerksamkeitswert, also auch Werbung. Doch mit steigenden Nutzerzahlen und immer ausgefeilteren Angeboten stiegen auch die Ansprüche.

11.2 Das Internet entwickelt sich zum Wissensportal

Wissen über den Kunden aus dem Internet muss nützlich und relevant sein. Diese Strategie erfordert von Unternehmen zunächst beträchtliche Investitionen. Die Rendite stellt sich erst nach einiger Zeit ein. Anstelle den Einzelnen mit einer klassischen Werbebotschaft in seinem bisherigen Verhalten infrage zu stellen, hat eine Internet-Beziehung das Ziel, den Menschen auf Produkte und Leistungen gemäß seinen individuellen Bedürfnissen aufmerksam zu machen.

Internet-Auftritte sind richtig justiert, wenn es ihnen darum geht, das Vertrauen des Einzelnen zu gewinnen. Der Kunde muss den Eindruck gewinnen, dass er auf diesem Weg bessere Geschäfte macht. Es gilt also einen überzeugenden Nutzen zu stiften, etwa durch Zugang zu wichtigen Informationen oder besonderen Service oder finanzielle Anreize. Auf dieser Grundlage entwickelt sich eine Beziehung zum Kunden. Der Kunde muss fortlaufend motiviert werden, die Beziehung zu vertiefen, um sich zu informieren: Im Laufe dieser Zeit wird der Fremde zum Kunden und der Kunde zum Freund.

Das Stichwort lautet: Helfen Sie dem Kunden bei seinen täglichen Problemen.

Das Internet ist ein ideales Medium für Direktmarketing. Die „Briefmarken" sind im Internet gratis. Die Druckkosten entfallen. Die Testgeschwindigkeit ist bei einer Aktion unerreicht hoch. Das Feedback übertrifft jedes konventionelle Verfahren. Vor allem aber entsteht ein echter Dialog mit einer Vielzahl von Individuen. Doch Vorsicht, Direktmarketing in Form von klassischen Newslettern ist mittlerweile kein geeignetes Marketinginstrument mehr. Täglich landet eine Vielzahl dieser Informationen in den elektronischen Postfächern der Kunden. Die Konsequenz ist, dass sie ungelesen gelöscht werden. Trotzdem kann diese Form der Kommunikation erfolgreich sein, wenn man es richtig macht und dem Kunden individuelle Lösungen und Hilfen anbietet.

Denn während bei herkömmlichen Strategien vor allem der Verkaufserfolg über Falsch oder Richtig entscheidet, ist im Internet jede Bewegung eines Surfers automatisch in digitaler Form nachvollziehbar. In einem stationären Supermarkt beispielsweise kauft der Kunde völlig anonym ein. Im Internet-Shop ist er dagegen sogar namentlich bekannt, weil ihm ja die Ware nach Hause geliefert werden muss. Fortschrittliche Internet-Shops versuchen, ihr Angebot mit jedem Kontakt genauer auf den Kunden auszurichten. Wer über Internet eine Ware bestellt, bekommt sofort ergänzende oder parallele Angebote präsentiert. Im Hintergrund des Kaufvorgangs laufen automatische Analysen ab, die alle verfügbaren Daten des Kunden mit dem Verhalten anderer Kunden abgleichen. Solche Systeme sind inzwischen so ausgefeilt, dass sie selbsttätig lernen. Mit jedem Kontakt wird das Wissen über den Internet-Kunden größer, und die Ansatzpunkte für eine Weiterentwicklung der Beziehung werden vielfältiger.

Dass die Chancen gut sind, eine sorgfältig gepflegte Internet-Beziehung zur Partnerschaft weiterzuentwickeln, liegt an den beidseitigen Vorteilen. Das Unternehmen verdient am Absatz, der umso genauer zu steuern ist, je mehr über den Kunden bekannt ist. Der Kunde hingegen findet immer schneller und zielsicherer, was er sucht, und kauft mehr ein, weil der Einkauf so angenehm ist – er wird zum Stammkunden, zum Partner.

Das Internet entwickelt sich zur Schnittstelle für sämtliche Kundenkontakte

Schon ist erkennbar, dass das Internet seiner ursprünglichen Bedeutung als Datennetz entwächst. Aus dem eigenständigen Medium wird ein Zentrum sämtlicher Kundenkontakte, wie und wo sie auch stattfinden. Ob ein Konsument sich im Service-Center eines realen Geschäfts befindet, beim Call-Center anruft oder sich im virtuellen Medium auf den Web-Sites bewegt, Mails schreibt und sein WAP-Handy benutzt – alle diese Kontakte lassen sich über Internet koordinieren und auswerten.

Doch Vorsicht: Nur wenn der Unternehmenspartner hinreichend Vertrauenswürdigkeit und vor allem einen überzeugenden Nutzen signalisiert, sind Internet-User bereit, ihre persönlichen Daten weiterzugeben. Und erst wenn dieses Hindernis überwunden ist, lassen sich Kundenprofile entwickeln. Diese sind wichtig, denn die Individualität des Kunden steht im Vordergrund. Fazit: Elektronische Netzwerke und persönliche Netzwerke werden zu einem Clienting-System zusammenfließen.

Internet-Entwicklung

In Zukunft weniger wichtig	In Zukunft zunehmend wichtig
Hard- und Software	MindWare
Werbung, Selbstdarstellung des Unternehmens	kundenorientierter Nutzwert
Massenentwicklung des Mediums Internet, anonyme Informationsverbreitung	individuelle Ansprache, vertrauensbildende Maßnahmen, Beziehungspflege

2004, Geffroy Business Akademie GmbH, Düsseldorf

12.

Netzwerke

12.1 Netzwerke mit Kunden

Alle vorausgegangenen Themen sind die Vorbedingung, natürlich nur soweit sie auf Ihre Situation übertragbar sind, für den entscheidenden Erfolgsweg der Zukunft: Netzwerke mit Kunden. Sie kennen jetzt den Sinn und die Bedeutung alter und neuer Themen.

Warum werden Netzwerke mit Kunden den entscheidenden Wettbewerbsvorteil bringen? Sie spiegeln die dritte Form der Netzwerkentwicklung in der Neuzeit wider, die alle drei den zentralen Sinn haben: Menschen miteinander zu verbinden.

Die erste Stufe uns längst bekannter Netzwerksysteme sind die Kabelnetze, die zu Telefon- und Kommunikationsnetzen ausgebaut wurden. Ziel war, Menschen über weite Strecken miteinander zu verbinden. Jetzt wird die neue Generation der Kommunikation eingeläutet. Neben den erweiterten Funktionen von Handys und PDAs, neben den neuen Übertragungswegen wie UMTS und Wireless LAN verlagert sich jetzt die Kommunikation auf das Internet. Das Zauberwort heißt „Voice over IP“ (VoIP), eine Technologie die das Telefonieren über das Internet ermöglicht. Dramatische Kostenreduzierung und weltweite Erreichbarkeit über das Internet sind die Vorzüge dieser Technologie. Noch sind wir mitten in der Aufbauphase, noch fehlen die gesetzlichen Rahmenbedingungen, doch werden in Zukunft die klassischen Kommunikationswege komplett auf dieses Medium verlagert. Dem ersten Netz, um Menschen zu verbinden, folgte bald das zweite: das Straßen- und Autobahnnetz. Das Auto ermöglichte den Menschen, weite Strecken und Distanzen zu überwinden. Jetzt sind wir auch hier im Stadium der Verkehrsnetze, das neben PKWs nun das Flugzeug favorisiert. Alles geht schneller und globaler, die Welt wird zum globalen Dorf. Entfernungen haben keine große Bedeutung mehr.

Doch der Bedarf, noch schneller zu reagieren oder zu agieren und noch schneller große Distanzen zu überwinden, wächst immer mehr. Dabei soll die menschliche Komponente trotzdem nicht zu kurz kommen. Die Geburt der Datennetze war damit vorbestimmt. Datenautobahnen ermöglichen Informationen und Kommunikation über große Distanzen. Gleichzeitig mit den Möglichkeiten der technischen Netzwerke wächst genauso sprunghaft der Bedarf an persönlicher Kommunikation und Beziehung. Als konsequente Entwicklung der immer technologischeren Welt war auch das vorhersehbar. Also heißt es in der Zukunft: so viele elektronische Netzwerke wie nötig und so viele menschliche Netzwerke und Beziehungen wie möglich. Damit gehört den Netzwerken mit Kunden die Zukunft.

Diese gilt es zu organisieren. Der neue Rohstoff, der viele miteinander verbinden wird, ist die Information. Sie wird zum wichtigsten Aktivposten einer Firma. *Information als Bindeglied* zwischen Firma und Kunde erweitert den Chancenspielraum erheblich. Zukünftig, und in vielen Firmen bereits jetzt, ist neben der Produktqualität und Serviceleistung die Informationsqualität entscheidend. Anlagenbauer werden sich immer mehr als Gewinnpartner ihrer Kunden verstehen und sich mehr und mehr darauf spezialisieren, durch eine Kombination von Anlagen-Know-how, Softwareentwicklung und MindWare-Konzepten die Produktion und die Qualität, den Ausstoß und die Durchsatzrate zu erhöhen. Wichtigster Erfolgsfaktor ist die Information in Form der Messdatenauswertung, die bestenfalls noch just-in-time und online erfolgen sollte.

Automobilzulieferer werden so ihren Kunden über das Netz direkten Zugriff auf die gerade laufende Produktion gewähren. Die Automobilfabrik kann sich so jederzeit Einblick verschaffen, ob die Produktion unter Qualitätsgesichtspunkten richtig abläuft. Die Fabrik kann so ihre Qualitätskontrolle auflösen oder erheblich einschränken und dadurch ihre Kosten entsprechend reduzieren. Wenn das kein Netzwerk ist!

Natürlich stehen bei Netzwerken auch die persönlichen Netzwerke und Beziehungen im Vordergrund. Wie bereits beschrieben bieten sich von ganz einfachen bis zu aufwändigen Wegen alle Möglichkeiten, Kundenkontakte anders zu sehen.

Clubs und Cards sind in der letzten Zeit häufig gehörte Stichworte im Zusammenhang mit der Kundenbindung, was nicht unbedingt Netzwerke mit Kunden heißen muss. Bindung ist mir nach wie vor zu einseitig aus der Sicht des Herstellers. Ich binde, und der andere hat gefälligst stillzuhalten. Beziehungen leben immer von einem fairen Geben und Nehmen - *Sog statt Druck!* Der Clubgedanke ist sicher ein Favorit in Bezug auf persönliche Netzwerke, wobei nicht der Rabattvorteil im Vordergrund stehen sollte, sondern das gemeinsame Erleben von Dingen, die Spaß machen und interessant sind. Die Karte, als Clubkarte oder Mitgliedskarte, ist auch ein Favorit auf dem Weg hin zum Netzwerk mit Kunden. Sie ist sicherlich nicht der einzige Grund, aber durch die Summe an Vorteilen, wie beispielsweise eine zusätzliche Zeitschrift und vielleicht einmal eine CD mit Informationsvorsprüngen für den Kunden, kann auch das Netzwerk verbessert werden. Man denke nur daran, welche Erfolge Fluggesellschaften durch ihre Bonusprogramme erzielen. Man sollte aber nie vergessen, dass dies die persönliche Beziehung nicht ersetzt.

Also liegen Ihre nächsten Chancen, Netzwerke mit Kunden aufzubauen, in den direkten persönlichen Möglichkeiten. Dazu zählen auf einfache Art beispielsweise der Tag der offenen Tür oder ein Kaminabend mit einer interessanten Einladung. Sie können in Ihren Geschäftsräumen eine Ausstellung eines jungen Künstlers veranstalten oder laden zu einer Vernissage ein.

Megatrends

MEGAtrends

sind:

digitale Welt

Zeitwandel

Wertewandel

Informationsgesellschaft

mentale Welt

2004, Geffroy Business Akademie GmbH, Düsseldorf

Sie können in Ihren Räumen eine Modenschau oder eine Versteigerung veranstalten. Laden Sie als Schirmherrin die Frau des Bürgermeisters ein, und Sie haben eine Spitzenresonanz. Eine

Düsseldorfer Werbeagentur hat beispielsweise für ein Reisebüro einen Malwettbewerb für Schulkinder in Düsseldorfer Schulen veranstaltet. Der erste Preis wurde im Reisebüro vergeben. Diese Kinder brachten ihre Eltern scharenweise mit. Große Erfolge haben wir bei unseren Kunden auch dadurch erzielt, dass wir zu einem Zukunftstag eingeladen haben, um gemeinsam über die Kundenchancen der Zukunft zu diskutieren. Sie können sogar noch weiter gehen, indem Sie die Ausbildung Ihrer Kunden zu Ihrer eigenen Sache machen. Gründen Sie eine Kundenakademie und schulen Sie Ihre Kunden regelmäßig. Für den Unternehmernachwuchs könnten Sie ein Juniorkolleg gründen.

CLIENTING

Netzwerke mit Kunden und mehr

2004, Geffroy Business Akademie GmbH, Düsseldorf

Wenn Sie nicht ganz so weit gehen wollen, veranstalten Sie Abendseminare oder eröffnen Sie ein Internet-Forum, damit Ihre Kunden über Fachthemen und Chancen durch Sie informiert werden. Tagsüber geht es natürlich auch. Diese Vorträge für Kunden vor Ort oder live über das Internet machen bereits einen großen Teil meiner Arbeit aus. Werfen Sie einen Blick darauf unter www.geffroy.de.

Sind Sie wirklich immer für Ihre Kunden da oder nur während der Geschäftszeiten von 9 bis 17 Uhr? Dann kann Ihnen ein ausgereiftes Online-Shopsystem einen entscheidenden Vorsprung geben. So können Kunden jederzeit mit Ihnen in Kontakt treten. Bieten Sie Ihren Kunden an einem Tag einen Spezialisten an, z. B. einen Steuerberater, der kostenlos alle Fragen live, per Audio und Video über das Internet, beantwortet.

Sie sehen, es gibt genügend Möglichkeiten, Netzwerke mit Kunden aufzubauen. Für jedes Budget und jede Firmengröße ist hier etwas dabei. Um diese Netzwerke dauerhaft zu gestalten, ist eine individuelle Analyse Ihrer persönlichen Situation erforderlich. Dazu sollten Sie einen Experten hinzuziehen. Denn die richtige Kombination sichert Ihnen den besten Zukunftserfolg, wobei wir die Erfahrung gemacht haben, dass bereits ein erstes zaghaftes Gehen in diese Richtung schon zu guten Erfolgen führt.

Den schriftlichen Bereich will ich hier nicht ganz außer Acht lassen. Ist eine gute Beziehung zu dem Kunden vorhanden, wird er selbstverständlich Ihre Post sehr aufmerksam lesen. Das spricht wiederum für einen eigenen Newsletter, in dem Sie über neue Entwicklungen berichten. Der digitale Newsletter bietet dabei unschlagbare Vorteile, wie Schnelligkeit und den Preisvorteil. Informieren Sie Ihre Kunden mit der Ein-Seiten-Methode über neue Ideen oder Veränderungen. Für eine kurze Zeit kann auch der klassische Brief die Netzwerke aufrechterhalten. Dann muss allerdings ein persönlicher Kontakt zusätzlich stattfinden. Damit sind wir beim einfachsten und wirksamsten Tipp für Netzwerke mit Kunden: Besuchen Sie Ihre Kunden so häufig wie möglich, denn Beziehungen leben von persönlichen Kontakten.

Netzwerke mit Kunden machen erst durch die richtige Kombination von elektronischen und persönlichen Netzwerken, also digitales Clienting, richtig Spaß, denn heute ermöglichen Datenautobahnen direkte digitale Dialoge mit Kunden.

12.2 Direkte digitale Dialoge

Netzwerke mit Kunden werden neben der persönlichen Beziehung die elektronische Beziehung immer mehr integrieren. Die schnelleren Firmen, die ihren Kunden sowohl ein digitales Netzwerk in

Form eines kundenfreundlichen Internet-Auftritts als auch ein persönliches, individuelles Netzwerk anbieten, werden eindeutig die Nase vorn haben. Die Überlegungen, digitale Netzwerke zu installieren, sind auch völlig branchenunabhängig. Von Pharmaunternehmen bis zu Heizungs- und Sanitärgroßhändlern muss die Chance der Zukunft genutzt werden. Aus meiner Sicht sollte keine einzige Branche dabei außen vor bleiben. Doch eines ist sicher: Den ersten werden dadurch marktbeherrschende Instrumente an die Hand gegeben.

Trotzdem können interessante Wege aufgezeigt werden, mit denen digitales Clienting möglich wird.

Hinter dem Begriff „direkte digitale Dialoge“ steckt zuerst einmal die reine Marktentwicklung in fast allen Branchen. Der Weg zum Kunden über drei Wege dauert manchmal einfach zu lange, ist oft unzureichend und in nicht wenigen Fällen der eigentliche Verhinderer für den geschäftlichen Erfolg. Die Gründe dafür sind vielfältig. Gibt es vielleicht eine Stufe zu viel? Sicherlich nicht. Das ist der typische Ablauf:

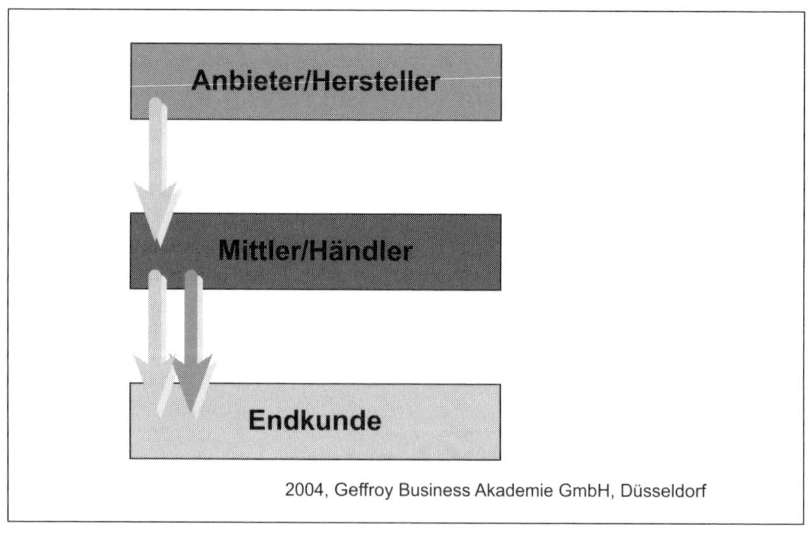

Mittler können damit die eigenen Verkäufer, Händler, Handelsvertreter oder Agenten sein. Ist alles in Ordnung und ziehen die Mittler mit, haben Ihre Konzepte einen durchschlagenden Erfolg im Markt. Ziehen Ihre Mittler aus irgendeinem Grund nicht mit, haben Sie Sand im Getriebe, und im schlechtesten Fall kommt Ihre tolle Produktidee oder Ihr Lösungskonzept gar nicht mehr beim Kunden an. Die Macht liegt beim Mittler und nicht beim Kunden. Dabei lasse ich unberücksichtigt, dass auch Rückinformationen vom Kunden, die für die Zukunftsentwicklung entscheidend sind, zu kurz kommen. Hierin liegt also ein strategisches Risiko. Was tun?

Der Mittler ist nach wie vor entscheidend, er kann allerdings mit dem digitalen Clienting-System nicht mehr den Erfolg blockieren oder sogar verhindern. Das bedeutet, der Erfolg gehört ihm, wenn er mitspielt, er ist aber auch ohne ihn möglich. Er kann ihn zukünftig nicht mehr stoppen. Denke ich zu negativ? Überhaupt nicht, ich setze nach wie vor voll auf den motivierten Menschen und Mittler. Und das sollte auch so bleiben. Ich habe aber auch die andere Seite kennen gelernt: Mitarbeiter, die keine Lust hatten zu arbeiten, weil sie ein Festgehalt erhielten – die innere Kündigung; Mittler, die ihre Macht für andere Interessen ausnutzen wollten. Die Gründe sind vielfältig und erreichen nach meiner subjektiven Erfahrung nicht selten die 50-%-Marke. Das bedeutet: 50 % der

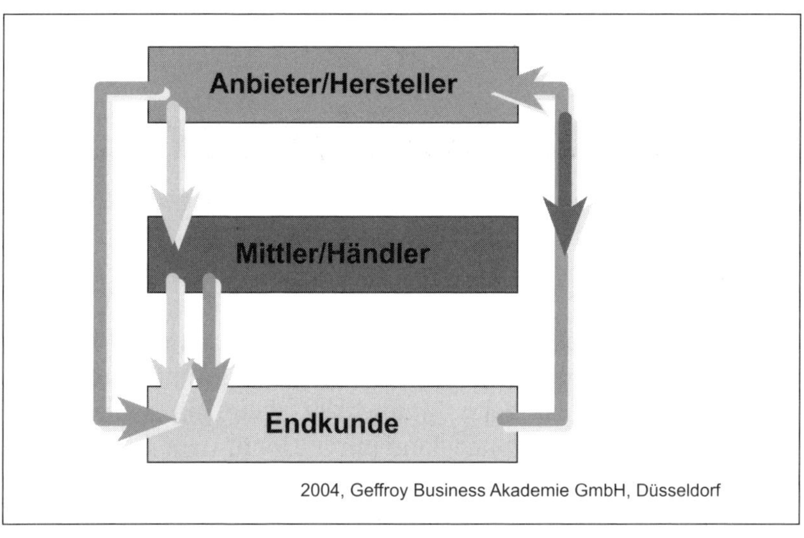

Chancen gehen verloren, weil die zweite Marktebene aus irgendeinem Grund nicht mitzieht.

Das können Sie verändern, indem Sie durch die Einbeziehung der zweiten Ebene einen direkteren Dialog zu Ihren Kunden aufbauen. Damit haben Sie Ihre Mittler durch eine Vernetzung integriert, erhalten aber trotzdem direkten Kundenzugriff durch digitales Clienting, elektronische Netzwerke.

Damit wird die Sache für Sie auch strategisch interessant. Die Gesamtvorteile sprechen noch viel deutlicher für dieses System. Bedenken Sie nur, welche Informationsschätze Sie von Ihrem Kunden erhalten können, wenn es nur einen direkteren Weg geben würde.

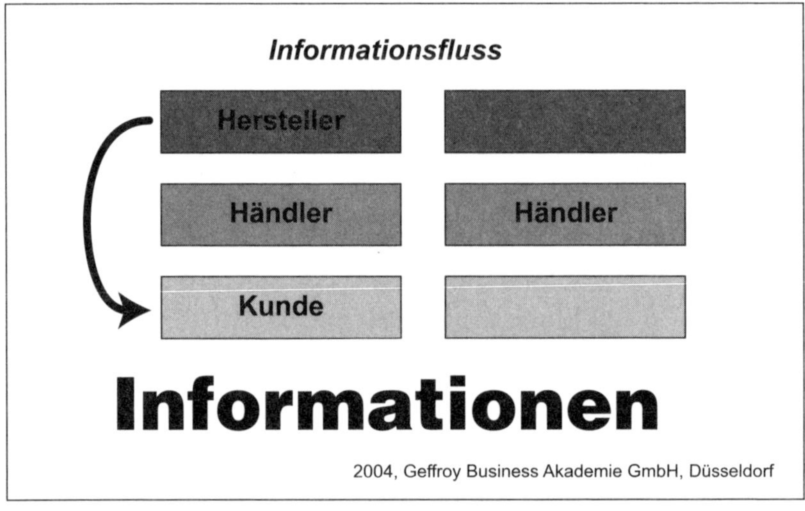

Direkte digitale Dialoge konzentrieren sich auf drei Bereiche: auf *die Information, die Schulung und die Kommunikation.* Ihr Kunde muss die Möglichkeit haben, auf Ihr Unternehmen, auf alle Veränderungen Ihres Unternehmens, auf neue Produkte reagieren zu können. Eine einfache Möglichkeit wäre ein vorbereitetes Formular, welches der Kunde dann nur noch mit seinen Anmerkungen, Ideen und Verbesserungsvorschlägen an Sie absenden muss. Im besten Fall ist er online mit Ihnen vernetzt und kann bereits auf Ihre Informationen, falls Sie es erlauben, zugreifen. Heute kann

Videoconferencing über das Internet diese Kommunikation ermöglichen. Dialoge sind also schon heute kein Problem mehr. Betrachten Sie direkte Dialoge mit Kunden als entscheidend und die Wege dorthin als machbare Technologie.

Der direkte digitale Dialog ist bereits seit Jahren eine boomende Kommunikationsmethode. Doch was soll als Basis für den Dialog dienen? Auch hier bestehen wieder unbegrenzte Möglichkeiten, z. B. Informationen über Ersatzteilpreise, Produktpreise, Produktkataloge, Produktvorstellungen, die Ihrem Kunden Zeit sparen helfen. Alles dies kann mit dem Internet schon heute ermöglicht werden. Hier ist auch die Bequemlichkeit ein Argument. Ein neues Produkt kann so sehr viel schneller vorgestellt werden. Produkteinführungen in 24 Stunden sind keine Utopie mehr. Bedenken Sie übrigens auch noch einmal, dass die Revolution in der Computertechnik bedingt durch Multimedia und MindWare völlig neue Präsentationsformen und Produkte geschaffen hat und noch schaffen wird. Statt eines langweiligen Prospekts schaut man sich den Internet-Auftritt an. Wir beschäftigen uns übrigens seit langem mit den neuen Formen der multimedialen Präsentationstechniken. Soeben haben wir eine Kooperation mit einem führenden Softwarehersteller geschlossen, dessen Software die Präsentation von Produkten, von Informationen, von Wissen in Rekordzeit und einfach umsetzbar ermöglicht. Sprechen Sie uns einfach an, wir helfen gerne weiter.

Heute können Techniker auf ihren PC zugreifen, um in Echtzeit Hilfe bei ihrem Soft- oder Hardwareproblem zu erhalten. Und das Wohnzimmer wird bald zum Ort der Multimediapräsentation, weil die Geräte direkt an den Fernseher angeschlossen werden können. Trendsetter sind hier beispielsweise Microsoft, Logitech und Sony, die sich verstärkt auf diesen Markt konzentrieren. Schon steht in vielen Haushalten der PC direkt neben dem Fernseher und dient als zentrale Multimediaschnittstelle. Jetzt und erst recht in Zukunft können Sie Ihre Produkte per PC verkaufen, nur den Dialog dürfen Sie dabei nicht vergessen! Neben der Information und den vielfältigen Einsatzmöglichkeiten, die in diesem Buch sicher sehr präzise beschrieben sind, wird der Bereich Ausbildung und Schulung Ihrer Kunden auf elektronische Art eine wichtige Rolle spielen.

Sie können Ihren Kunden auf den bekannten Wegen Verkaufswissen, Führungswissen und betriebswirtschaftliches Wissen vermitteln. Ebenso können Sie Produktschulungen durchführen, bei denen die Installation Ihres Produkts durch einen Videofilm oder den Einsatz von Multimediapräsentationen über das Internet. erklärt wird. Sie können Datenbanken mit Expertenwissen zur Verfügung stellen, deren Wissensstand trainiert werden kann. Natürlich wird es auch weiterhin persönliche Schulungen geben, nur explodieren in manchen Firmen die Schulungskosten, und dieser neue Weg ist schneller, kostengünstiger, wiederholbar und vor allen Dingen per Dialogkonzept mit dem Kunden vernetzt – eben digitales Clienting!

Ich bin überzeugt davon, dass diese Beispiele lediglich einen kleinen Ausschnitt der bald möglichen Chancen zeigen, aber ich finde bereits diese Möglichkeiten ausgesprochen reizvoll. Wir können damit viel mehr für den Kunden tun, ihm wirklich helfen und damit die Beziehung zu ihm vertiefen. Ist Ihr Kunde mit Ihrem Unternehmen zufrieden, wird er Sie von ganz allein weiterempfehlen und „Werbung“ für Ihr Unternehmen machen. Vergessen Sie bitte dabei auch nicht den Umweltgesichtspunkt; auf Dauer wird durch solche digitalen Produktinformationen weniger Papier verbraucht. Nach letzten Informationen werden jährlich etwa 500 Milliarden Blatt Papier produziert. Wie viele Bäume sind das wohl?

Insgesamt sind wir bei der Umsetzung von Clienting statt Marketing durch alle vorgenannten Maßnahmen einen erheblichen Schritt weitergekommen.

13.

Clienting

13.1 Clienting statt Marketing

Das Thema der Zukunft

Ich bin überzeugt, dass Clienting, die Vernetzung mit dem Kunden, auch weiterhin die entscheidende Herausforderung der Zukunft sein wird. Unternehmen müssen es schaffen, ihre Kunden zu identifizieren, zu personifizieren, zu charakterisieren und zu motivieren, wie es bisher vergleichbar noch nicht getan wurde. Das Internet bietet dabei fantastische Möglichkeiten.

Natürlich können Sie es nicht mit allen Kunden machen, sonst werden Sie ausgenutzt und „bleiben auf der Strecke". Sie müssen immer Ihre idealen Kunden herausfiltern. Denn nicht jeder passt zu jedem.

Aber Kunden im Mittelpunkt heißt für mich auch Sog statt Druck. Das bedeutet, dass wir viel mehr über Anziehungskraft, Attraktivität und angenehme Dinge für den Kunden, sprich Bequemlichkeit und Service, nachdenken müssen. Bitte ignorieren Sie die Bedeutung dieser Sätze nicht. Es klingt wie eine Binsenwahrheit, doch wird Clienting wirklich gelebt?

Ich bringe gerne die Frage, ob man weiß, wann die „Maus" als Eingabegerät für Computer entwickelt worden ist. Es war bereits 1955. Aber erst Anfang der 90er Jahre wurden die meisten Computer mit dieser eindeutigen Hilfe für Benutzer ausgestattet. Auch das hat 40 Jahre gedauert. In nicht allzu ferner Zukunft wird auch die Maus ausgedient haben und durch hoch entwickelte Spracherkennungs-Tools ersetzt werden.

Betrachten Sie einmal, sicherlich subjektiv, nachfolgende Zeitachse, und schätzen Sie ein, welches Thema in welchem Jahrzehnt seinen Höhepunkt hatte:

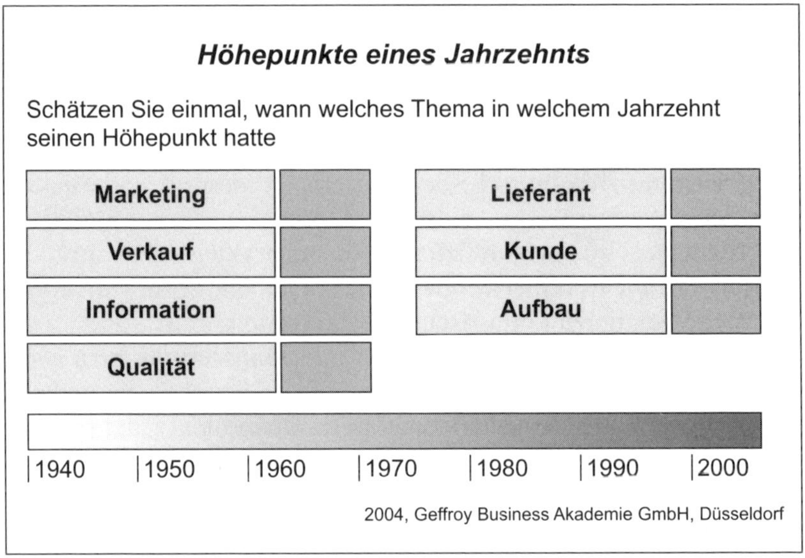

Höhepunkte eines Jahrzehnts

Schätzen Sie einmal, wann welches Thema in welchem Jahrzehnt seinen Höhepunkt hatte

Marketing
Verkauf
Information
Qualität
Lieferant
Kunde
Aufbau

|1940 |1950 |1960 |1970 |1980 |1990 |2000

2004, Geffroy Business Akademie GmbH, Düsseldorf

Die 40er Jahre waren das Jahrzehnt des Aufbaus und der Entbehrung. Es fehlte an grundsätzlichen Dingen.

Die 50er Jahre waren die Jahre des Lieferanten. Überhaupt liefern zu können war die Hauptsache. Qualität stand eher hintenan. Natürlich gab es auch schon damals Lieferanten, die großen Wert auf Qualität legten, nur verlangte die Masse das nicht. Hauptsache war die Eindeckung mit allen Dingen, die man so lange entbehren musste.

Die 60er Jahre verschoben den Schwerpunkt schon mehr in Richtung Qualität. Jetzt galt es, nicht nur produzieren zu können, sondern auch mehr zu sein als ein Lieferant. Erste Serviceüberlegungen wurden konkretisiert und systematisiert.

Die 70er Jahre waren das Jahrzehnt des absoluten Verkaufs. Jetzt konnten die Verkäufer ihr ganzes Wissen unter Beweis stellen. Verkaufstraining wurde auf breiter Basis bekannt. Es galt, im enger werdenden Markt durch Einwand- und Abschlusstechniken mehr Abschlüsse zu erzielen.

Die 80er Jahre waren aus meiner Sicht die Höhepunkte des Marketing. Es wurden alle Register der Kundenüberzeugung gezogen. Verkaufsförderung, Werbung, Anzeigen, TV-Spots, Vierfarbprospekte, Telefonmarketing, Direkt-Mailing und wahre Public-Relations-Fluten einiger Großunternehmen sollten auch dem Kunden im letzten Winkel der Welt klar machen, wer der Beste war – je intensiver, umso besser.

Mitte der 80er Jahre bekam das Thema „Netzwerke mit Kunden" entscheidende Bedeutung. Kunden und Lieferanten sollten sich über neue Technologien und intimere Kontake „verbrüdern". Geben und Nehmen sollte im Vordergrund stehen.

Leider wurde vergessen, dass längst eine Generation herangewachsen war, die von drei Elternteilen erzogen wurde: von Mutter, Vater und vom Fernsehen. Viele nahmen an, dass das Fernsehen der beste Erzieher war. Das wollen wir dahingestellt sein lassen.

Hier wuchs also eine Generation hypersensibler Verbraucher heran, die in 20 oder 30 Jahren Fernsehkonsum gelernt haben, Manipulationsversuche in Bruchteilen von Sekunden zu erkennen und gedanklich abzuschalten. Heute sind wir schon mit der Internet-Generation konfrontiert.

Dieses Jahrtausend ist die Ära des Kunden. Fair, korrekt und ehrlich heißen die neuen Parameter der Zusammenarbeit. Partnerschaft ist das Schlüsselwort.

Informationsmacht wird entscheidend, und sie wird die Geldmacht schlagen, denn Informationsvorsprünge werden mehr wert sein als Geld.

Unternehmen werden sich als Informationsspezialisten verstehen, die wissen, wie, wo und was man für seine Kunden optimal produzieren kann. Eigene Produktionsanlagen würden dann nur stören. So können sie sich bei einem Wechsel der Kundenvorstellungen leichter anpassen und den Lieferanten wechseln. Sie sind Infobroker, weil sie genau wissen, was in und mit der eigenen Kundengruppe passiert, da sie längst Bestandteil dieser Zielgruppe sind. Sie brauchen dann auch keine Werbung mehr, weil Sog entsteht und ihnen durch Mund-zu-Mund-Propaganda Kunden zugeführt werden.

Meine persönliche Herausforderung als „Trendbrecher" sehe ich in der Entwicklung eines Clienting-Systems für meine Kunden.

Ich möchte die Bedeutung neuer Technologien und Denkweisen zur Umsetzung eines Kundeninformationsnetzwerks unterstreichen. Bereits heute sehen wir das Ausmaß dieser Vernetzungsthematik anhand des Internets. Ich bin überzeugt, dass dies bald in jeder Denkungsstruktur beinhaltet sein wird.

Fast kein Produkt wird mehr gekauft, ohne dass man nicht jemanden fragt: Kennst du nicht jemanden, der das und das liefert? Man verlässt sich kaum noch auf Werbung, Verkäuferaussagen, Fernsehspots und vollmundige Versprechen. Das persönliche Netzwerk ist viel verlässlicher. Netzwerke sind damit die Brücke, über die sich Kunden und Informationen verbinden lassen.

Nun sollte es Ihr Ziel als Hersteller sein, aktiver Bestandteil der Netzwerke zu werden, denn nur als integrierter Bestandteil können Sie gestalten und überzeugen.

Clienting entspricht damit auch der Systematisierung der Kundenbeziehungen über klassische Versuche der Vergangenheit hinaus. Für Clienting in optimaler Art werden deshalb Technik und Mensch in einzigartiger Weise zusammengefügt.

Die Technik ist reif dafür. Der Mensch als Clienting-Partner auf der Unternehmensseite kann längst seine Trümpfe ausspielen. Einige Beispiele hierzu wurden in diesem Buch bereits präzisiert.

Eine wirksame und einfache Form des Aufbaus von Clienting ist die Durchführung von Kundenseminaren. Das können Abendveranstaltungen oder Tagesseminare sein. Eingeladen werden Kunden und/oder Interessenten, die über Dinge informiert werden, die für sie persönlich wichtig sind. Die glaubhaft und ehrlich gelebten Kundenclubs sind ebenfalls eine der interessantesten Möglichkei-

- **Club**
- **Kundeninformation**
- **Tag der offenen Tür**
- **Kaminabend**

2004, Geffroy Business Akademie GmbH, Düsseldorf

ten, Netzwerke aufzubauen. Allerdings muss hier, wie in jeder Beziehung, etwas passieren, sonst kommt Langeweile auf, und der Club wird uninteressant. Spannung, Neugier und Überraschungen sollten Leitgedanken der Clubführung sein. Ereignisse müssen geschaffen werden, um Kundenbeziehungen aufzubauen und zu festigen. Das können z. B. Sommerfeste, Tage der offenen Tür und Einladungen zu einer Floßfahrt sein.

Der Kontakt zu Kunden ist über einen interessanten Informationsdienst zu organisieren. Mithilfe eines Kundenportals können Sie Ihren Kunden individuell zugeschnittene Informationen und Angebote unterbreiten. Wichtig ist, dass der Kunde einen Mehrwert sieht, Ihr Portal aufzurufen. Gewonnen haben Sie, wenn der Kunde Ihren Internet-Auftritt als Startseite in seinem Web-Browser eingegeben hat und damit jeden Tag von Neuem auf Ihre Internet-Seite zugreift. Auch wir werden in Kürze eine solche Plattform ins Netz stellen. Ihrer Kreativität sind keine Grenzen gesetzt, denn das Clienting ist noch ein sehr neues Gebiet, das jeder Idee genügend Spielraum lässt.

Organisieren Sie, informieren Sie, sponsern Sie und interessieren Sie Ihre Kunden kontinuierlich. Heutige Kunden wollen aktiv sein, sie wollen teilhaben. „Konsumieren ist out – Gestalten ist in", das ist Ihre Chance. Sie werden in Zukunft noch eine ganze Menge zum Thema Clienting hören, von weiteren Experten und natürlich von mir. Ich persönlich werde mich in den nächsten Jahren sehr intensiv diesem Themenkomplex widmen, da ich es als die entscheidende Profilierung in heutigen und erst recht in zukünftigen Märkten einstufe.

Das einzige, was stört, ist der Kunde. Der provozierende Titel dieses Buches wurde bereits vor Fertigstellung des ersten Manuskripts von vielen als sehr treffende Zeitgeistbeschreibung eingestuft. Ihrerseits dürfte es nur eine Reaktion hierauf geben, dies natürlich zu ändern – und zwar durch Clienting.

Clienting ersetzt Marketing. Für diejenigen von Ihnen, die das Provozierende nicht so ganz mögen, sage ich: Clienting ergänzt Marketing. So oder so wird jetzt die Macht dem Kunden gehören. Das Web tut es bereits.

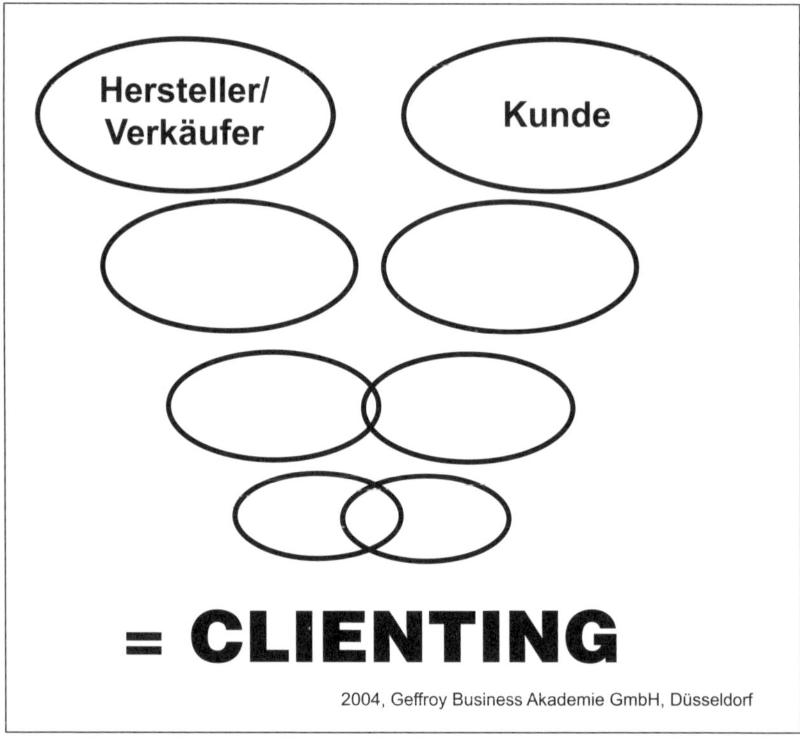

13.2 Sog statt Druck

Wie fühlen Sie sich jetzt, nachdem Sie bereits 12 Kapitel gelesen haben? Sicherlich ist das für jemanden, der sich zum ersten Mal intensiv mit der Strukturrevolution in zukünftigen Unternehmen beschäftigt, fast erdrückend. Ich habe versucht, zentrales Wissen sehr lesefreundlich mit meiner Impuls-Methode darzustellen, also Wissens-Highlights innerhalb kurzer Zeitabschnitte. Das sollte zu einer höheren Bereitschaft führen, sich mit dem Buch und dem Inhalt auch wirklich auseinander zu setzen, denn uns allen ist nicht damit gedient, wenn es nach dem Kauf in einem Bücherregal verschwindet. Diskutieren Sie dieses Buch mit Ihren Kollegen, Freunden, Chefs oder mit wem auch immer. Erst das verinnerlichte andere Denken führt zu anderen Handlungen.

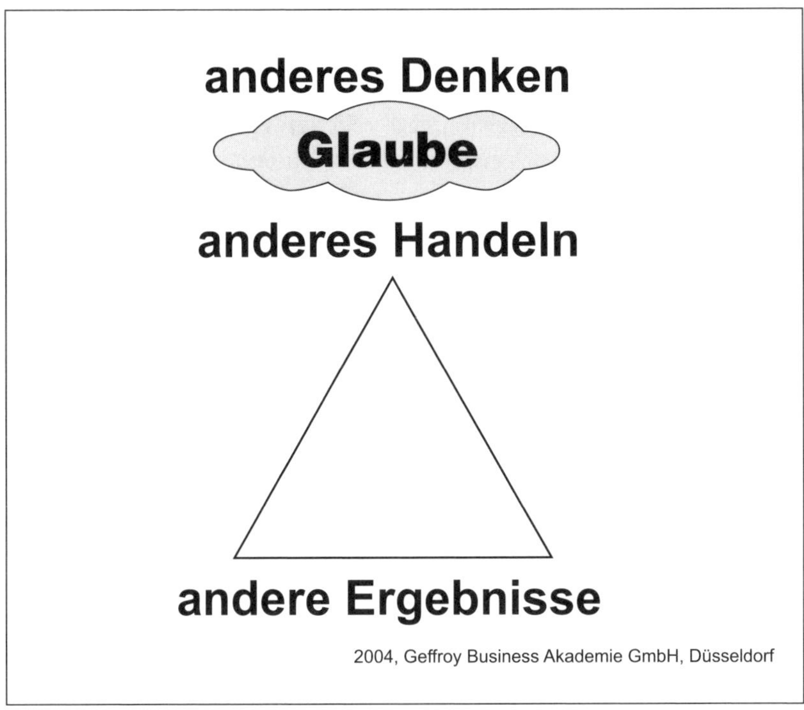

Seien Sie sicher, dass ich mich immer an die Praxis gehalten habe. Sehr viele Dinge habe ich in meinem Unternehmen bereits selbst umgesetzt oder bin dabei, es zu tun. Dabei merke ich, wie schwer es ist, alle diese neuen Wege auch wirklich zu gehen. Aber ich merke genauso, dass es keinen anderen Weg gibt, als auf Sog statt Druck umzuschalten.

Nehmen Sie als Beispiel nur einmal das in diesem Buch beschriebene 7xKontakt-System zur Kundenansprache. Wenn ich Ihnen sage, dass wir bei Kundenaktionen damit bis zu 80 % Reaktionsquote erzielt haben und bei Neuansprachen bis zu 40 %, dann halten Sie mich sicher für unglaubwürdig. Lesen Sie die Ideen daher noch einmal in Ruhe nach (die Werbebranche arbeitet, wenn überhaupt, nur mit erheblich geringeren Zahlen). Es funktioniert.

Ich will Sie motivieren, diesen neuen Weg zu gehen, wobei es nicht einfach ist, die eingefahrenen Gleise zu verlassen. Einfach ist dagegen das Herausnehmen eines Aspektes aus dem gesamten

System. Ich denke dabei insbesondere an Lean Production. Nun wird Lean Production immer mehr erweitert durch Lean Management und jetzt sogar schon durch Lean Selling – anders ausgedrückt: „Twiggy für Unternehmen“. Sicher stimmt das, aber es ist nur ein Schritt hin zur Vernetzung mit Kunden. *Dafür müssen wir schlanker, schneller und flexibler werden.* Allerdings müssen Sie weg vom reinen Eigennutz der Kostensenkung und hin zur Umsetzung diverser Schritte zu höherer Kundenzufriedenheit.

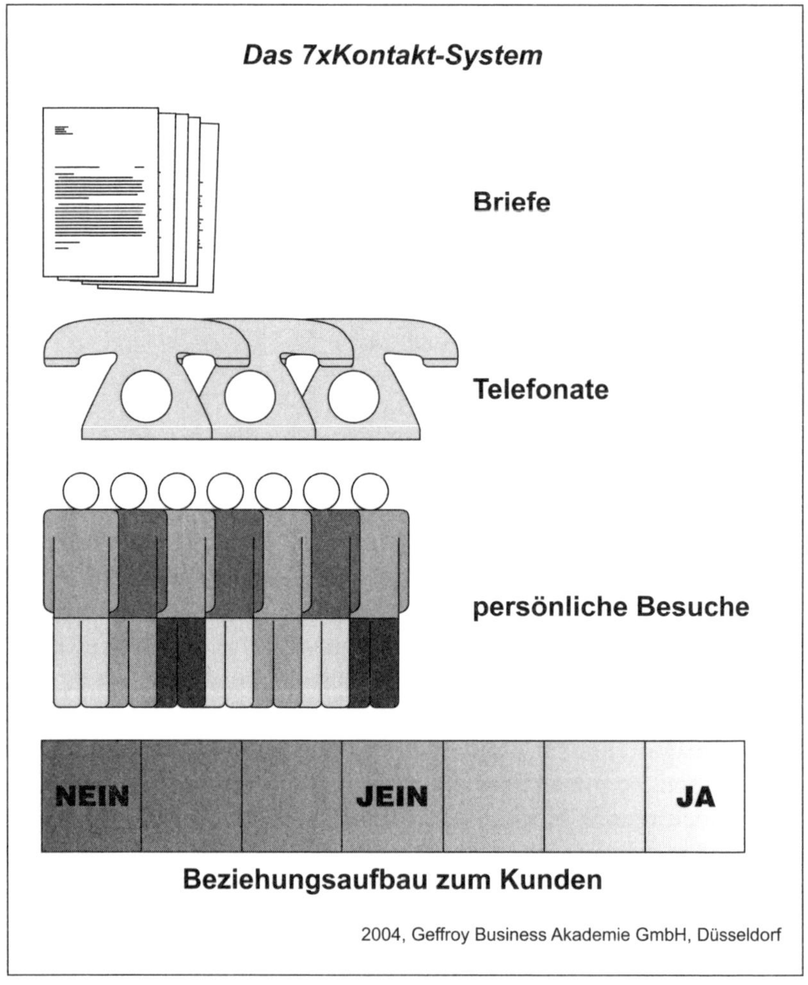

Es gibt Unternehmen, die bereits Erfolg mit den neuen Spielregeln haben. Insofern hat dieser Beitrag einen doppelten Sinn. Ich möchte bei Ihnen Sog erreichen dafür, dass alle diese Wege machbar und erfolgreich sind. Dies ist natürlich mit dem Wunsch verbunden, dass Sie sich bereits jetzt darauf einstellen und nicht auf Marktdruck hin einmal alles überstürzt anpassen müssen. Lieber sollten Sie jetzt Herausforderer sein als später einmal Verteidiger. Ich darf noch einmal betonen: Die nächsten fünf Jahre werden unser Leben nachhaltiger verändern als die letzten 50 Jahre. Auch betone ich, dass die Clienting-Entwicklung niemanden ausnehmen wird, ob Großunternehmen oder Bäckermeister, ob Zahnarzt oder Anwalt. Netzwerke, Beziehungen und Sog statt Druck werden *die wichtigsten Aktivposten* in Ihrer Bilanz.

Um diese Situation zu erreichen, sind Sie von mir mit einer Vielzahl von Einzelbereichen regelrecht bombardiert worden. Sorry, aber es geht nicht anders. Das Ganze funktioniert nur, wenn Netzwerke mit Kunden als echte Herausforderung verstanden werden und alles andere Voraussetzungen sind, um das Beste zu erreichen. Nur eine ganzheitliche Lösung ist dauerhaft erfolgreich. Anders ausgedrückt heißt das: *Schaffen Sie die Voraussetzungen, um vom Clienting auch wirklich leben zu können.*

Erinnern Sie sich an den Bestseller von Peters und Waterman *Auf der Suche nach Spitzenleistungen*? Erinnern Sie sich auch an die anschließende Kritik, da einige Jahre später eine Vielzahl der darin als vorbildlich aufgeführten Firmen aufgekauft wurde oder in Konkurs gegangen ist? War das alles falsch? Auch dort stand der Kunde eindeutig im Vordergrund. Später sagte man, dass man einfach die dafür erforderlichen Voraussetzungen nicht eindeutig genug erkannt und analysiert hatte. Die späteren Bücher von Tom Peters, insbesondere *Jenseits von Hierarchien*, sollten dieses Manko ausgleichen.

Wie erreichen wir nun Sog statt Druck? Indem wir die Voraussetzungen schaffen, die Clienting erst ermöglichen. Nun haben Sie mit diesem Buch eine Vielzahl von Ideen bekommen, die Ihnen persönlich helfen sollen, Ihre Firmenzukunft besser zu gestalten. Neue Themen wie atmende Organisationen, Multimedia, MindWare, Informationsmanagement, elektronische Netzwerke sind die eine Seite, bekannte Themen wie Zielgruppenspezialisierung, Strategie, Mitarbeitermotivation, Ethik die andere. Die besten Erfolge ergeben sich nachweislich immer aus einer *Kombination von Alt und Neu.*

Nicht jedes Unternehmen wird mit all den hier genannten Dingen zeitgleich konfrontiert. Manche Branche muss sich früher damit auseinander setzen und manche später. Was hier aufgeführt wird, ist sicherlich ein Prozess, der bis weit in die nächsten Jahrzehnte hineinreichen wird. Aber 2000 oder nur 1000 Tage sind schnell vorbei, und die hier aufgeführten Themenbereiche verändern viele Unternehmen entscheidend in ihren Kulturen. Und Kulturveränderung ist immer ein jahrelanger Prozess. Somit sollten Sie bereits jetzt anfangen, damit Sie rechtzeitig eine andere Sicht der Dinge haben.

Wie können Sie jetzt anfangen, Sog statt Druck zu verstärken?

- *Laden Sie Ihre Kunden einfach einmal ein,* und stellen Sie ihnen nicht Ihr neuestes Produkt vor – fragen Sie sie nur nach ihrer Meinung.
- Veranstalten Sie ein *Kundenforum,* laden Sie abends ein, und lassen Sie Referenten über interessante Dinge berichten.
- Fragen Sie Ihre *eigenen Mitarbeiter,* was getan werden muss, um Sog statt Druck zu erreichen.
- Haben Sie eine *Vision und Strategie?* Falls nicht, fangen Sie damit an.
- Kennen Sie Ihre Kunden?
- *Erfassen Sie alle Ihre Kunden,* und versuchen Sie, möglichst viel über sie zu erfahren.
- Wie sieht es mit Ihrer CRM Software aus?
- Können Sie bereits *Wissensmanagement* praktizieren, und sind alle damit vernetzt?
- Wie sieht Ihre *Organisationsstruktur* aus?
- Haben Sie bereits eine *Projekt- oder Teamorganisation?*
- Haben Sie einen kundenorientierten Internet-Auftritt?

Bilden Sie ein Team, das die Ideen dieses Buches systematisch auf Ihre Firma überträgt, auf sofortige Umsetzbarkeit für Ihre spezifische Situation prüft und einen Aktionsplan erarbeitet, wer was bis wann machen soll.

Als Unterstützung für Ihre Kundenstrategie bieten wir den Lesern dieser 16. Auflage exklusiv eine komprimierte Fassung unseres Clienting-Konzepts an in Form eines Online-Learning-Moduls. Bei Interesse senden Sie uns bitte eine E-Mail an team@geffroy.de mit dem Stichwort „DWK-Clienting“. Wir werden Ihnen das Konzept gerne per E-Mail zukommen lassen.

Zitat

Sieger glauben nicht an den Zufall

Edgar K. Geffroy

2004, Geffroy Business Akademie GmbH, Düsseldorf

Informationsempfehlungen

Altmann, Hans Ch.: Kunden kaufen nur von Siegern, Landsberg 2000

Auer, Manfred/Diederichs, Frank: Werbung below the line, Landsberg 1993

Briggs, John/Peat, F. David: Die Entdeckung des Chaos, München 1999

Cialdini, Robert: Einfluß. Wie und warum sich Menschen überzeugen lassen, Landsberg 1990

Cole, Tim: Erfolgsfaktor Internet, München 2000

Davidson, William/Davis, Stanley M.: Vision 2020, Köln 1992

Davis Stan/Meyer, Christopher: Das Prinzip Unschärfe, Wiesbaden 2000

Edvinsson, Leif/Brüning, Gisela: Aktivposten Wissenskapital, Wiesbaden 2000

Evans, Philip/Wurster, Thomas S.: Web Attack, München 2000

Geffroy, Barbara: Auf der Suche nach dem richtigen Mitarbeiter, Offenbach 2004

Geffroy, Edgar K.: Abschied vom Verkaufen, Frankfurt 1997

Geffroy, Edgar K.: Clienting, Landsberg 2000

Geffroy, Edgar K.: Das einzige, was immer noch stört, ist der Kunde, Landsberg 1999

Geffroy, Edgar K.: Ich will nach oben, Landsberg 2000

Geffroy, Edgar K.: Machtschock, Frankfurt/Main 2002

Geffroy, Edgar K.: Verkaufserfolge auf Abruf, Landsberg 1997

Geffroy, Edgar K./Seiwert, Lothar: Zeitmanagement für Verkäufer, Landsberg 1996

Gerken, Gerd: Die Trends für das Jahr 2000, München 2000

Gerken, Gerd: Geist, München 1991

Gerken, Gerd: Manager ..., die Helden des Chaos, München 1992

Gladwell, Malcolm: Der Tipping Point, Düsseldorf 2000

Höhler, Gertrud: Spielregeln für Sieger, München 1991

Kremer, Alfred J.: Reich durch Beziehungen, Landsberg 2000

Lettau, Hans-Georg: Zukunftsorientierte Unternehmensführung, Landsberg 1992

Levine, Rick/Locke, Christopher/Searls, Doc/Weinberger, David: Das Cluetrain Manifest, München 2000
Magyar, Kasimir M./Magyar, Patrick K.: Marketingpioniere und Pioniermanagement, Landsberg 1987
Malik, Fredmund: Führen, Leisten, Leben, Stuttgart 2000
McKenna, Regis: Relationship Marketing, Addision Wesley Verlag
Meyer, Georg: Sybex-Baufinanzierung (Software), Sybex Verlag
Mohn, Reinhard: Menschlichkeit gewinnt, Düsseldorf 2000
Müller, Robert B./Heimann, Stephen E.: Strategisches Verkaufen, Landsberg 1999
Naisbitt, John/Aburdene, Patricia: Megatrends 2000, München 2000
Neubeiser, Marie L.: Führung und Magie, Zürich 1992
Neviodow, Leo A.: Der sechste Kondratieff, Rhein-Sieg Verlag 2001
Ohoven, Mario: Die Magie des Power-Selling, Landsberg 1999
Papmehl, Andre: Absolute Customer Care, Frankfurt 2000
Peters, Tom: Kreatives Chaos, München 2000
Popcorn, Faith: Clicking – Der Popcorn-Report, München 1999
Postman, Neil: Wir amüsieren uns zu Tode, Frankfurt 1985
Rexrodt; Günther: TOP JOB 2004, REDLINE Wirtschaft
Schmidt, Michael P.: Knowledge Communities, München 2000
Seiwert, Lothar J.: Wenn Du es eilig hast, gehe langsam, Frankfurt 2000
Späth, Lothar: TOP 100 2004, REDLINE Wirtschaft
Sprenger, Reinhard K.: Das Prinzip Selbstverantwortung, Frankfurt 2000
Tapscott, Don: Erfolg im E-Business, München 2000
Toffler, Alvin: Machtbeben, Düsseldorf 1990
Weisinger, Hendrie: Erfolg im Job mit EQ, Landsberg 1998
Werler, Herbert: Millionengrab Werbung, Stuttgart 1994
Ziegler, Armin: Deutschland 2000, Econ Verlag

Über den Autor

Edgar K. Geffroy gilt als einer der führenden deutschsprachigen Business-Experten in Europa. Mehr als 1600 Auftritte vor mehr als 300.000 Menschen zeigen die Akzeptanz seiner Trends und Konzepte.

Geffroy gilt als Vordenker, der immer wieder durch unkonventionelle Ansätze zur persönlichen und unternehmerischen Veränderung anregt.

So ist er Pionier des Clienting-Konzepts, mit dem weltweit Anfang der 90er Jahre die Kundenorientierung neu definiert werden konnte.

Er brach mit den klassischen Vorstellungen der Umsatzsteigerung und läutete die Ära der konsequenten Kundenorientierung ein. Als einer der Ersten machte er die „Servicewüste Deutschland" zum Thema. In seinem Erfolgswerk *Das Einzige, was stört, ist der Kunde* wies er auf eine – aus seiner Sicht – fatale Einstellung vieler bundesdeutscher und internationaler Industrie- und Dienstleistungsunternehmen in Sachen Kundenorientierung hin. Das Buch hielt sich über 100 Wochen in den Bestsellerlisten für Wirtschaftsbücher. Seine mittlerweile 12 Bücher wurden ebenfalls zum Teil wochenlang auf den Bestsellerlisten geführt und erreichten Auflagen bis zu 250.000 Exemplaren in 25 Ländern.

Mit seinem Unternehmen, der Geffroy Business Akademie, entwickelt er innovative Modelle zur Neukundengewinnung und Konzepte für optimale Geschäftsbeziehungen.

Aufgrund seiner besonderen unternehmerischen Leistungen wurde er im Juni 2003 in den Wirtschaftssenat des Bundesverbandes Mittelständischer Wirtschaft berufen.

Begriffe wie Clienting, Changement und jetzt Realtime-Business – Geschäfte in Echtzeit – zeigen sein Gefühl für Trends.

„Wenn täglicher Wandel und Anpassung zum Normalfall wird, brauchen wir einen neuen Typus von Unternehmen und Reaktionen in Echtzeit", so Edgar Geffroy. „Mit der Entwicklung kreativer, innovativer und offensiver Konzepte in der Wissens- und Informationsentwicklung tragen wir seit mehr als 20 Jahren immer wieder wesentlich zum Markterfolg unserer Klienten bei."

Er setzt selbst um, worüber er redet: Im Krisenjahr 2003 erzielte sein Unternehmen das beste Geschäftsergebnis der 20-jährigen Firmengeschichte. Seine Kernkompetenz ist das Relation-Business, der Aufbau und die Optimierung von Geschäftsbeziehungen mit und ohne das Internet.

Als Unternehmer expandierte er in 2004 mit „Realtime Kommunikationslösungen“ über die bisherigen Grenzen hinaus.

Geffroy-Shop

Die Firma Geffroy Business Akademie GmbH setzt Clienting im Multimediabereich um. Begleiten Sie Ihren Weg nach oben

mit unseren Büchern:

- Geffroy, Edgar K., Ich will nach oben – Glück ist ein System
  ISBN 3-478-38420-6 € 9,70 Redline GmbH
- Geffroy, Edgar K., Das Einzige, was stört, ist der Kunde (komplett überarbeitete Neuauflage)
  ISBN 3-478-24600-8 € 24,90 Redline GmbH
- Geffroy, Edgar K., Das Einzige, was immer noch stört, ist der Kunde – Kundenerfolge statt Verkaufserfolge
  ISBN 3-478-24380-7 € 32,00 Redline GmbH
- Geffroy, Edgar K., Zukunft Kunde.com
  ISBN 3-478-24870-1 € 32,00 Redline GmbH
- Geffroy, Edgar K., Verkaufserfolge auf Abruf – Über 1000 Antworten auf 200 Fragen, die Verkäufer heute bewegen
  ISBN 3-478-81196-1 € 6,90 mvg
- Geffroy, Edgar K., Abschied vom Verkaufen – Wie Kunden endlich wieder von alleine den Weg zu Ihnen finden
  ISBN 3-593-35678-3 € 29,90 Campus
- Geffroy, Edgar K., Machtschock - Wirtschaftsroman
  ISBN 3-593-36950-8 € 19,90 Campus
- Geffroy, Barbara, Auf der Suche nach dem richtigen Mitarbeiter
  ISBN 3-89749-442-6 € 19,90 Gabal Verlag
- Geffroy, Edgar K., Lothar Seiwert, Kerstin Friedrich, Das neue 1x1 der Erfolgsstrategie
  ISBN 3-89749-195-8 € 17,90 Gabal Verlag
- EKS Strategietrainer € 245,00

mit unseren Videos:

- Geffroy, Edgar K., live: Trendvideo, Das Ende des Kunden (ca. 45 Min.) € 19,90
- Geffroy, Edgar K., live: Das Einzige, was stört, ist der Kunde (ca. 75 Min.) € 19,90

- Geffroy, Edgar K., live: Clienting – Kundenerfolge auf Abruf jenseits des Egoismus (ca. 55 Min.) € 19,90

mit unseren Audios:
- Geffroy, Edgar K., Abschied vom Verkaufen (ca. 400 Min) ISBN 3-593-35875-1 € 47,05 campus audio book
- Geffroy, Edgar K., Das Einzige, was stört, ist der Kunde (350 Min) ISBN 3-907595-31-9 € 49,90
- Geffroy, Edgar K., Machen Sie Ihre eigene Konjunktur (60 Min) € 14,90

mit unseren Clienting Inside Potenzialanalysen (auf Anfrage)

mit unserer Videokonferenz-Software InfoCoach Pro (auf Anfrage)

Bitte besuchen Sic für Bestellungen den Geffroy-Shop unter www.geffroy.de. Kontaktieren Sie uns bei Fragen, Hinweisen etc. unter team@geffroy.com oder unter der unten genannten Telefonnummer.

Geffroy Business GmbH
Arnheimer Straße 142
40489 Düsseldorf
Tel.: +49(0)211/408097-0
Fax: +49(0)211/4790357
E-Mail: team@geffroy.com
www.geffroy.com

Geffroy Business Akademie GmbH

Die Geffroy Business Akademie GmbH bietet ein umfassendes Trainings- und Weiterbildungsprogramm für Unternehmer, Manager, Selbstständige, Freiberufler, Angestellte und all jene an, die an persönlichem und unternehmerischem Wachstum und Erfolg interessiert sind. Ziel der Akademie ist, neue Geschäftsideen und neue Geschäftssysteme zu entwickeln, die auf den von Edgar K. Geffroy entwickelten Human-Business-Prinzipien basieren. Durch 20 Jahre Erfahrung wurde und wird ein Geschäftsführungssystem entwikkelt, das Wachstum durch Wandel in den Mittelpunkt des Unternehmenskonzepts stellt. Dabei werden die Bereiche Strategie, Führung, Verkauf, Marketing/Clienting, Wissen und Organisation in ein vernetztes System integriert. Um Ihnen unser Wissen vermitteln zu können, haben wir Ihnen die verschiedensten Möglichkeiten zur Verfügung gestellt.

- Edgar K. Geffroy als Referent für Ihre Veranstaltung. Der anerkannte Business-Experte begeistert und motiviert mit seinen aktuellen Vorträgen.
- Edgar K. Geffroy als Coach. Wir bieten Coaching als Form der Beratung für Personen mit Managementaufgaben (Führungskräfte, Freiberufler). Im persönlichen Gespräch mit Edgar K. Geffroy finden Sie die relevanten Engpässe in Ihrem privaten oder beruflichen Entscheidungsumfeld und besprechen Lösungswege.
- Seminare und Workshops mit Edgar K. Geffroy. Für all unsere Themenschwerpunkte bieten wir regelmäßig Seminare in Deutschland, Österreich und der Schweiz an. Die aktuellen Termine erfahren Sie bei uns.
- Die Ausbildung durch unsere Akademie auf systematischer Basis wird ständig erweitert. Mit Live-Learning und Online-Coaching nutzen wir Möglichkeiten des elektronischen Zeitalters. Sie lernen an Ihrem Arbeitsplatz, zu Hause oder unterwegs.

- Natürlich erfahren Sie Wissenswertes zu Clienting, Changement und Wissensmanagement auch in unseren Publikationen, Videos, Audios, CD-ROMs und im Internet auf unserer Homepage.

Ausführliche Informationen erhalten Sie bei:
Geffroy Business Akademie GmbH
Arnheimer Straße 142
40489 Düsseldorf
Tel.: +49 (0) 211/408097-0
Fax: +49 (0) 211/4790357
E-Mail: team@geffroy.de
www.geffroy.com

Bitte besuchen Sie bei Bestellungen unseren Online-Shop auf unserer Homepage www.geffroy.com

Bei Fragen, Wünschen oder Hinweisen steht Ihnen das Geffroy Team unter team@geffroy.com oder unter der Telefonnummer: +49 (0) 211/408097-0 gerne zur Verfügung.

Stichwortverzeichnis

E

F

G

H

I

K

L

M

N

O

P

Q

R

S

T

U

V

W

X

Y

Z